大眾心理館 吳靜吉博士策劃——323
每冊都解決一個或幾個你面臨的問題，每冊都包含可以面對問題的根本知識

Learned Optimism

學習樂觀・樂觀學習

掌握正向思考的訣竅
提昇EQ的ABCDE法則

Martin E. P. Seligman 著
洪蘭 譯

遠流出版公司

出版緣起

王榮文

一九八四年，在當時一般讀者眼中，心理學還不是一個日常生活的閱讀類型，它還只是學院門牆內一個神秘的學科，就在歐威爾立下預言的一九八四年，我們大膽推出《大眾心理學全集》的系列叢書，企圖雄大地編輯各種心理學普及讀物達二百種。

《大眾心理學全集》的出版，立刻就在台灣、香港得到旋風式的歡迎，翌年，論者更以「大眾心理學現象」為名，對這個社會反應多所論列。這個閱讀現象，一方面使遠流出版公司後來與大眾心理學有著密不可分的聯結印象，一方面也解釋了台灣社會在群體生活日趨複雜的背景下，人們如何透過心理學知識掌握發展的自我改良動機。

但十年過去，時代變了，出版任務也變了。儘管心理學的閱讀需求持續不衰，我們仍要虛心探問：今日中文世界讀者所要的心理學書籍，有沒有另一層次的發展？

在我們的想法裡，「大眾心理學」一詞其實包含了兩個內容：一是「心理學」，指出叢書的範圍，但我們採取了更寬廣的解釋，不僅包括西方學術主流的各種心理科學，也包括規範性的東方心性之學。二是「大眾」，我們用它來描述這個叢書的「閱讀介面」，大眾，是一種語調，也是一種承諾（一種想為「共通讀者」服務的承諾）。

經過十年和二百種書，我們發現這兩個概念經得起考驗，甚至看來加倍清晰。但叢書要打交道的讀者組成變了，叢書內容取擇的理念也變了。

從讀者面來說，如今我們面對的讀者更加廣大、也更加精細（sophisticated）；這個叢書同時要了解高度都市化的香港、日趨多元的台灣，以及面臨巨大社會衝擊的中國沿海城市，顯然編輯工作是需要梳理更多更細微的層次，以滿足不同的社會情境。

從內容面來說，過去《大眾心理學全集》強調建立「自助諮詢系統」，並揭櫫「每冊都解決一個或幾個你面臨的問題」。如今「實用」這個概念必須有新的態度，一切知識終極都是實用的，而一切實用的卻都是有限的。這個叢書將在未來，使「實用的」能夠與時俱進（update），卻要容納更多「知識的」，使讀者可以在自身得到解決問題的力量。新的承諾因而改寫為「每冊都包含你可以面對一切問題的根本知識」。

在自助諮詢系統的建立，在編輯組織與學界連繫，我們更將求深、求廣，不改初衷。

這些想法，不一定明顯地表現在「新叢書」的外在，但它是編輯人與出版人的內在更新，叢書的精神也因而有了階段性的反省與更新，從更長的時間裡，請看我們的努力。

學習樂觀・樂觀學習 Learned Optimism

【目錄】

PART 2

審視生命版圖

PART 3

改變：從悲觀到樂觀

〈專文推薦〉

心靈改革從學習樂觀開始

曾志朗

鬱卒的一九九六

行憲紀念日的前夕（俗稱聖誕夜），一群學生擠在我的辦公室裡談天。大家都說這是個「鬱卒」的一九九六年。

印象裡這一年真是災難連連，一點都沒有「步向民主」、「國運昌隆」的跡象。舉凡食衣住行育樂的生命大計，好像都出了毛病。食物中毒事件頻傳，由小學生吐到大學生，甚至「喜宴」變成「死宴」時有所聞；中秋節的月餅，因為飼料奶粉的陰影，銷路大減；冬天到了，火鍋才上市，卻聽說茼蒿、柳丁等應景的蔬菜水果有太多的農藥殘留，只能望食興嘆！衣著方面雖然越來越光鮮華麗，但紡織廠一家又一家的惡性倒閉，把家中面臨斷炊的工人逼上不得不「臥軌」抗爭的慘境。住更是「甭提了」，不但輻射屋逐日增加，而且火災頻頻，隨時有「人在家中坐，火從天上來」的危機。至於行，塞塞塞、亂亂亂的局面是全省公路上的通病；台北的捷運更是「劫運」一連連，隨時有變成「絕運」的可能。而我們的警政長官實話實說：家人不敢坐計程車！那麼走路吧，但是馬路上的斑馬線絕對是專整守法人士的陷阱！所以「行不得也」是常態而不是例外。

教育文化界總應該好一點吧莽也不盡然。教改會經過兩年辛苦的研討，所得到的結論已寫成厚厚的一本咨議文集。教育部對其建言也相當有共識，幹勁十足的新部長努力推動那部老舊的機器，可是人們期待的一些立竿見影的措施並沒有出現。中小學裡一連串的暴力與性騷擾事件，加上吸安與自殺的比率不止反漲，令人憂心。大學裡的作為更是令人不敢恭維，儘管師資不夠整齊，但是為了擴展資源，一些奇奇怪怪的系所都出現了；教師的聘任好像是卡位的遊戲，只要卡住一位則是永遠的一撈永逸。沒有長聘制度，但是「不適任」教師這一名詞在目前的情勢下，是不太可能存在的；說真的，所謂「教授治校」只是製造許多笑料而已！

運動與娛樂業應該是振奮人心的活動。但是今年影藝界主持金馬獎大典的主席正在「跑路」，而漸成氣候的職棒也不時傳出賭博的風聞。ＫＴＶ傳出的不是歌聲而是槍聲，電影院裡的影片多是色情加暴力，而電視螢幕上所見的大都是怪力亂神、胡鬧取笑的鏡頭。

政界更是亂得一塌糊塗。民選總統的風光尚未完全消化，而各種政治體制就已經吵翻了天：是混合的改良式呢？還是越改越不良的混合式？還是看來看去，什麼都像又什麼都不像的「混沌」式（chaos）？國發會才開幕，就「省」「國」對立，而中興新村頓時變成彈簧床的集散地。司法界掃黑掃白才剛剛有起色，卻又傳出檢察官的努力並沒有為他們帶來升官的喜悅，只有被抽離所辦案件的惆悵。價值系統的混亂，英雄變狗熊，座上官變階下囚的吊詭一再造成社會文化層面普遍的不安！所以「七力神光普照，太極隔山打牛，妙天蓮座開花，清海聚財有方」。人人都很願意犧牲今生今世的辛苦錢去購買後世的安逸，只要在台灣有山的道路上走一走，就可以隨時隨地看到「農舍」變「精舍」，山坡變靈塔的景象。可悲的是除了一般老百姓之外，管違建的官員總是睜眼說瞎話：「沒看見！」

學生們說：「我們就是這樣長大的！」這讓我想起實驗室裡那一群「習得的無助」（learned helplessness）的老鼠，太多挫敗的經驗使得牠們喪失對生命掙扎的「意志」。把牠們丟到水裡，然後將牠們伸出水面的鼻子按下，一次，兩次，就不再見牠們掙扎向上的行動，大多數變成自殺的老鼠了。相類似的習得的無助感是否正侵襲著島上每一位青年學子呢？學生們又說：「那我們該怎麼辦呢？」我只得指引他們再去看另一組習得的無助的老鼠，如果在電擊即將來臨之前將牠們拖過閘欄，逃過電擊之苦，幾次之後，有少數本來表現得相當無助的老鼠也有可能重建生命的掙扎力，牠們在以後的沈水實驗中也會表現出屢敗屢戰的戰鬥力。所以我們不能被動的等待救世主的誕生，更不能對奇蹟有所期待。我們要學習走出無助，要主動的積極參與社會的公益事務。我們要學會的是「一九九六的鬱卒是暫時的、過渡的，而不是普遍性的，也不是永久性的！」

務實的樂觀是處方

丹尼爾・高曼（Daniel Goleman）的《ＥＱ》一書，在世界各地出版時，都引起相當多的注目，但它的中文版在台灣所造成的回應，簡直必須要用「風暴」一詞才足以描繪。當然出版公司拋下大量資金，以全方位加多媒體的方式炒熱這本書上所提出的「情緒智慧」的概念，是使其在暢銷排行榜上居高不下的主要原因，但是從整個社會的立即且廣泛的接受情形看來，書裡面所揭示的種種概念，一定相當符合我們社會的「民情」，才可能產生如此一拍即合的迴響。

其實最近幾年來，台灣社會的動盪不安，已經讓多數生活在此一彈丸之島的人，感到維持身心平衡是多麼的不容易。物質生活的提昇相對的也造成多慾多求的緊張；習慣了「同村協力」的農業生活的人們，忽然要去適應「高樓深居無人問」的疏離；而到處是擁擠的感覺，也讓我們社會的一般人，越來越能體認個人情緒的經營，才是建立良好人際關係的要件。修心養性本是自古以來就有相當共識的理念，但現代人如果不能身體力踐，則日常生活中看到的、聽到的總是一些觸目（耳）驚心的訊息，心裡的鬱悶自不待言。長期累積下來的不滿、不安若不能排解，各種身心的問題就跟著出現了。

美國賓州大學心理學教授馬汀・塞利格曼博士認為：「過去三、四十年，個人主義抬頭，親族與社區間的互動精神蕩然無存，造成人們在遇到挫折與失敗時，再也找不到支撐的力量。一旦你以為失敗了，就再也爬不起來，甚至因之否定生命。人們學習了無助的感知，自然很容易因短暫的挫折而沈溺於絕望的深淵。」這一段話是他研究習得的無助數十年，並實際治療過許許多多的憂鬱症病人的經驗之談。看看我們目前生活的台灣，憂鬱症、自殺、吃藥的比率在逐漸增長，大家都有憂患意識，可是如何走出這習得的無助感呢？

塞利格曼的這一本書，教人如何走出無助感的方法（從個人認知的歷程上去改變對當前情勢的解釋），並提出務實的樂觀這一個概念。所謂務實的樂觀是指面臨挫折仍能堅信情勢必會好轉，也就是說樂觀的人認為失敗是可改變的，因為當前的不幸不是永遠的、普遍的，也不完全是個人的無能所引起的。這種樂觀是讓困境中的人不至於流於冷漠、無力感、沮喪的一種心態。培養這樣的心態會使一時受挫的人願意積極地擬定下一步計畫，相信一時的挫折是可補救的，這種自信心的提昇才能使結果反敗為勝！

從身心健康的角度看出去，現代人的特徵是焦慮，而後現代人的特徵則是憂鬱。目前台灣的社會、文化、教育、政治、法律等各方面都好像在轉型的過程中，使一般人既焦慮，又茫然，而更多的是不知所措的鬱卒。也因此，由上而下，由內而外，大家都一再強調「心靈改革」的立即性與重要性，而答案則是如何建立樂觀積極的人生態度。塞利格曼的這本書正好為「心靈改革」提供一套務實的方法——學習樂觀，樂觀學習。

【推薦者簡介】曾志朗教授，美國賓州州立大學心理學博士，曾任教於俄亥俄州立大學、耶魯大學、加州大學柏克萊分校。一九九〇年返國，先後擔任中正大學社會科學院院長，陽明大學副校長、校長，教育部長、中央研究院副院長及行政院政務委員等職。一九九四年當選中央研究院院士，二〇〇四年當選美國心理協會（APS）院士。著有《用心動腦話科學》、《人人都是科學人》、《科學向腦看》等書。

譯者序

兒子的同班同學跳樓自殺了！

初聽到這個消息時，驚的從椅子上跳起來，一個花樣年華的女孩子為什麼要這麼快的就放棄生命？我第一個反應是打電話給級任老師，請她把班上座位重新安排過，使原來矩陣中的那個空洞不再突現。死者已矣，重要的是如何重新心理建設這些生者。我想跟孩子談自殺這個概念，但是話還沒講完，兒子就打斷我說：「媽，我今天功課很多，妳要不要等我做完功課再來講妳的道理？」我不放心的追問：「你同學自殺你有沒有很難過？」他想了一下說：「有一點，但是至少她下禮拜不必考段考。」

接下來的幾個週末，我仔細觀察來家中做功課的兒子的同學，聆聽他們的對話，我發現我們的國中生竟是如此的悲觀，沒有鬥志，完全沒有一個十三、四歲孩子的朝氣。他們在功課上碰到難題，不會彼此討論，集思廣益努力去思考找出答案，而是在問一遍「喂，第×題有沒有人會做？」大家都搖頭後，就輕易跳過去，不再管它。他們連試都沒有試一下，說不定你對這一題可以解決的這一半，加上我對這一題可以解決的另一半，合起來就是解決這個問題的方法。

這種連試都不試就放棄的態度使我想起心理學實驗中「習得的無助」的老鼠。這些老鼠在前一個實驗情境中學習到不論牠怎麼做（心理學上的術語就是「反應」）都不可能關掉電源，使牠不受電擊後，再把這隻老鼠放入水箱中，本來老鼠一入水就會本能的把頭伸出水面以求呼吸，同時四肢會不停的擺動划水，但是這隻習得的無助的老鼠，你只要連續把牠的頭按入水中幾次，牠就不再繼續掙扎，好像接受了這個不可抗拒的命運，自沉於底了。相較於控制組（即沒有接受任何先前電擊的老鼠），這真是個自殺的行為，因為控制組的老鼠會在水中奮力掙扎，雖然頭被按下去的次數一樣多，但是牠們到實驗終了都還在掙扎，沒有放棄求生的意志。

為什麼我們的孩子這麼悲觀，這麼快就認定這個問題我解決不了，這麼快就放棄？北一女的學生，台大、師大的學生，為什麼在進入人人稱羨的學校後，用自己的手結束自己的生命？這個問題一直困擾著我。加上來到鄉下教書，目睹台灣所謂後段班對學生身心的戕害後，我決定把塞利格曼所著的這本書翻譯出來。

這本書在美國是本暢銷書，作者雖然是學術界的人（他是賓州大學的教授，也是美國心理學會臨床組的主席），但是他沒有像時下一般學者那樣故意把文字寫得艱深難懂以凸顯自己的學問（這是為什麼拜讀國內學者的文章都一定要靠濃咖啡才能支持到最後一頁）。他用淺顯的文字把悲觀所造成的身心傷害，以及引發憂鬱症的背後心理機制清楚地講了出來。他是受過嚴格訓練的實驗心理學家（

他的指導教授是當時行為學派中最有名的所羅門教授），所以他的實驗都乾淨俐落，有說服力。他發現了「解釋形態」這個導致悲觀和樂觀的基本認知因素後，在各個不同的情境下驗證它，以求殊途同歸，確認這個因果關係的成立。他這種嚴謹的下結論態度，值得我們的學生效法（我們的社會大眾和媒體記者又何嘗不該？）。目前的國內學術界正吹起一股歪風，辯論「質的研究」和「量的研究」孰是孰非，這其實是個無意義、浪費時間和精力的辯論，不管是什麼方法，能夠做出成果的就是好方法。

塞利格曼就是個好例子。不管用什麼方法去研究一個問題，有敏銳的觀察力（看到別人所未看到的東西）、清楚的頭腦（思考這個問題可能的幾種原因），最重要的是鍥而不捨的精神就會成功。這三個因素中，我們的年輕人最缺的就是第三樣鍥而不捨的精神。他們太容易就放棄了，一點挫折都不能承受。他們說：「死是最好的解脫，一死百了。」死真的是最好的解脫嗎？我們的社會，我們的教育錯在哪裡了？

在這本書中，塞利格曼沉痛的指出父母失和、離婚對兒童所造成的傷害。他自己是離過婚的，但是在書中他也說假如你是把孩子放在第一位，關心他的福利的話，想辦法和你的配偶和平共存。兒童患憂鬱症的年齡隨著社會文明的進步逐年降低，為人父母者能不警覺嗎？塞利格曼離婚時，孩子五歲，每週都要問一次：「你跟媽媽這週會不會再結婚？」讀著多麼令人心酸！孩子是多麼渴望一個幸福的家庭。哈洛（Harry Harlow）的恆河猴實驗告訴我們一個自小被隔離，沒有母愛的猴子，長大後不能成功的交配，用人工授精的方式使其懷孕後，對其產下的小猴子也沒有母愛，不會照顧牠，反而會虐待牠。放眼我們的社會，我們是否正在自食惡果？物質上的享受真能填滿精神上的空虛嗎？

心靈的空虛加上物慾的橫流造成我們今天社會的亂象，但是為什麼會有心靈的空虛出現？這個背後的機制卻很少人去討論它。在本書的最後一章，塞利格曼很精闢的談到「自我意識的膨脹」和「社會意識的薄弱」這兩個造成社會冷漠、憂鬱症氾濫的原因，個人主義的抬頭使得一切以自我為中心，「只要我喜歡，有什麼不可以」，無視法律、規範，個人不擇手段去追求個體的成功。相對的，在失敗時，當然也就是個人的錯，因為除了我以外還有誰呢？既然沒有別人存在，當然好壞都是自己的事，缺少了中間那層家庭、團體、上帝、國家的緩衝層，個人的失敗看起來就是天地的毀滅，自殺也就變成唯一解脫之路了！

翻譯不等於著作，在學術上是不算「業績」的。但是一本好書的影響力是看不見的，它可以拯救一個淪落的靈魂，它也可以打開一個心靈的世界。為此，我很想每年介紹一本好書到國內來。拂曉和凌晨是我唯一可以安靜工作的時間，若是我的犧牲睡眠可以對國內的青少年，甚至在公司行號上班的大人，心理有所建設，可以活得更愉快些，使生命更有意義些，那麼這些睡眠又算什麼呢？但願這本書能夠讓所有遇到挫折的人，爬起來，彈掉塵土，重新面對生命給你的磨練！

提要

第1篇 探索解釋形態

解釋形態指的是，解釋生活事件的習慣方式。人們探求因果關係，都有一個固定的形態，而且會把這個習慣自然地應用到真實事件中。不同的解釋方式往往引領我們走向不同的生命形態。

有人習慣戴著灰色眼鏡看世界，有人則努力讓自己看向光明。無助感和悲觀是學習得來的，希望與樂觀同樣可以藉由學習而養成，關鍵就在於改變對事件的解釋方式。

如果我們習慣將身邊的不如意當做是永久性、個別性和普遍性的事件，生命將籠罩在晦暗無光的憂鬱之中；讓想法轉個彎，相信生命充滿「可能性」，杜絕「不可能會有轉機」的悲觀信念，你會走出陰霾，發現另一片明亮的天空。

第一章　看待生命的二種方式

悲觀的人的特徵是，他相信壞事都是他自己的錯，會毀掉他的一切，會持續很久。樂觀的人在遇到同樣的厄運時，會認為現在的失敗是暫時性的，每個失敗都有它的原因，不是自己的錯，可能是環境、壞運或其他人為帶來的後果。這兩種思考的習慣會帶來不同的後果。

初為人父的新爸爸看著剛從醫院抱回來、在搖籃裡熟睡的女兒，心中充滿了敬畏與感恩，他的女兒是如此地完美。

嬰兒張開了眼睛，凝視著上方。

這位爸爸叫著嬰兒的名字，以為她會轉頭過來看他，但是嬰兒的眼睛動都沒有動。

他拿起搖籃邊的小玩具，用力搖響玩具上的小鈴鐺，嬰兒的眼睛還是沒有動。

他的心臟開始急速地跳動了，他趕緊到他們的臥室去把這個情形告訴他的太太。「她對聲音完全不起反應，好像她聽不到。」

「我想她應該是沒事……」他太太披上睡袍一起來到嬰兒的房間。

她叫著嬰兒的名字，搖著鈴鐺，拍著手掌——都沒反應。最後，她把嬰兒抱了起來。一抱起來，嬰兒立刻扭動，嘴裡發出「咕，咕」的聲音。

「我的天，她是個聾子！」父親說。

「她不是，」母親說：「我想現在下任何判斷都太早了。她才剛從醫院回來，她的眼睛還不能凝視呢！」

「但是她的眼睛一動也不動，即使你很用力地拍掌，她的眼睛都沒有反應。」

母親從書架上抽一本育兒指南下來翻閱。「看看書上怎麼說吧！」她說。她找到「聽覺」這一章，把它念出來：「假如你初生的嬰兒沒有被突發的大聲音驚嚇到，或是沒有轉頭向發聲的來源去看的話，不要擔心，驚嚇反射和對聲音的注意力要過一些時候才發展完成；你的小兒科醫生可以測試你的孩子的聽力，看他神經上有沒有問題。」

「怎麼樣？」母親說：「書上的解釋有沒有使你好過一點？」

「沒有，」父親說：「這本書甚至沒有提到其他的可能性，例如這個嬰兒可能是聾子。我只知道我的孩子聽不見聲音，對這件事我有著最壞的看法，或許這是因爲我祖父是個聾子。假如這麼可愛的嬰孩是個聾子的話，都是我的錯，我永遠不能原諒自己。」

「喂，等一下，」太太說：「你未免太快就絕望了吧！禮拜一一早我們就打電話給小兒科醫生，把孩子抱去檢查一下。目前先放寬心，來，你先抱著孩子，我來把她的小牀整理一下，你瞧被單都拉出來了。」

這位父親雖然接過孩子，但是他太太手一忙完，他立刻把孩子交回去。整個週末他都無法打開公事包，無心準備下週上班的公事文件。他跟著他太太在屋裡走來走去，嘴裡咕噥地說：「假如這孩子是聾子的話，她這一輩子就完了……」他腦海裡只想到最壞的可能性：沒有聽力，沒有語言發展，他這個漂亮的寶貝將永遠被隔絕在社交生活之外，被關在一個沒有聲音的孤獨世界裡。到星期天晚上時，他的心情已經沉到最深的谷底了。

這位媽媽則是留言給醫生，希望星期一一早醫生就能與她見面。然後，她整個週末都在運動、看書，以及想辦法使她先生冷靜下來。

小兒科醫生的檢驗顯示嬰兒的聽力完好，但是這位父親心情仍然低落。一直到一個禮拜之後，嬰兒被路過的卡車排氣管所發出的巨響驚嚇到以後，他的心情才逐漸好起來，開始逗弄他的寶貝女兒。

這位父親和母親對這個世界有著兩種截然不同的看法，不管什麼事情發生到他頭上——被國稅局查稅也好，夫妻吵架也好，甚至他老闆對他皺個眉頭——都會使他立刻想到最壞的一面：破產進監牢、離婚、被炒魷魚。他的健康因此而受損。她則是另一個極端，看事情都看好的一面，對她來說，壞事只是暫時性的，是一個挑戰，等待著被克服。所以遇到挫折後，她很快可以彈跳回來，養精蓄銳，重新出發。她的身體非常地健康。

我研究這種悲觀和樂觀的人生態度已經二十五年了。悲觀的人的特徵是，他相信壞事都是他自己的錯，會毀掉他的一切，會持續很久。樂觀的人在遇到同樣的厄運時，會認爲現在的失敗是暫時性的，每個失敗都有它的原因，不是自己的錯，可能是環境、壞運或其他人爲帶來的後果。這種人不會被失敗擊倒。在面對惡劣環境時，他們會把它看成是一種對自己的挑戰，更努力去克服它。

這兩種思考的習慣會帶來不同的後果。無數的研究告訴我們，悲觀的人很容易就放棄，很常陷入憂鬱中。這些實驗顯示樂觀的人在學校的成績比較好，在工作上和球場上的表現也比較好；他們常常超越性向測驗所預測的上限；樂觀的人去競選公職通常比悲觀的人容易當選。他們的身體狀況一般來說都很好，年紀大時，也不會像大多數人一樣有許多中年人的病痛。實驗證據甚至指出他們比一般人活得更長。

在測驗過成千上萬個人後，我發現竟有這麼多的人是悲觀的，還有一大部分的人有著嚴重的悲觀傾向。我知道很難對一個人下判斷說他是悲觀的，大多數的人是生活在悲觀的陰影下。有些人從來沒想過他自己可能是悲觀的，但是測驗卻可以從他的談話中分析出悲觀的特質來；事實上，別人是有感於這些悲觀的特質的，這可從別人對說話者的負面反應看出。

一個悲觀的態度看起來好像是根深柢固的——永遠就是悲觀，無法改變了。但是我發現悲觀其實是可以改變的，悲觀者其實可以學習成爲樂觀者，而且不是透過那些無聊的方式，像吹快樂的口哨或一直重複著「每一天，每一件事會越來越好」的口令，而是透過學習一種新的認知方法，這些方法跟市面上大做廣告的那些不實的方式是不同的，這是心理學家和精神病學家在實驗室和臨牀醫療上所發現，並且經過嚴謹的考驗，確定有效的。

這本書可以幫助你自己檢查一下你是否有悲觀的傾向。假如你有，或是你所關心的人有此傾向，那麼，這本書也介紹你一個對很多人都有效的方法來擺脫這個長期的壞習慣，以及跟隨悲觀而來的憂鬱症。它讓你在失敗時，有一個選擇的機會，你可以選擇新的光明。

無人研究的領域

在這個悲觀現象的核心有著另外一個現象——無助感(helplessness)。所謂無助感是說不論你怎麼做都無法改變你的命運。舉個例子，假如我說如果你翻到一〇四頁我就給你一千元，你很可能會去做，翻到一〇四頁，拿走一千元；但是，假如我說如果你可以用意志力去收縮你的瞳孔，我就給你一千元，你可能也想去做，但是不會成功，因爲你無法收縮你的瞳孔。你可以主動地去控制翻書的肌肉，但是你無法控制收縮瞳孔的肌肉。對後者，你是無助的。

生命一開始就是無助的。初生的嬰兒無法做任何事，幾乎所有的行爲都是反射行爲，雖然他一哭，媽媽就來，但這並不表示他控制了母親的來與否。他的哭只是對痛苦或不舒服感覺的一個反射反應，他對要不要哭完全沒有選擇的餘地。初生嬰兒只有一組肌肉勉強算得上可以自動控制：吸吮。人生快要走到盡頭時也常常回復到這種無助的階段，我們可能會失去走路的能力，我們可能會失去自我們兩歲以來就有的控制大小便的能力，我們可能會失去選用我們要表達的字的能力，然後我們可能會失去使用語言的能力，甚至失去思考的能力。

從出生到死亡這一段漫長的時間，我們逐漸脫離無助而學得個人控制(personal control)。個人控制指的是用個人自主的行爲去改變命運，它和無助感是相反的。在嬰兒期的頭三到四個月，手和腳的踢動逐漸變成自主控制，手臂的揮動慢慢可以拿到東西。然後，他父母發現：嬰兒的哭變成自主控制了，他現在可以用哭來控制媽媽，要她來時就大哭，嬰兒會拚命地用這個新力量直到它失靈爲止。到嬰兒一歲時，他已實現自主控制的兩種奇蹟：第一步和第一個字。假如這個孩子具備最基本的心靈和身體發展的條件的話，這以後的數年裡，他會逐漸地走出無助感而讓個人控制能力成長。

人生有許多事是無法由我們自己控制的——我們眼睛的顏色、種族、中西部的乾旱。但是人生還是有一大部分是我們自己可以控制的——或是願意將這個控制權轉讓給別人或命運。這裡面包括我們如何來過我們的生活，如何跟別人相處，如何謀生——這些生存之道其實多少都有選擇的餘地。

對生命的想法其實可以擴大或縮小我們對生命的控制力。我們的思想其實不僅僅是對事件的反應而已，它改變了事情的情境。例如，假如我們認爲我們對孩子的前途是無助的，發生不了任何作用的，那我們就對我們生活的這一個層面束手無策了。這種「我怎麼做都沒用」的思想阻止我們採取行動，所以我們就把自己的孩子交給了老師、環境，甚至孩子的同儕。當我們高估我們的無助感時，其他的力量就會左右了我們孩子的前途。

在這本書的後面，我們會看到如果應用得當，輕度的悲觀是有用的。但是二十五年的研究使我相信，假如我們習慣性地相信凡是有不好的事情發生都是我們自己的錯，就如悲觀者一樣地認爲壞運不會過去，運氣不好時，做什麼都沒用，那麼將有更多不順利的事會降臨我們頭上。而且我知道有這種想法時，我們很容易就陷入憂鬱狀態，所完成的遠低於我們的能力所應該達到的標準，我們的身體也會常常得病。**悲觀的預言常常是自我實現的**。

一個最好的例子就是我以前教書那個大學的一名英國文學系的女學生。前三年她的指導教授都非常地關懷她，幫助她，老師的支持加上她自己的成績優秀使她得到獎學金去英國進修一年，當她回來時，她的興趣從原來的狄更斯轉移到英國早期的小說家，尤其是珍・奧斯汀。但是狄更斯是她原來指導教授的專長，而珍・奧斯汀是系中另一位教授的專長。她的指導教授本想說服她繼續研究狄更斯，但說服不成後也接受了她的堅持，讓她以奧斯汀爲畢業論文題目，並且同意與另一位教授共同指導她。

在她口試的前三天，她原來的指導教授送了一張條子給口試委員，指責這位女學生論文抄襲。他指控這位女學生引用了一段有關奧斯汀少年時期的文章卻未註明出處，事實上，他認爲這名女生是剽竊，將別人的東西占爲己有，說是自己的看法。抄襲在學術界是很嚴重的罪名，這位女生的前途——她念研究所的獎學金，甚至大學能不能畢業——都受到嚴重的影響。

當她看到教授指責她抄襲的那二段時，她回想起這二段論點都是從她與這位教授閒談中得到的；事實上，這位教授從來沒有提過他是在哪一本書上得到這樣的看法，而是將這種看法說出使她以爲是他自己的看法。顯然地，這位女學生成了她老師嫉妒心的犧牲品。

大多數人會對這位教授感到憤怒，但是伊莉莎白不會。她過去悲觀的習慣主宰著她，她認爲口試委員會的委員一定會認爲她有錯。她告訴自己說，她是沒有辦法舉出反證的，因爲這件事變成她和他的對抗，而他是教授。她不去找證據來反駁教授，反倒從內心裡崩潰了，她告訴自己這都是她自己的錯，即使她能證明這位教授是從別人那裡得來的看法也沒有用，最主要是她「偷」了這個看法，因爲她沒有註明這是教授的看法；她的確有欺騙之嫌，說不定從以前到現在她一直都是個騙子，只是自己以前未發覺罷了。

我們現在看起來會覺得她這樣責怪自己很不可思議，因爲她顯然是無辜的。但是研究指出，有悲觀習慣想法的人常常會把一點不順利轉變成大災難。一種方式就是把自己的無辜轉變成有罪。伊莉莎白在腦海中拚命去搜索符合她現在罪名的記憶：她初中一年級時曾經抄襲過同學的答案；在英國時，有人誤以爲她來自有錢人的家庭，而她沒有去糾正人家；而現在是她寫論文「欺騙」。她在論文口試時沉默不辯，以致沒有拿到學位。

這個故事並沒有一個好的結局，因爲她的計畫流產了，她的生活也就跟著完了。在過去的十年裡，她以當售貨員維生，不再寫作，甚至不再讀書，她到現在還在爲她自己認爲的罪付代價。

這裡面其實並沒有罪，有的是人類一般的通病：一個悲觀的習慣性想法。假如她對自己說「我被陷害了，那個嫉妒我的混帳設計了圈套來害我」，那她可能會站起來大聲說出她的故事，來爲自己辯白，而這位教授以前曾經爲了類似事件被另一個學校解聘的事也就會浮出枱面，她很有可能以極高的榮譽畢業——假如她對過去發生的不幸有著不同的解釋方法的話。

習慣性的想法不一定就永遠不能改變。心理學在過去二十年最顯著的發現就是：**人是可以選擇他要的思考方式的**。

心理學以前是不關心人的思考形態的，也不關心個人的行爲，甚至說不關心個人。二十五年前，當我還是個研究生時，像我上面描述的那種兩難(dilemma)並不是像今天這樣的解釋法的。在那個時候，人是被假設爲環境的產物，那時候對人類行爲的解釋最流行的一個說法就是：人是受其內在動機的「推」和受外在事件的「拉」。雖然這個推、拉的細節依你所持的理論而有所不同，但是整體來說，當時所有的理論都同意這個看法。佛洛伊德派(Freudians)認爲童年期未曾解決的衝突驅使了長大後某些行爲的出現；史金納(B. F. Skinner)的信徒則相信行爲只有在有增強(reinforcer)的情況下出現；生態學家認爲行爲是來自固定的行爲形態(fixed action pattern)，而這個行爲形態是受基因的規範；而霍爾(Clark Hull)派的行爲主義者則認爲我們的行爲是爲了減少動機及滿足生物的需求。

從一九六五年起，這種解釋開始急速地變更，個人周遭的環境對他行爲的影響變得越來越不重要，四種不同的想法匯集成一個自我導向而不是外在力量驅使的人類行爲解釋法。

●在一九五九年，詹姆斯基(Noam Chomsky)寫了一本書，嚴厲地批評了史金納的《語言行爲》(*Verbal Behavior*)一書。詹姆斯基認爲人類的行爲，特別是語言，絕對不是過去習慣的增強所能解釋的。語言最重要的一個特點就是它的衍生性(generative)，一個從來沒有聽過或說過的句子(例如「有一隻紫色的妖怪正坐在你的腿上」)也可以馬上被了解。❶

●皮亞傑(Jean Piaget)這位偉大的瑞士兒童發展學家，終於說服了全世界(美國是最後被說服的)——一個孩子心靈的發展是可以用科學的方法來研究的。

●在一九六七年，耐瑟(Ulric Neisser)的《認知心理學》(*Cognitive Psychology*)出版後，一個新的領域抓住了從行爲主義教條中逃出來的年輕實驗心理學家的心。認知心理學認爲人類心智的活動是可以測量的，我們可以以電腦訊息處理的過程當作模式，來研究人類心智活動的結果。

●行爲主義派的心理學家發現人類和動物的行爲只用動機和需求來解釋是不夠的，他們開始將個人的認知——即思考方式——加入原有的理論以解釋複雜的行爲。

所以，心理學的主要理論在一九六〇年代後期從環境的力量，轉移到個人的期待、喜好、選擇、決策、控制，以及無助感。

這個心理學領域的大改變也密切的影響著我們自己的心理改變。因爲科技文明的進步，使得物質可以大量製造，無遠弗屆。從歷史上來說，這是頭一次人們可以選擇，對他們自己的生活有所控制，人們開始改變環境而不再受制於環境。但是這些選擇沒有一個與我們思考的習慣有關；大多數的人是歡迎這種控制。我們現在的社會給予它的成員前所未有的權利，這個社會把它成員的痛苦和快樂當作一件嚴肅的事，把個人的自我實現當成一個正當合理的目標，甚至認爲是神聖的權利。

憂鬱症

跟隨這些自由而來的是一些危機。因爲自我的時代也是一個跟悲觀現象非常接近的時代——憂鬱症就是悲觀的終極表現。我們現在就處在這個憂鬱症的流行疫病中。憂鬱症所導致的自殺已經掠去了跟死於愛滋病一樣多的人命，而且自殺的流行範圍遠比愛滋病來得廣。現在嚴重憂鬱症的人數比五十年前多了十倍，女性得病率比男性高二倍，而且發病期比上一代提早了十年。❷

直到最近，對於憂鬱症只有二種被接受的治療法：心理分析法和生物醫療法。心理分析法主要是根據佛洛伊德七十五年前所寫的一篇論文。佛洛伊德的治療法其實是基於很少的觀察和很多的想像，他認爲憂鬱症的成因是病人對自己的憤怒，憂鬱的人把自己貶得一文不值，而且想要去自殺。佛洛伊德認爲憂鬱症的人在他襁褓期就學會了恨他自己。在他童年期的某一天，他母親拋棄了他（至少孩子是這樣想，母親去度假，或是深夜未歸，或是生了另一個寶寶都會引起孩子被拋棄的感覺），對某些孩子來說，他會很憤怒，但是因爲母親是他所深愛之人，他不能對她生氣，所以他就把這個怒氣轉到一個比較可以接納的對象身上——就是他自己（或更正確一點地說，是他母親認同的那些部分的他）。這就變成了一個摧毀力的習慣，現在，只要有被拋棄的感覺產生時，他就對自己生氣，而不是對造成這個感覺的禍首生氣。憎惡自己、憂鬱症（對失落〔loss〕的反應）以及自殺，就一個接一個地來了。❸

對佛洛伊德來說，你無法輕鬆地擺脫憂鬱症，憂鬱症是童年期衝突的產物，在層層冰凍的防禦機制下保存著，沒有解決。佛洛伊德認爲只有打破這些冰凍層才能解決這些遠久的衝突，憂鬱症的傾向才會減輕。佛洛伊德對憂鬱症治療法的處方是年復一年的心理分析，在治療師的引導下奮力掙扎，最後找出童年期的心病，將對自己的憤怒正本清源。

美國人（尤其是曼哈頓的紐約客）非常相信這一套治療法，但是我認爲這種看法是荒謬的。它使病人花上幾年的時光去回想一些遙遠過去的陰暗回憶，來克服目前的一個困難，而這個困難不要治療，過幾個月自己就會消失。百分之九十以上的病例都是斷斷續續發作的憂鬱症，憂鬱症時好時壞，病情從三個月到十二個月不等，幾千個病人花了幾萬個小時在治療上，而心理分析的治療法對憂鬱症而言卻是毫無績效可言的。

最糟的是，心理分析治療的理論將這過錯怪罪到他的病人身上。因爲心理分析理論認爲是這些人性格上的缺陷使他們得到憂鬱症，是病人自己要去心情低沉的，是他自己要將日子過得低迷、毫無生趣，要去自我了斷，因爲他受到自我懲罰的驅使，要使自己過得生不如死。

上面的批評並不是說佛洛伊德的所有理論都一無是處。佛洛伊德是個偉大的解放者(liberator)。他早期研究歇斯底里症（沒有任何生理原因的身體功能喪失，如麻痺），大膽去檢驗人的性行爲，敢去挑戰它黑暗的一面。他成功地用性慾去解釋歇斯底里症使得他用同一模式去解釋其他的心理病，認爲現在的痛苦都源自過去的罪惡；他認爲人性本惡，這是個最基本且最一般性的事實，所有人都一樣。這個錯誤的前提（其實對人性是個侮辱）導致一個任何事情都可以以下列理由來解釋的時代：

你渴望與你母親發生性關係。

你想去殺死你的父親。

你祕密地幻想你的初生嬰兒會死——因爲你希望他去死。

你自己願意將日子過得了無生趣，生不如死。

你內心最厭惡、最噁心的祕密其實就是你之爲你的基本要件。

用這種方式，言語失去與外界眞實性的聯結，變成與情緒、與人類共同經驗所分離的一個東西。

另一個對憂鬱症比較能令人接受的看法是生物醫療法。精神科醫生認為憂鬱症是身體的病症，它因為身體有遺傳到生化的缺陷（可能在第11個染色體上有缺陷），使得大腦化學物質不平衡。精神科醫生用藥物和電療法來治療憂鬱症，這是一個快速、便宜、中等效力的治療法。❹

生物醫療法和心理分析法一樣，只對了一部分。的確有些憂鬱症是由於大腦功能的不健全，而且的確有一些是遺傳來的。很多抗憂鬱症藥物對憂鬱症患者有效，不過藥效很慢；電擊法的效果比較快。但是這些治療法都有副作用，有相當多的憂鬱症患者不能忍受這些副作用。此外，也有很多憂鬱症患者不是得自父母的遺傳，抗憂鬱症的藥對他們也沒有效。

最糟的是，生物醫學的治療法使得病人依賴外界的力量——藥丸。抗憂鬱症藥物並不會上癮，病人並不會像抽鴉片那樣沒得抽時便痛苦不堪地犯癮，但是治療成功的病人一旦不再吃藥時，憂鬱症又會再回來。治療成功的病人不敢說他現在很快樂，可以像平常人一樣工作是他自己的功勞，他只敢歸功於藥物。這是一個很好的例子來讓我們了解，現在的社會是一個藥物過量的社會，不用鎮定劑心情就無法平靜，不吃迷幻藥就看不見美。一個本來可以靠自己的力量來解決的情緒上的困難，現在變成要靠外力來解決了。

假如大多數的憂鬱症是比精神科醫生或心理分析家所想像得更簡單呢？

假如憂鬱症不是你自己要去弄來使你日子不好過，而是無端地降臨到你身上的呢？

假如憂鬱症不是一種病而只是嚴重的心情低落呢？

假如你不是過去衝突所反映的囚犯，而是眼前困難引發了憂鬱呢？
假如你不是你的基因或是大腦生化的囚犯？
假如憂鬱症是由於我們對生命中悲劇或挫折所做的錯誤推論？
假如憂鬱症只有在我們對挫折的原因有著悲觀的想法時才發生呢？
假如我們可以捨去悲觀而學習對挫折新的、樂觀的看法呢？

成就

傳統對成就的看法就如同傳統對憂鬱症的看法一樣，需要徹底檢查一番。我們的學校、社會都認爲成功來自天分和意願(talent and desire)，當失敗發生時，通常被認爲是天分或意願不足。但是失敗也可能在天分和意願都很足，但是樂觀不足的情況下發生。

從幼稚園開始，就一直不斷有各種不同的能力測驗——智力測驗、性向測驗等等——父母認爲這些測驗對他們的孩子前途如此地重要，不惜花錢請人教他們的孩子如何應考。在我們生命的每一個階段，都逃不過這些測驗的篩選。雖然有些能力是可以測量的，但是要增加分數卻是越來越困難；上了補習班是可以提高一些分數，但是這些增高的分數並不代表比較高的能力。

意願是另外一回事，它很容易就被提高。傳教士、佈道者可以在一、兩個小時內把信徒救世的熱情煽高到白熱化，高明的廣告可以激起消費者對一個以前根本不存在的產品產生購買熱情，講習會也可以鼓舞員工的工作士氣。但是這些熱情是短暫的。沒有繼續煽火，信徒救世的熱忱很快就冷卻；對一個新產品的喜愛很快就會忘記或是被另一個新產品所取代；鼓舞士氣的講習會可能可以提高士氣幾天或幾個禮拜，但是要繼續維持士氣則不斷需要新的講習會來打氣。

假如成功要件和傳統看法是錯的話呢？

假如還有第三個要素——樂觀或悲觀——跟天分和意願一樣地重要的話呢？

假如你已經具備了天分和意願，但是你仍然失敗了，因爲你是個悲觀者？

假如樂觀者在課業、在事業、在球場上表現得都比較好呢？

假如樂觀是一個習得的技巧，學會了就終身跟著你的話呢？

假如我們可以把這個技巧傳授給我們的孩子呢？

健康

傳統對健康的看法就跟傳統對天分的看法有著一樣的謬誤。悲觀或樂觀對健康的影響就跟身體的生理條件一樣地重要。

很多人以爲身體健康是受身體體質、健康習慣和抗菌能力的影響。他們相信體質基本上是受基因的影響，但是你可以靠後天正確的飲食習慣、有恆的運動、避免不好的膽固醇、定期檢查以及繫上安全帶來增加你身體的健康率；你可以用預防注射、衞生習慣、安全性交、遠離傷風感冒的人、一天刷三次牙等來避免生病。假如一個人生病了，那一定是他的體質不強，健康習慣不好，或是接觸了太多的細菌。

這個傳統的看法忽略了一個決定健康最主要的因素——我們自己的認知。我們對自己身體的健康的個人控制，遠比我們所想像的來得高。例如：

- 我們對健康的看法改變我們健康的情況。
- 樂觀者比悲觀者少受到傳染病的感染。
- 當我們心情樂觀時，我們的免疫系統功能比較好。
- 證據顯示樂觀的人比悲觀的人活得長。

學習樂觀

擺脫憂鬱症、增進成就以及身體健康是學習樂觀的三個最顯著的應用，同時它也可以帶給你新的自我了解。

在讀完這本書後，你會發現你是有多悲觀或多樂觀，你也可以測一下你的配偶或孩子的樂觀程度，你甚至可以得知你以前有多悲觀。你會知道爲什麼你會心情不好，常常憂鬱——只是心情低落還是眞正的絕望——以及爲什麼你會一直陷在憂鬱中不能自拔；你會比較了解爲什麼你有能力又有意願，但是還是失敗了很多次；你也會學會新的一套方法來停止憂鬱症並使它不再復犯。你可以用這套新方法來幫助你過日子。現在已經有很多的證據顯示它可以增進你的健康。此外，你也可以跟你關心的人共享這套新方法。

最主要的是你對這個個人控制的新科學會有所了解。

習得的樂觀不是正向思考能力的再發現。樂觀的技巧不是來自主日學校，它也不是學習去對自己說肯定的話——我們早已發現這種自己對自己說的自我肯定的話一點用處也沒有。**重要的是你在失敗的時候所用的「非負面思考」**(non-negative thinking)**方式**。學習樂觀的主要技巧是在每個人一生都免不了的失敗情境中，改變具有摧毀力量的自我想法。

大多數的心理學家終其一生都是在研究傳統領域的問題：憂鬱、成就、健康、政治風暴、爲人父母、工商組織等等，我則把我的一生花在如何創立一個新的領域。一個跨越許多傳統領域的新領域，我目睹了許多成功或失敗的個人控制的個案。

以這種方式來看事情使得這個世界看起來很不一樣。舉一些看起來毫不相干的幾件事爲例：沮喪和自殺變得很普通；社會把個人的實現當作一種權利；競爭的目的不是爲了立即成就而是爲了自我信心；很早就得到慢性病而且英年早逝的人；聰明、熱愛孩子的父母製造出一群脆弱、被寵壞了的孩子；用改變意識思考的方式來治療憂鬱症。當別人看這些成功、失敗、痛苦和勝利是一堆亂七八糟的混雜時，我看起來卻是一幅完整的圖畫。這本書，不管寫得好不好，就是根據我的思考方式、看法所寫的。

我們從個人控制的理論開始。我將介紹你二個主要的概念：習得的無助感(learned helplessness)和解釋形態(explanatory style)，它們是彼此錯綜交雜的。

習得的無助感是一個放棄的反應，從「無論你怎麼努力都於事無補」的想法而來的放棄行爲。解釋形態是你對你自己說爲什麼這件事會這樣發生的習慣性解釋方式。它是習得的無助感的調節器：一個樂觀的解釋形態可以阻止習得的無助感，而一個悲觀的解釋形態可以散播習得的無助。你在遇到挫折或暫時的失敗時，你對你自己的解釋方式可以決定你會變得多無助或多有精力。我認爲你的解釋方式其實是反映出你的心態：你心中的一個字。

我們每一個人心中都有一個字，是「Yes」或「No」。你或許不知道你心中有這麼一個字，但是你可以很正確地找出你心中的字是哪一個。下面你就可以測試你自己的樂觀或悲觀程度了。[5]

樂觀在你某些生命領域中占有很重要的地位，它不是萬靈藥，但它可以保護你不受沮喪的侵害，它可以提昇你的成就程度，它可以使你的身體更強健，它是一個令人愉悅的精神狀態。另一方面，悲觀，在你生命中也有它的地位，你在本書裡也會發現它的一些正面作用。

假如測驗顯示你是一個悲觀的人，這事並沒有結束。

悲觀跟其他的人格特質不一樣，它不是固定不可改變的。你可以學會一套技巧使你擺脫悲觀的魔爪，而且使你隨時去應用樂觀。這些技巧並不是虛應故事就可以學會的，但是你可以精熟它。

第一步是去發現你心中的字是什麼，這同時也是了解人類心智的第一步。在過去的四分之一世紀，對個人的自我控制如何決定他的命運的研究已經展開進行了。

〈註釋〉

❶ N. Chomsky, Review of *Verbal Behavior* by B.F. Skinner, *Language*, 35(1959), 26-58.

❷ Gerald Klerman 在他擔任美國聯邦機構「酒精、藥物濫用及心理健康部」(Alcohol, Drug Abuse, and Mental Health Adminstration; ADAMHA)部長時曾經支持過一個大型的研究計畫，調查美國心理精神疾病的嚴重情形。這篇文章題目爲「憂愁的年代?」(The Age of Melancholy?)刊登在 *Psychology Today* (April 1979, pp. 37-42)。Klerman 告訴我們一些驚人的數字，代表著憂鬱症在現代社會中氾濫的嚴重情形。

❸ 佛洛伊德在他的臆測但令人眩惑的文章 Mourning and Melancholia 中發表了他的心理分析的理論，這篇文章被收在 *Standard Edition of the Complete Psychological Works of Sigmund Freud*。主編及翻譯者爲 J. Strachey, vol. 14 (London: Hogarth Press, 1957; originally published 1917), pp.237-258。佛洛伊德將哀傷(mourning)與憂愁(melancholia)區分開來，前者是正常的情緒反應，後者是心理病態。現代的心理學研究卻正好相反，特別強調這兩者的連貫性。

❹ 兩個很有用的研究，一爲生物醫學派的中堅份子 R.R. Fieve 所著的 *Moodswing* (New York: William Morrow, 1975)，另一本比較技術性，爲 D.F. Klein 和 J.M. Davis 合著的 *Diagnosis and Drug Treatment of*

Psychiatic Disorders (Baltimore: Williams and Wilkins, 1969)。他們都是主張生物醫學派的。

❺我非常感激 Robertson Davies 的那篇非常好的文章 What Every Girl Should Know（每一個女孩都應該知道的），我採用了他說的「心中的一個字」(The Word in Heart)。當然，除此之外我還欠他許多其他的恩情。這篇文章出自 *One Half of Robertson Davies* (New York: Viking, 1977)。

第二章　無助是學習得來的

梅爾和我相信只有不可逃避的事件才會產生放棄的心態，顯然地，動物是可以學會牠們的行爲是無益的、於事無補的，因此他們變得被動，不再主動去做任何事。我們的實驗結果顯示了學習理論的中心前提——學習只有在行爲產生獎勵或懲罰時才可能發生——是錯的。

我長到十三歲以後，終於摸清了一個事實，就是假如我父母送我去我的死黨傑佛瑞家過夜，家中一定是發生了什麼大事。上一次他們送我去傑佛瑞家時，我發現母親去醫院動了子宮切除手術；這一次我感覺到是我父親出了什麼事，因爲從這以後，他的行爲就很怪異。通常他是很冷靜很穩重的，就像孩子心目中父親本來就應該這樣的；但是最近他變得很情緒化，有的時候他很憤怒，有的時候又暗自飲泣。

在送我去傑佛瑞家的途中，經過紐約州阿伯尼市黑暗的街道時，他突然深呼吸，把車停到路邊休息。我們坐在車中沒有說話，後來他告訴我，有一兩分鐘的時間，他的左半邊身體失去感覺，麻痺了。我可以感受到他聲音中的恐懼，我嚇壞了。

他那時只有四十九歲，正值生命的顛峰期。他是美國經濟大恐慌的產物——他是法學院的高材生，但是他寧可去屈就一個小公務員的職位，也不敢去冒險找一個薪水比較好的工作。不久前他終於決定做一個他一生中最大膽的決定，去競選紐約州的公職，我爲他感到非常地驕傲。

我自己在那個時候也正面臨著成長經驗中的第一個危機。秋季開學時，我父親把我從公立學校轉到一個軍事化的私立高中，因爲這個學校的升學率很高，是阿伯尼唯一的好學校，畢業生都可以進入好的大學。我進去之後才發現我是全校唯一的中產階級家庭的小孩，其他都是有錢人的孩子，大多數的學生來自定居在阿伯尼市二百五十年以上的古老家族，我覺得非常地孤單，被排斥。

我父親將車停在傑佛瑞家的前門，我向他道別，但是我心口哽咽，深感不安。第二天破曉時，我醒來，覺得莫名所以的驚恐，好像有什麼事要發生了，我必須要趕快回家去。我偷偷地離開傑佛瑞家，跑過六條街趕回家去，到家時正好看到父親躺在擔架上從前門的臺階被抬下來。我躲在樹後偷看，我看到他想要展現勇氣，但是我聽到他喘氣地說他不能動。他沒有看見我，也不知道我曾經目睹他最狼狽的時候。他後來又中風三次，使得他完全癱瘓，整個人身體和情緒都變得無助了。

他們沒有讓我去醫院看他，轉到療養院後也沒有讓我去。最後有一天他們終於讓我去看他了，當我走進病房時，我可以感覺到他跟我一樣地緊張，因爲他不願讓我目睹他所處的無助狀態。

我母親跟他談上帝和以後該怎麼辦。

「愛玲，」他悄聲說：「我不相信上帝，從今以後，我也不再相信任何事情。我只相信你和孩子，我不想死。」

這是我第一次感受到無助所產生的痛苦。然後，一次又一次地看見我父親在這種狀態直到幾年後他逝世爲止，他使我走上這條研究探索之路。他的絕望強化了我的決心。

在我父親中風之後一年裡，我念大學的姊姊常帶回一些大學生的讀物給早熟的我閱讀，在她的鼓勵下，我初次接觸到佛洛伊德(S. Freud)。我躺在後院中的吊牀上讀他的《*Introductory Lectures*》，當我讀到他說人常常夢到牙齒掉落，我感到一陣熟悉，我也作過這種夢！我更感到驚訝的是他對這個夢的解析。佛洛伊德認爲夢到牙齒掉下來是閹割和手淫罪惡感的象徵，作夢的人害怕他的父親用閹割的方式來懲罰他手淫的罪惡。我在想佛洛伊德怎麼這麼了解我!?我後來才知道佛洛伊德把青少年期常發生的牙齒夢和在青少年期很普遍的手淫聯在一起，使讀者產生似曾相識，自己也有過的感覺。他的解釋結合了剛剛好足以令人迷惑的可能性，加上會引起讀者興趣的背後還有更多的揭露、好酒沉甕底的吊人胃口的暗示。我當時就決定我以後要走像佛洛伊德一樣的路，提出像他那樣的問題。

許多年以後，當我進入普林斯頓大學想成爲一個心理學家或精神病學家時，我發現普林斯頓的心理系沒什麼名氣，而它的哲學系卻是世界一流的。心靈的哲學和科學的哲學似乎是一體的，直到我拿到現代哲學的學士學位，我都深信佛洛伊德的問題是對的。但是他的回答對我來說已經是不大可能了，而他的方法——只憑幾個病例觀察就做出宏大的假設——我覺得是很糟糕的。我這時已經知道只有靠實驗，才能找出合乎科學的因果關係，這個原則應用在像無助感這種情緒的問題也是一樣，只有找出因果才能學習如何去治療。

「無助」實驗

一九六四年，我進入研究所攻讀實驗心理學。二十一歲的我，腋下挾著全新的學士學位，興沖沖地向賓州大學所羅門教授(Richard L. Solomon)的實驗室報到。我非常渴望想跟所羅門教授做研究，他不但是全世界最有名的學習理論專家之一，他同時也在研究一個我最感興趣的題目：他想從嚴謹的動物實驗著手來了解精神疾病的本質。所羅門的實驗室在黑爾樓，全校最古老最嚴峻的一棟樓。當我推開那扇搖搖欲墜的實驗室門時，我差點以爲它要掉下來了。我看見高高瘦瘦，頭差不多禿光的所羅門教授站在房間的另一端，全神貫注在某一件事上，然而實驗室中的每一個人都在議論紛紛，沒有一個人注意到我進來。

他最資深的研究生，一位非常友善、來自美國中西部的歐佛米亞，立刻自告奮勇地跟我解釋發生了什麼事。

「是那些狗，」歐佛米亞說：「那些狗一動都不動，不知哪裡不對勁了。狗不動，沒有任何人可以做實驗。」他繼續解釋說這些狗在過去的幾個星期都在做一個叫做轉移(transfer)的實驗，所以都經過巴夫洛夫的古典制約(Pavlovian conditioning)訓練。每一天牠們都接受兩種不同的刺激——一個高頻率的聲音及一個短促的電擊。聲音和電擊是成對出現：先有聲音後電擊。這個電擊並不強烈，就好像冬天用手去開門時有時會有的靜電感應那樣。實驗的目的是假如狗可以把聲音和電擊聯結在一起的話，那麼以後牠一聽到那個聲音，就會像眞的觸電那樣感到恐懼。❶

在狗學會了聯結之後，這個實驗的主要部分才眞正開始。這些狗被放入一個中間被一個矮閘分隔成兩半，可穿梭往返的大箱子中。實驗者要看狗在這個大箱子中，聽到聲音後牠會不會做出跟受到電擊同樣的反應，跳過矮閘逃開電擊。如果會，就表示情緒學習也可以「轉移」到許多不同的情境中。

當然，狗先要學會跳過閘欄以逃避電擊。學會這個以後，才可以觀察只有聲音時會不會引發同樣的反應。這個工作對狗來說應該是輕而易舉的，牠只要跳過矮閘就不會受到電擊，應該是蠻容易的訓練。

歐佛米亞說這些狗只是躺在地上哀鳴，牠們連試都不試一下能不能夠逃脫這些電擊。當然，狗不跳閘就沒有任何人能夠繼續下一步看狗對聲音的反應的實驗。

當我聽歐佛米亞解釋，眼睛看著哀鳴的狗時，我意識到一個遠比「轉移」更重要的事情發生了：在實驗的早期過程中，這些狗一定在無形中學會了「無助」，所以牠們現在才會放棄。這跟聲音毫無關係。因爲在巴夫洛夫的古典制約中，電擊的發生與否跟狗本身的動作完全沒有關係，在電擊時，不論這隻狗叫、跳、掙扎，都不能使電擊停止。所以牠們學會了(或是得到了這個結論)不論牠們做不做都沒有關係，對事情沒有影響，那麼又何必去做？

我被這件事背後的意義所震驚。假如狗可以學會牠們無益行爲背後這麼複雜的關係，那麼「無助」就可以在實驗室中拿來研究了。從貧民窟裡的窮人到初生的嬰兒，到醫院中沮喪絕望的病人，「無助感」無所不在。我父親的生命就是毀在它的手上，但是目前並沒有任何對無助的科學研究。我心中在飛快地盤算：這是個人類無助感的實驗模式嗎？我可以用這個模式來了解它怎麼來的？怎麼去治療它？怎麼去預防它？什麼藥物會對它有效？又有哪些人容易變成它的受害者？

雖然這是我第一次在實驗室中看到習得的無助，我立刻知道這是什麼。別人雖然也在實驗室中看到它，但是他們把它當作討厭的東西，阻礙實驗繼續的東西，並不認爲這個現象本身就值得研究。或許是我父親的半身不遂帶給我的衝擊，這個經驗使我看到了這個現象的眞相。我後來花了十年的工夫來說服學術界，這個發生在狗身上的現象是無助；它既然可以被學會，就可以被學習去把原先的所學拋掉。

我對這個發現感到異常地興奮，但是同時又對其他的事感到頹喪。我能夠像其他的研究生一樣對一隻無辜的狗施以電擊嗎？這個電擊雖然不足以致命，但至少它會給狗帶來痛苦，我可以在這樣的實驗室中工作嗎？我自己問著自己。我一向喜愛動物，尤其是狗，因此要引起牠們痛苦對我來說是件很勉強、很不願去做的事。因此我在週末時去找我以前的哲學老師，雖然他只比我大幾歲，我認爲他是智者。他跟他太太每次都體貼地挪出時間來爲我解惑，尤其是六十年代大學生所感受到的社會上種種矛盾現象。

「我在實驗室中看到了可能可以了解無助的一個開始，」我說：「以前從來沒有人研究過它，我也不知道我是否能去研究它，因爲我認爲去電擊一隻無辜的狗是不對的；即使它不見得不對，也是令人厭惡的事。」我描述了我所看到的事，它背後的意義，最主要的是我心中的猶疑。

我的教授是個科學史和倫理學的教授，他問道：「馬汀，你有沒有其他的方法來解決這個無助的難題？對那些無助的人的個案研究你覺得怎樣？」

我們兩人都知道個案研究在科學上是沒有價值的。所謂個案研究只是一個病人生活中的一些逸事，它無法帶給我們任何因果關係的推論，絕大部分的個案故事我們根本不知道到底發生了什麼事，因爲它是透過說故事者的眼光來敍述這件事，而一個人一定有他自己的看法，因此這個事件就被扭曲了。只有嚴密控制變項的實驗才可以分離出「因」來，而有了「因」才能找到治療的方法。此外，我不可能對人施以電擊，因此，只有用狗來做實驗了。

「把痛苦加諸任何動物的身上是合理的嗎？」我問道。

我的教授提醒我說今天人類以及家中的寵物可以活得這麼久，主要是動物實驗的貢獻，若是沒有這些動物實驗，小兒麻痺症、天花到現在還在流行。「反過來說，」他繼續說道：「科學史上也充滿了沒有達到目的的實驗，這些實驗都承諾說要減輕人類的痛苦，但是最後都沒有做到。」

「讓我問你兩件事。第一，你是否可能在將來爲許多人減輕痛苦，這個痛苦比你現在加在狗身上的要厲害得多？第二，你在動物身上得到的結論可以類化應用到人身上嗎？」

我對上面兩個問題的答案都是肯定的。對第一個問題，我相信我的模式可以解開人類無助的神祕，若是做到了，則減輕的痛苦會是很巨大的。關於第二點，我知道科學上已經有一套方法可以來看從動物身上得到的結果是否能應用到人類身上，而我也一定會使用這一套方法來確定我的結論是否可以類推。

我的教授警告我說，科學家常常被他的野心遮蔽而忘記他開始實驗時的原始目的。他要我做下二項承諾：一旦發現了我所要尋找的東西，就要立刻停止狗的實驗；一旦得到動物實驗帶來的答案後，就要立刻停止所有動物的實驗。

我充滿信心地回到實驗室，認爲我可以建立無助的動物模式，但是衆多研究生中只有梅爾(Steve Maier)一個人認爲是可能的。梅爾在紐約布朗克斯的貧民區長大，因爲在布朗克斯高中(一所非常有名的科學高中)成績優異，得以進入最好的大學。他知道外面眞實世界的無助是什麼樣子，他自己也曾親身體驗過這種滋味，他獨具慧眼，看出這個動物模式是值得花工夫去投入，做爲一生的事業的。我們設計出一個實驗來顯示動物如何學會無助，我們把這個實驗叫做三一實驗(triadic experiment)，因爲它需要三組動物共軛(yoke)在一起才能做。❷

我們給第一組動物可以逃避的電擊：牠們只要用鼻子去推牆上的一塊板就可以停止電擊，因此這一組動物是有自我控制的，因爲牠們的行爲可以有所作用。

第二組動物所受的電擊是與第一組共軛的，即牠所承受的電擊分量與次數與第一組一樣多，但是牠們的行爲不能停止電擊，沒有任何作用。只有在第一組的狗用鼻子推牆板時，牠們身上的電擊才會停止。

第三組是控制組，不接受任何電擊。

在三組動物都經過上述的過程後，我們把牠們放入可以穿梭往返的箱子，牠們應該很容易就學會跳過閘欄來逃避電擊。我們的假設是假如第二組的狗學會的是牠怎麼做都沒有用，那麼牠就會躺在地上承受電擊而什麼都不去做。

所羅門教授公開地表示他的懷疑。根據當時最流行的心理學理論，動物或人是不可能去學習無助的。所羅門教授在討論我們這個實驗時說：「有機體只有在反應帶來獎勵或懲罰的情況下，才可能學習到這個反應。在你們所提的實驗中，反應跟獎懲無關，它不符合現行所有學習理論中的任何一個情境，所以不能得出學習。」歐佛米亞接著說：「動物怎麼可能學會牠們不管做什麼都沒用？動物並沒有高層次的心智活動；牠們很可能根本沒有任何認知(cognition)。」

他們二人雖然有著懷疑的態度，但是都很支持我們做實驗，同時也叫我們不要太快下結論。動物也可能因爲其他的原因不去逃避電擊，電擊帶來的緊張壓力可能太強而使得動物自行放棄。

梅爾和我都認爲我們的三一實驗可以驗證這些可能性，因爲可逃避組和不可逃避組的動物都接受相同程度的生理壓力。假如我們是對的的話，只有不可逃避組的狗才會放棄。

在一九六五年的一月，我們開始了這個實驗。第二天，我們把這三組狗都帶到可穿梭往返的箱子進行電擊，看牠們會不會跳過閘欄。

第一組狗，可以用自己的行爲控制電擊的那組狗，在進入箱子後，幾秒之內就發現牠可以跳過閘欄以逃避電擊。第三組，那組未曾接受過電擊的狗，在進入箱子後，很快地，幾秒之內也發現跳過去就沒有電擊了。只有第二組，那組發現無論怎麼做都無效的狗沒有跳，停留在有電流的這一半，雖然牠可以很容易地看到矮矮的閘欄的另一邊是什麼樣子，但是牠沒有去試著逃避。牠很快地就放棄了，躺了下來，接受固定時間的電擊。

我們重複了這個實驗八次，在無助組的八隻狗中，有六隻就坐在那兒等待電擊；而第一組的八隻狗中，沒有一隻放棄。

梅爾和我相信只有不可逃避的事件才會產生放棄的心態，因爲接受相同電擊但是可以自我控制的動物，並沒有產生放棄之心。顯然地，動物是可以學會牠們的行爲是無益的、於事無補的。因此他們變得被動，不再主動去做任何事。我們的實驗結果顯示了學習理論的中心前提——學習只有在行爲產生獎勵或懲罰時才可能發生——是錯的。

挑戰行爲主義

梅爾和我把實驗結果寫成論文投了出去。令我們非常驚奇的是《實驗心理學期刊》（*Journal of Experimental Psychology*），一個最保守的期刊主編竟然接受了我們的論文，並把它排在開卷的第一篇。我們等於是向世界的學習理論學家下了戰書，我們兩個羽翼未豐的研究生竟敢告訴行爲主義派的宗師史金納，說他的理論最中心、最基本的前提是錯的。

行爲主義者並沒有就此而投降。在我們系裡一位年高德紹的教授（他曾經做過《實驗心理學期刊》的主編二十年）寫了一個條子給我說，我們的文章使得他一看就想吐(physically sick)。在一個國際學術會議上，在男廁所裡，史金納的大徒弟跟我說動物不可能學任何東西，牠們只能學習反應(response)。

在心理學史上有許多實驗可以稱得上「關鍵」實驗，梅爾和我當時只有二十四歲，我們卻做了這個扭轉乾坤的關鍵實驗。這是一個很有勇氣的行爲，因爲梅爾的實驗正面攻擊了一個非常強有力的正統：行爲學派。六十年來，行爲學派主控了美國的心理學界。在學習領域中，所有的大師都是行爲學派的，而且從過去的二個世代看來，學術界比較好的工作也都給了行爲主義者。雖然行爲主義派的主張很顯然是牽強的，但是在科學界你會看到這種情形。

行爲主義派的主張就跟佛洛伊德派的學說一樣是違反常識的。行爲主義者堅持一個人所有的行爲只受他畢生所得的獎勵和懲罰所決定：一個被獎勵的行爲（例如一個微笑帶來一個撫摸）是可能會重複的，一個被懲罰的行爲是最可能被壓抑的。如此而已。

意識——思考、計畫、期待、記憶——並不會影響行爲。它就像車子裡的計速器，它不會使車子走，它只是反映出車子進行的狀態。行爲主義者認爲人類的行爲完全受環境的塑造——受環境給他獎勵或懲罰的塑造——而不是受他內在思想的影響。

現在很難想像一個有智慧的人可以接受這種思想，但是自從第一次世界大戰結束以後，美國的心理學界就一直被行爲主義的教條所統治著。行爲主義者對人類這個有機體抱著異常樂觀的態度，一個最簡單化約的看法：你只要改變一個人的環境，就可以改變一個人的行爲。人會犯罪是因爲他貧窮，因此，除去貧窮，犯罪也隨之消失。假如你抓到一個小偷，你可以用改變他生活上可能發生的事故的方式來改造他的行爲：懲罰他的偷竊行爲，獎勵他其他有建樹的行爲。偏見是來自你對那個人的無知，因此，認識這個人後就可以去除偏見；愚蠢是來自沒有接受教育，所以只要普及教育就可以消除愚蠢。

當歐洲正以生物基因的方式來看行爲——以人格的特質、基因、本能等來解釋行爲——時，美國的心理學家還緊抱著行爲受環境決定的主張不放。行爲主義會在美國和蘇俄盛行不是沒有原因的，因爲行爲主義所主張的人生而平等，各取所需、各取所值等基本理念，正好和美國的開國精神以及蘇俄的政治理想相符合。

這就是一九六五年學術界大致的情況。我們認爲行爲主義者的這種只有獎勵和懲罰才能加強聯結的說法是無稽之談。舉一個行爲主義者對老鼠按桿以換取食物的實驗作說明：行爲主義者認為當一隻老鼠按桿而得到食物時，牠會再按，因為這個按桿和食物之間的聯結已經被獎勵所增強了。再舉一個行為主義者對人類工作行為的解釋：人去上班是因為上班這個行為已經被薪水（獎勵）所強化了，並不是因為期待獎勵而是過去的獎勵強化了他的反應。行為主義主張人的心智情況跟他的反應無關，也可以說行為主義者根本不認為人有心智存在。相反地，我們認為人的心智狀態是他行為的原因，老鼠因為期待按桿會帶給牠食物才按，人因為期待做了工就有薪水他才去上班。我們認為大多數的自主動作、行為，都是因為我們期待這個行為會帶給我們某個結果。

梅爾和我認為狗之所以躺在有電的地板上不動，是因為牠們學會了牠們怎麼做都沒有用，所以牠們期待在未來也是如此；一旦這種期待形成了，牠們就什麼也不想做了。

「被動可以有兩個原因，」梅爾在我們每週的研究研討會上面對越來越多的批評者，不慌不忙地解釋著：「就像在療養院中的老人一樣，**你可以學習成為被動，假如被動對你比較有利的話**——護士對聽話的病人好一點，他們都不喜歡要求很多的病人。**你也可以變成被動，假如你完全放棄的話**——假如你認為不論你是溫順、聽話或是要求，都沒有任何作用的話，你就會完全地放棄。這些狗並不是因為牠們學會了被動會停止電擊才做出被動的行為，而是牠們認為牠們做什麼都無用才放棄。」

行為主義者無法承認無助的狗是學會了一個期待，即做什麼都無用的一種想法，行為主義一直強調動物和人所唯一能學的就是行為（以他們的術語來說，就是動作反應），牠永遠不可能學會一個思想或期待。所以行爲主義就強辯說狗躺在通電的地板上不動時，一定有什麼事情發生，獎勵了牠這個躺著不動的行爲。

行爲主義者強辯說當這隻狗在接受電擊時，一定有某個時候是牠躺著不動而電擊恰好停止，因此狗就把痛苦的停止與牠的行爲聯結起來，這個痛苦的停止就變成一個增強，加強了牠的靜止不動。所以這隻狗會越坐越久，坐得久就一定會碰到電擊停止，所以「坐」這個動作就更得到增強。

這個強辯是行爲主義者的最後一個武器，一個可能的解釋（雖然在我看來是錯誤的）。反過來看，它也可以說狗沒有被獎勵而是被懲罰了，因爲一定也有當狗坐在那兒而電擊開始的時候，那麼狗就應該會因爲這個懲罰的作用而壓抑牠坐的行爲。行爲主義者故意忽略這個邏輯上的大洞不提，而堅持狗學會的唯一反應就是靜坐，一個強化了的靜坐行爲。

針對這個強辯，梅爾設計了一個非常聰明的實驗。「讓我們再做一個實驗，使狗經歷行爲主義者所辯稱的每一個階段，而使牠們成爲超級無助，」他說：「他們說狗是因爲靜坐而獲獎勵，我們就讓狗在靜坐時得到獎賞：假如狗靜坐超過五秒鐘，我們就把電停掉。」也就是說，我們故意去做行爲主義者認爲是偶然、意外的那件事。

行爲主義者預測：獎勵靜止會造成不動的狗。梅爾不同意。「你跟我都知道，」他說：「狗可以學會假如牠靜止不動五秒鐘，電擊就會停掉，牠會對自己說：『嘿，我對這事是有充分掌握的。』

根據我們的理論，學會控制的狗是不會變成無助的。」

梅爾設計了一個實驗，在第一個部分，第一組的狗，他稱之爲靜坐組，只要靜坐五秒鐘不動，電就會停掉；第二組爲共軛組，電擊的次數和分量一切都跟第一組一模一樣，只是牠自己對電源的切斷沒有任何控制力，只有當第一組的狗不動時，牠身上的電擊才會停止；而第三組是控制組，不接受任何電擊。

第二部分的實驗是將狗帶到可穿梭往返的箱子，教牠們跳過閘欄逃避電擊。行爲主義者會預期電擊時，第一組和第二組都曾經靜止不動，表現出無助的樣子，因爲兩組都曾經在靜止不動的情況下得到電擊關掉的獎勵。行爲主義者預測這兩組中，靜坐組會變得更安靜，因爲牠們的安靜一直得到獎勵，而共軛組是偶爾才得到獎勵；行爲主義者會說控制組是沒有影響的。

我們認知主義者則反對上面的說法。我們認爲靜坐組，因爲牠們學會了自己可以控制電擊的停止，所以不會變得無助，當牠們有機會可以跳過閘欄時，牠們會馬上跳。我們也預測大多數的共軛組會變得無助。當然，控制組沒有受到影響，一放在往返箱中就會馬上跳脫電擊。

下面就是這個實驗的結果：

大多數共軛組的狗都躺著不動，如二派人所預測的。控制組的狗也如二派人所預測般，很快就學會了逃避電擊。只有第一組的狗，當牠們剛剛進入往返箱受到電擊時，牠們會靜止幾秒鐘，等待電源切掉；當電源沒有切斷時，牠們開始亂竄，到處試試看有沒有其他的方法可以停止電擊。

牠們很快發現沒有辦法，於是就一躍而過，跳到另一邊去了。

當二個學派衝突時——就好像行爲學派和認知學派現在在「習得的無助」上對上了——其實很難去設計一個實驗讓對方啞口無言，但是二十四歲的梅爾做到了。❸

行爲主義者的垂死掙扎使我想起「周轉圓」(epicycle)。文藝復興時的天文學家們爲布列賀(Tycho Brahe)詳細的天體觀察所困惑，因爲三不五時，行星好像倒退著走，退回它原來才走過的軌道。相信太陽繞著地球運行的天文學家把這個倒退的現象解釋爲周轉圓——大圓裡的許多小圓，圓心在另一個大圓周上移動著，所以天體上許多星星會定期地繞路轉。當越來越多的觀察都記錄到這個現象時，傳統的天文學家必須要假設越來越多的圓圈才行(地球繞太陽的軌道其實是橢圓形的)。最後他們只好放棄地球中心說，而採取太陽中心的理論，因爲後者的理論需要的周轉圓較少，因此比較好。後來「再加一個周轉圓」(adding epicycle)就變成科學界一個形容爲維持一個搖搖欲墜的理論所做的各種不合理的假設。❹

我們的發現，加上詹姆斯基、皮亞傑的看法及其他資訊處理(Information processing)的心理學家，擴大了心智研究的領域，而將行爲主義者全面地擊退了。到一九七五年時，人類心智處理過程已經取代了行爲派的老鼠，成爲最熱門的博士論文題目。

梅爾和我現在知道如何去製造習得的無助，但是，知道它發生的原因後，我們可以治癒它嗎？

我們將前面已經學會無助的狗，放入往返箱，用手把這些不情願動的狗拖過來，拖過去，越過中間的閘欄，直到牠們開始自己動爲止。我們發現，一旦牠們發現牠們自己的動作對關掉電源是有效的，這個「治療」就百分之百有效，而且是具有永久性的。

於是我們開始研究對「學習無助」的預防，我們發現了一個現象，稱之爲「免疫」(immunization)。如果事前學習到行爲是有效的，那麼這個學習可以預防無助的發生。我們甚至發現當這隻狗還是小狗時，我們教牠這個方法，結果終其一生，這隻狗都對無助感有免疫力。這個實驗對人類的意義是很大的。

我們已經爲這個理論建立了基礎，如我那天向我在普林斯頓的哲學老師所許下的允諾，梅爾和我停止了狗的實驗。

易受傷害和不易受傷害

我們的論文開始定期在期刊上出現了。學習理論學家的反應是可以預測的：以不相信的態度嚴厲批評。他們的批評都是技術上的或不足爲道的，但持續了二十年，最後我們勝利了。即使是最頑固的行爲主義者也開始教他的學生習得的無助的概念，以及如何做這方面的研究。

最有建設性的反應來自想要把這種「習得的無助」應用到人類身上去的科學家。在這方面做得最好的是奧勒岡州立大學的一位日裔美籍研究生，三十歲的廣仁(Donald Hiroto)。廣仁當時在尋找論文題目，寫信來問我們實驗的細節，「我想應用到人身上，不用老鼠或狗，但是我的教授們都對這個應用的可能性抱持非常懷疑的態度。」

廣仁的實驗過程與我們的非常相似，他先將一組受試者帶入一個房間，把音響開得非常大聲，教他們學習去把聲音關掉。他們試了各種方法按控制板上的各種鈕，噪音依然如故。沒有任何方法可以把聲音關掉。另一組的受試者則是按對了控制鈕的排列組合，就可以把聲音關掉。另一組的受試者則是沒有受噪音干擾。

然後廣仁把受試者帶到另一個房間去，內有一個實驗箱(shuttle box)，你把手放在這個實驗箱的一邊就會有很難聽的忽忽聲出來，把手移到另一邊去，這個噪音就停止了。

一九七一年的一個下午，廣仁打電話給我。

「馬汀，」他說：「我想我們得到了一些有意義的結果。那些一開始時接受不可逃避噪音的那組人，你能相信嗎？他們大多數人就坐在那兒忍受，而不會試著把手移到實驗箱的另外一邊去。」我可以感受到廣仁的興奮，雖然他盡力維持職業性的語氣。「就好像他們學會了對這個噪音是無可奈何的，所以他們連試都不試一下，即使時間、地點、所有的情境都改變了，他們都沒想到他們以前的無可奈何現在可能不一樣了，他們把前面對噪音的無助帶到了新的實驗情境中。但是，你注意了！所有其他的人——那些在實驗第一部分裡可以關掉噪音、逃避噪音以及在控制組的人，都很容易就學會把噪音關掉！」

我感到這可能是這些年努力的高峰了。假如人可以由這麼小的事情(如噪音)就學會無助的話，那麼外面眞實世界的人常常經歷到挫折、打擊，他們很可能經由這些經驗學會無助。或許人們一般對失落的反應——被愛人所拒絕，工作上失敗，配偶的死亡等等——可以經由習得的無助模式來了解。

根據廣仁的發現，每三個人中有一個人不會變得無助。我們的實驗中，也是每三隻動物中有一隻不會變得無助，即使牠經歷過不可逃避的電擊也不會。在後來的實驗操弄中，我們製造出許多無助的情境，例如不論受試者怎麼弄，名歌星寇斯比的唱片聽起來都是斷斷續續跳針，或是使吃角子老虎的鋼板不合理的落下來，我們的實驗也支持了廣仁的發現，每三個人中有一個人不會變成無助。❺

廣仁的實驗還有另一個有趣的發現：十個人中有一個人雖然從來沒有受過挫折，但是他還是會坐在實驗箱的旁邊不動，寧可忍受難聽的噪音。這也跟我們的發現很相像，十隻動物中有一隻是一開始就是無助的。

我們的滿足感很快就被強烈的好奇心所取代了。誰很容易放棄，誰又從來不放棄？什麼人生意失敗可以東山再起？什麼人被他深愛的人拋棄可以重新面對生活？爲什麼？顯然地，有些人一下子就崩潰了，而有些人可以耐得住風霜，他們不屈不撓，在廢墟中重建一個新的生活，感情充沛者把這叫做「人類意志的勝利」，或是「勇者」，好像這種標籤就可以解釋它似的。

現在，經過七年的實驗，我們清楚地知道失敗後重新站起不再是個謎了。它不是天生的人格特質，它是可以學習的。我過去的十五年就是致力於這個應用的探索和開發。

〈註釋〉

❶在心理學上，移轉(transfer)的實驗最主要就是要證明巴夫洛夫的古典制約可以激發或抑制工具學習(參見 R. A. Rescorla and R.L. Soloman, Two-Process Learning Theory: Relationship between Pavlovian Conditioning and Instrumental Learning, *Psychological Review,* 74[1967], 151-182.)。

❷對於動物無助實驗完整的經過與文獻收在 M. Seligman, *Helplessness: On Depression, Development and Death*(San Francisco: Freeman, 1975)，見 S.F. Maier 和 M. Seligman, Learned Heplessness: Theory and Evidence, *Journal of Experimental Psychology: General,* 105[1976], 3-46)。

❸關於行為主義者和認知心理學家在習得的無助這個主題上的辯論，你可以參考 *Behavior Research and Therapy* 18, 1980, 459-512。它把七天的辯論全部收在這本期刊中，你可以自己去判斷究竟是誰贏了。

❹這個周轉圓的故事可以在 T. Kuhn 的名著 *The Copernican Revolution: Planetary Astronomy in the Development of Western Thought* (Cambridge, Mass.: Harvard University Press, 1957), 59-64。

❺參見 D.S. Hiroto, Locus of Control and Learned Helplessness, *Journal of Experimental Psychology,* 102(1974), 187-193.

第三章　對厄運的解釋

你對發生到你身上的大小不幸的原因是怎麼個看法？有的人很容易就放棄，他們認爲不幸的事「都是我不好，厄運永遠都不離去，注定倒霉一輩子，而人在倒霉時，做什麼都沒有用」。另一種人拒絕向命運低頭，他們說「這只是環境使然，厄運很快就會過去，而且生命中還有許多東西比這件事重要」。

去牛津大學演講是非常令人膽寒的。並不是因爲它建築的尖頂筧嘴，或是說它過去七百年來在學術上一直是執世界的牛耳。主要是牛津的教授們，他們在一九七五年四月的那一天統統來聽一位美國心理學家演講，這個人以前名不見經傳，突然平地一聲雷地有名起來，現在在倫敦的莫茲雷(Maudsley)醫學院精神科進修，應邀來到牛津談他的研究。當我在演講臺整理我的演講稿，同時緊張地看一下底下的聽衆時，我注意到一九七三年諾貝爾獎得主生態學家廷伯根(Niko Tinbergen)坐在那裡，從哈佛大學被延請到牛津來擔任欽定講座(Regius)教授的著名兒童發展學家布魯納(Jerome Bruner)也坐在那裡，還有現代認知心理學的創始人布羅本(Donald Broadbent)，以及世界上最有名的「應用」社會科學家蓋爾德(Michael Gelder)，他是不列顛精神病學院的院長。另外還有葛瑞(Jeffrey Gray)，著名的大腦和焦慮的專家也坐在聽衆席上。這些都是我這個研究領域的大師，我感到好像是一個演員被推到臺上去表演獨白劇，而底下坐的是名演員吉尼斯(Guinness)、吉爾古德(Gielgud)和奧利佛(Olivier)。

我開始講我的習得的無助研究，我看到底下的教授反應還可以，有的對我的結論點頭，有的對我的笑話微笑，使我放心不少。但是在前排中間有一個令人望而生畏的陌生人，他對我的笑話不笑，在好幾個重要結論點上搖頭表示不同意。他似乎在計算著我不自覺中犯的錯誤。

最後，演講完畢了，掌聲還可以。我鬆了一口氣，因爲演講已經完了，只剩一些討論而已。通常他們會安排一位教授來做討論者——想不到就是坐在前排搖頭的那位。他的名字是提斯代爾(John Teasdale)，我曾經聽過他的名字，但是不認得他。原來他是剛從倫敦莫茲雷醫學院心理科升到牛津精神科的講師。

「你們實在不應該因這個迷人的故事而失去你們的理智，」他告訴聽衆說：「這個理論是完全不對的，塞利格曼輕描淡寫地帶過去一個事實，即有三分之一的受試者是不會變得無助的。爲什麼不會？而且有的受試者可以立刻再爬起來，重頭來過，有的人永遠不能從打擊中復原；有的人只有在他學習成無助的同樣情境下才會變得無助，他們不再想辦法去逃開噪音，但是有些人在全新的環境下也會放棄。我們應該問我們自己爲什麼？有的人失去了自尊，怪自己無法逃開這個噪音，有的人怪實驗者給他這個無解的難題，爲什麼？」

許多教授的臉上都浮出困惑的表情。提斯代爾尖銳的批評搖動了每一個人的信心。在我剛開始演講前我對十年來的研究非常有信心，現在似乎充滿了漏洞。

我震驚得幾乎說不出話來，我覺得提斯代爾是對的，我對自己沒有先想到這些點感到羞愧。我囁嚅地說科學就是這樣進步的，並且問提斯代爾對他提出的問題有無解決之道。

「我想我有，」他說：「但是現在不是討論的時候，這裡也不是討論它的場合。」

我現在暫時不說出提斯代爾的解決之道，因為我要你們先做一個簡短的測驗，它可以讓你知道你是個樂觀的人還是悲觀的人。若是先知道了提斯代爾認為為什麼有些人永遠不會變得無助，可能會影響你做這個測驗的態度。

測驗你自己有多樂觀

你可以儘量思考下面的每一個問題，沒有時間上的限制。一般來說，這個測驗大約要花十五分鐘。你應該先做測驗再去看後面的分析，不然你的答案就不準確了。

請仔細地讀每一個情境的描寫並想像你在那個情境下的想法。有的情境你可能從來沒有經驗過，沒有關係；也可能兩個答案都不適合你，那也沒有關係，圈一個最可能適用到你身上的情境。你可能不喜歡句子的寫法，但是請不要圈選你認為「應該」說的或是對別人來說這樣說才比較好的選項，請選你比較喜歡的、比較適合你的選項。

每一題單選一項。請不要管答案旁邊的字母和數字碼。

⑴你所負責的那項計畫非常地成功	PsG
A、我監督手下很嚴	1
B、每一個人都花了很多心血在上面	0
⑵你和配偶(男／女朋友)在吵架完了後講和	PmG
A、我原諒了他／她	0
B、我一般來說是很寬宏大量，不記仇的	1
⑶你在開車去朋友家的路上迷路了	PsB
A、我錯過了一個路口沒轉彎	1
B、我朋友給我的指引講得不清不楚	0
⑷你的配偶(男／女朋友)出乎意料地買了一件禮物給你	PsG
A、他／她加薪了	0
B、我昨晚請他／她出去吃了豪華大餐	1
⑸你忘記你的配偶(男／女朋友)的生日	PmB
A、我對記生日是很差勁的	1
B、我太忙了	0
⑹神秘的愛慕者送了你一束花	PvG
A、我對他／她很有吸引力	0
B、我的人緣很好	1
⑺你當選了社區的公職(民意代表)	PvG
A、我花了很多時間和精力去競選	0
B、我做任何事都全力以赴	1
⑻你忘了一個很重要的約會	PvB
A、我的記憶有時眞是很糟糕	1
B、我有時會忘記去看行事曆上的約會記錄	0
⑼你競選民意代表，結果落選了	PsB
A、我的競選宣傳不夠	1
B、我的對手人面比較熟	0

⑽你成功地主持了一個宴會	PmG
A、我那晚眞是風度翩翩	0
B、我是一個好主人	1
⑾你及時報警阻止了一件犯罪	PsG
A、我聽到奇怪的聲音，覺得不對勁	0
B、我那天很警覺	1
⑿你這一年都很健康	PsG
A、我周圍的人幾乎都不曾生病，所以我沒被傳染	0
B、我很注意我的飲食，而且每天休息都足夠	1
⒀你因爲借書逾期未還而被圖書館罰款	PmB
A、當我全神貫注在閱讀時，我常忘記借閱到期了	1
B、我全心在寫報告上，忘記去還那本書了	0
⒁你買賣股票賺了不少錢	PmG
A、我的經紀人決定去試一個新的投資	0
B、我的經紀人是第一流的	1
⒂你贏得運動會上的競賽	PmG
A、我覺得我是東方不敗	0
B、我很努力訓練自己	1
⒃你聯考失敗了	PvB
A、我沒有其他的考生那麼聰明	1
B、我準備得不夠	0
⒄你爲你的朋友特別燒了一道菜，而他連嘗都不嘗	PvB
A、我燒得不好	1
B、我的食譜也許不太合一般口味	0
⒅你花很長的時間練習某項運動，但在比賽時失敗了	PvB
A、我不是一個好的運動員	1
B、我對那項運動不在行	0

⒆你的車子在深夜的黑街上沒了汽油 PsB

A、我沒有事先檢查一下油箱還有多少油 1

B、油表的指針壞了 0

⒇你對朋友發了一頓脾氣 PmB

A、他／她總是煩我 1

B、他／她今天很不友善 0

㉑你因未申報所得稅而受罰 PmB

A、我總是拖著不願去碰稅的事 1

B、我今年很懶散，不想報稅 0

㉒你約一個人出去玩，但他／她拒絕了你 PvB

A、我那一天什麼事都做不下，心情惡劣 1

B、我去約他／她時，緊張得說不出話來 0

㉓一個現場節目的主持人從衆多的觀衆中，單挑了你上臺去參加節目 PsG

A、我坐的位置恰恰好 0

B、我表現得最熱心 1

㉔你在舞會上很熱門，常有人請你跳舞 PmG

A、我在舞會上很活躍 1

B、那一晚我一切表現都十全十美 0

㉕你替你的配偶(男／女朋友)買了一件禮物，而他／她並不喜歡 PsB

A、我沒有好好用心思去想應該買什麼 1

B、他／她是個很挑剔的人 0

㉖你在應徵工作的面試上表現得很好 PmG

A、我在面試時覺得非常地自信 0

B、我很會面試 1

(27)你說了一個笑話，每個人都捧腹大笑 PsG

A、這個笑話很好笑 0

B、我說笑話說得很好，時間拿捏得很準 1

(28)你的老闆只給你一點點時間去完成一個計畫，但是你還是如期達成了 PvG

A、我對我的工作很內行 0

B、我是一個很有效率的人 1

(29)你最近覺得很疲倦 PmB

A、我從來都沒有機會放鬆一下 1

B、我這個禮拜特別地忙 0

(30)你邀請某個人跳舞，他／她拒絕了 PsB

A、我不是一個好的舞者 1

B、他／她不喜歡跳舞 0

(31)你救了一個人使他沒有噎死 PvG

A、我知道如何急救哽塞的人，我會這個技術 0

B、我知道在緊急的情況應該如何處理 1

(32)你的熱戀情侶想要冷靜疏遠一陣子 PvB

A、我太自我中心了 1

B、我花在他／她身上的時間不夠 0

(33)一個朋友說了一些使你傷心的話 PmB

A、他／她說話每次都不經過大腦就衝口而出 1

B、他／她心情不好，把氣出在我身上 0

(34)你的老闆來找你，要你給他忠告 PvG

A、我是這個領域的專家 0

B、我給的忠告一向都確實可行 1

⑶一個朋友謝謝你幫助他／她走過一段困難期		PvG
	A、我很樂意協助朋友度過困難期	0
	B、我關心朋友	1
⑶你在宴會玩得很痛快		PsG
	A、每一個人都很友善	0
	B、我很友善	1
⑶你的醫生說你的身體健康情況極佳		PvG
	A、我堅持經常運動	0
	B、我對健康很小心，很注意	1
⑶你的配偶(男／女朋友)帶你去度一個羅曼蒂克的周末		PmG
	A、他／她需要遠離城市、工作幾天	0
	B、他／她喜歡去看看新的、沒去過的地方	1
⑶你的醫生說你吃太多甜的東西		PsB
	A、我對飲食不太注意	1
	B、我避免不了糖分，到處都是甜品，每樣東西裡都有糖	0
⑷老闆指派你去做一個重要計畫的主持人		PmG
	A、我才剛剛成功地做完一個類似的計畫	0
	B、我是好的計畫主持人，監督嚴謹，溝通良好	1
⑷你和你的配偶(男／女朋友)最近一直吵架		PsB
	A、我最近壓力很大，心情不好	1
	B、他／她最近心情惡劣	0
⑷你滑雪時總是摔跤		PmB
	A、滑雪很困難	1
	B、滑雪道結冰了很溜滑	0

⑷3你贏得一個很崇高的大獎	PvG
A、我解決了一個重大的難題	0
B、我是最好的員工	1
⑷4你的股票現在是跌入谷底	PvB
A、我那個時候對商業投資不是很懂	1
B、我買錯了股票	0
⑷5我中了愛國獎券／大家樂	PsG
A、眞是運氣	0
B、我選對號碼	1
⑷6你在放假時胖了起來，現在瘦不回去	PmB
A、就長遠說來，節食是沒有用的	0
B、我這次用的這個減肥法沒效	1
⑷7你生病住院，但是沒什麼人來看你	PsB
A、我在生病的時候脾氣不好	1
B、我的朋友常會疏忽像探病這種事	0
⑷8商店拒收你的信用卡	PvB
A、我有時候高估了自己的信用額度	1
B、我有時候忘記去付信用卡帳單	0

計分表

PmB ______　　PmG ______

PvB ______　　PvG ______

HoB ______

PsB ______　　PsG ______

Total B ______　　Total G ______

G－B ______

現在先把測驗放一邊，在你念完這一章後再來計分。

解釋形態

當提斯代爾在我牛津的演講完畢後，提出他的反對意見時，我有一瞬間以爲這幾年的研究工夫都白做了。我那時並不知道提斯代爾的挑戰會帶給我我最想要的——用我們的發現去幫助那些正在受苦，迫切需要援手的人。

的確，提斯代爾在他的反駁中承認三個人中有二個會變得無助，但是他強調三個人中有一個不會；不管什麼樣的事情發生在他們身上，他們都不放棄。這眞是一個兩難的謎，除非它有合理的解答，否則我的理論無法站住腳。

在演講完後，我與他一起離開會場，我問他願不願意和我一起工作，看能不能建立一個完整的理論。他同意了，所以我們就定期見面，我從倫敦到牛津，我們在修剪得很整齊，碧草如茵的草地上散步，討論他的意見。我問他對誰比較容易變得無助，什麼人又比較可以抗拒挫折這個問題的解決方法。提斯代爾認爲解決之道在於人們對惡劣情境的解釋。他認爲對情境做某種解釋的人容易變得無助，假如教他們改變對情境的解釋，可能會是治療沮喪的一個有效方法。

在我停留在英國的這段期間，大約每兩個月我就回美國一個禮拜左右。在我第一次回到賓州大學時，我發現我的理論在美國也遭到像提斯代爾一樣的挑戰。挑戰者是我自己研究組的二位研究生，阿布拉姆森(Lyn Abramson)和蓋伯(Judy Garber)。

她們兩人都曾狂熱地追隨威納(Bernard Weiner)工作。一九六〇年代末，這位加州大學洛杉磯分校的年輕社會心理學家曾經在想，爲什麼有些人是高成就感而有些人不是。他的結論是：這些人對於成功或失敗的原因的看法是決定這個高低成就感的主要因素。他的理論叫做歸因理論(即人們將他們的成功或失敗歸因到哪些元素的研究)。

這個理論跟當時流行的傳統對成就的看法——消除的部分增強效應(partial reinforcement extinction effect，簡稱PREE)是相反的。PREE是學習理論的傳統看法，假如老鼠每按一下桿，你就給一個食物做獎賞，這種叫做「連續增強」(continuous reinforcement)，工作和報酬的比例是一比一——一顆食物比一次按桿。假如你要停止老鼠這個按桿行爲(消除)，你只要停止給牠食物，牠再按個三、四下，沒有食物出來，牠就完全停止了。因爲這個對比太大了，牠會覺得自己不再有東西吃了。但是，假如一開始的時候不要給牠一比一的報酬，即所謂的「部分報酬」(partial reinforcement)，每按五次或十次才給牠一顆食物，那麼在消除時，牠會按上幾千幾百次，才會死心放棄不再按桿。❶

PREE在一九三〇年代使史金納成名，使他成爲行爲主義派的大師。PREE雖然對老鼠和鴿子非常有效，它對人卻不是很有效。有些人在消除一開始就放棄了，也有人一直繼續下去，不輕言罷手。

威納認為這些不放棄的人是認為消除的原因是暫時的（例如這個機器的線路有問題，所以沒有報酬掉下來），所以會一直做，因為他們認為情況可能會改變，他們可能還是會得到報酬。而認為消除的原因是永久性的（例如實驗者已經決定不再給我報酬了）的人，他們很快地就會放棄。威納的實驗支持了他的這個看法。PREE是因為人們的解釋形態而不是他們的報酬比例的關係，因此歸因理論就假設人類的行為不只是受環境的報酬率所控制，同時也受個人內在的心智情況所左右，即個人對環境為什麼會有這種增強效果的解釋。

這個歸因理論對社會心理學產生很大的影響，尤其是對年輕的學者像阿布拉姆森和蓋伯。它塑造了她們整個思想方式，她們用這個理論來看習得的無助的理論。所以當我第一次從英國回到美國，告訴我的同事提斯代爾怎麼說時，阿布拉姆森和蓋伯都認為提斯代爾是對的，而我是錯的，這個理論必須要重新來過。

阿布拉姆森一年前才到賓州大學來讀研究所，她一來立刻就被公認為近年來最好的幾個學生之一。雖然她的外表看起來土裡土氣——穿著補丁的牛仔褲、破襯衫——她的心智卻是第一流的。她首先研究什麼藥在動物身上會產生習得的無助，什麼藥可以幫助動物抗拒習得的無助；她是想說明沮喪和無助是同樣的東西，因為它們的大腦生化機制是一樣的。

蓋伯是因為私人的問題從南方一所大學休學，在解決私人問題後，她自願不支薪地在我的實驗室中工作了許多年。她告訴我說她想向世人證明她可以對心理學有所貢獻，使她以後可以申請進入第一流的心理學研究所。實驗室中的人對這麼一位衣著光鮮流行，手指甲塗著鮮紅蔻丹的小姐每天來餵白老鼠，都免不了多看兩眼，不太相信的樣子。但是蓋伯的能力很快就顯現出來，就和阿布拉姆森一樣地強，她很快就不再餵老鼠而去做比較高級一點的工作了。一九七五年的春天，蓋伯也正在做動物的無助研究。當提斯代爾的挑戰傳來時，阿布拉姆森和蓋伯兩人都放下手邊的工作，全力與我們一起研究使這個理論更能應用到人身上的辦法。

在我一生中，我從來沒有像別的心理學家一樣逃避批評。精神病的領域就不一樣，由於長久以來累積的醫學上的權威性，精神科醫生很不情願承認錯誤。這個歷史至少可以追溯到佛洛伊德。精神病的研究領域一直被少數人所掌控，他們對不同意見的人都視爲洪水猛獸，好像是入侵他們地盤的野蠻人。假如他們的門徒中有人膽敢批評一句的話，那個人早就被逐出門牆了。

我比較喜歡人道主義的傳統。對文藝復興時代的科學家而言，批評你的人才是你眞正的同志，因爲他可以幫助你進步。科學的批評跟戲劇的批評是不同的，後者可以決定一齣戲劇的生死，而科學的批評是以另一個方式來驗證你的理論，就像再做一個實驗來看看它是支持還是反對你的結論。除了法庭上的辯證原則之外，這是人類演化出來最能發現事實眞相的好方法。

我一直對學生強調接受批評的重要性。我總是說，「我希望有人告訴我那裡做不對，在這個實驗室，我們重視的是原創性，不是拍馬屁」。現在不用說英國的提斯代爾，連阿布拉姆森和蓋伯都告訴我我的理論有瑕疵，但我並沒有因此而對他們有敵意，我即時邀請他們三位做我的盟友，幫助我使這個理論完善。我跟我的這兩位聰明的學生辯論，有時連續十二個小時也不休息，盡力把她們的反對意見包容進去。

我現在有二套討論內容，一套是在牛津跟提斯代爾談，主要內容是在治療方面，因爲他對治療有興趣，我們談如何改變沮喪的人對不幸遭遇的自我解釋以治療憂鬱症。第二套談論是在費城跟阿布拉姆森和蓋伯，主要是圍繞著精神病的病因，因爲阿布拉姆對病源有強烈的興趣。

提斯代爾和我開始一起寫論文強調，對無助和憂鬱病人的治療應該從改變他們的解釋形態著手。同時，阿布拉姆森也和我共同研究人的解釋形態如何會引發無助感和憂鬱症。

就在那個時期，《變態心理學期刊》(*Journal of Abnormal Psychology*)的主編來找我，告訴我說習得的無助引發了很多的投稿，很多攻擊就如提斯代爾、阿布拉姆森和蓋伯他們所說的一樣。這位主編預備把一整期期刊拿來做雙方爭辯的戰場，問我願不願意寫一篇文章。我同意了，並說服提斯代爾和阿布拉姆森，讓我把他們兩人的文章滙合在一起發表。因爲我覺得在這個新理論得到舉世注目的機會時，我們應該把我們對攻擊所做的反應附在文章中登出來。❷

我們以威納的歸因理論爲藍本，但是我們的新理論與歸因理論至少有三點不同。第一，我們以個人的解釋習慣爲焦點，並非只注意一個人對單一失敗事件的解釋；我們強調解釋形態，人們對於找原因都有一個固定的形態，假如給予機會，我們都會把這個習慣加諸發生在我們身上的眞實事件中。第二，威納認爲解釋有二個向度——永久性和個別性，我們再加上第三個向度——普遍性(pervasiveness：下面馬上會講到這個概念)。第三，威納著重在成就，我們注重在精神疾病和心理治療。

《變態心理學期刊》的這一專題在一九七八年二月號刊出。它登了阿布拉姆森、提斯代爾和我的文章，對原始習得的無助理論所受到的攻擊預先作了回答。學術界對它的反應很好，它引發了比原始習得的無助理論更多的討論與論文。我們繼續努力設計了你剛剛所做的那個問卷，有了這份問卷，解釋形態比較容易加以測量，我們就可以把這個理論推展到實驗室以外的眞實世界中，去測量實際的人類問題。

每一年，美國心理學協會都會頒發一項新人獎(Early Career Award)給出道未滿十年，但是對這個領域有傑出貢獻的心理學家。我以習得的無助贏得了一九七六年的新人獎；阿布拉姆森在一九八二年以重新修正無助理論贏得了那一年的新人獎。

誰永不放棄？

你對發生到你身上的大小不幸的原因是怎麼個看法？有的人很容易就放棄，他們認爲不幸的事「都是我不好，厄運永遠都不離去，注定倒霉一輩子，而人在倒霉時，做什麼都沒有用」。另一種人拒絕向命運低頭，他們說「這只是環境使然，厄運很快就會過去，而且生命中還有許多東西比這件事重要」。

你對壞事厄運的解釋習慣和你的解釋形態，不僅僅是你在失敗時嘴裡說出來的話。它是一種習慣性的思考方式，你在童年期或青少年期即養成的。**你的解釋形態直接從你看你自己在這個社會中心的地位衍生而來——你看你自己是很值得尊敬，很有地位，還是看你自己是一文不值，一點希望都沒有。這就是你是樂觀還是悲觀的證明印記。**

你剛剛所做的測驗就是設計來測知你的解釋形態的。

解釋形態中有三個向度：永久性，普遍性和個別性。

□永久性(permanence)

容易放棄的人相信發生在他身上的壞事霉運是永久的：霉運永遠不褪，壞事永遠在那裡影響著他的生活。可以抵制無助感的人相信厄運的原因是暫時性的。

永久性（悲觀的）	**暫時性**（樂觀的）
「我完了」	「我累了」
「節食從來無效」	「假如你上館子吃，節食就無效」
「你總是囉嗦」	「我如果沒有清理房間你就囉嗦」
「老闆是個混帳」	「老闆今天脾氣不好」

「你從來都不跟我說話」　　「你最近都沒空跟我說話」

假如你認爲厄運是「永遠」，「從不」，是持續的特質，那你就是永久性，悲觀型的。假如你認爲厄運是「有時候」，「最近」，你將厄運看成暫時的情況，那你有一個樂觀的解釋形態。

現在回頭去看你的測驗，先看8個有PmB（即Permanent Bad，「永久性的壞」）記號的第5題，13題，20題，21題，29題，33題，42題以及46題。

這些題都是測看看你對不好的事情的看法有多永久性。每一個0代表著樂觀，1則爲悲觀。所以，假如你選「我對記生日是很差勁的」，而沒有選「我最近太忙了」來解釋你爲什麼忘記配偶的生日，那你就是假設了一個比較永久性，也就是說比較悲觀的原因。

請將題目右邊有PmB的分數加起來，將它寫到計分表上PmB的項目上。

- 假如你的分數是0或1，那麼你在這個向度上非常地樂觀；
- 2或3是中等樂觀；
- 4是一般；
- 5或6則相當地悲觀；
- 假如你的分數是7或8，那本書第三篇「改變：從悲觀到樂觀」對你非常有幫助。

下面要解釋爲什麼永久性這個向度這麼重要，這也是我們對提斯代爾的挑戰的回答。

失敗使人暫時地無助，這就像胃被人狠狠地打了一拳似地，它很痛，但是這個痛會消失——對某些人來說它幾乎會立即消失。這些人就是分數在0或1的人。對其他人來說，這個痛覺會持續久一點，它沸騰騷動，攪混弄濁，最後變成一種怨恨凝聚在你心頭。這些人是得分7或8的人。即使挫折是微不足道的，他們可能幾天或幾個月都無法做事；一旦遇到眞正的災難時，他們就崩潰了，永遠無法回復。

樂觀的解釋形態正好相反。相信好運是永久的人比較樂觀。

暫時性（悲觀的）	**永久性**（樂觀的）
「我今天運氣很好」	「我的運氣總是很好」
「我很努力工作」	「我的能力很強」
「我的對手疲倦了」	「我的對手不行」

樂觀的人將好運看成是永久性的原因，例如人格特質上的原因、能力的關係、「永遠會如此」等等。悲觀的人把好運看成暫時性的原因：脾氣的關係、努力、「有的時候才會如此」等等。

你或許注意到測驗中有一半的問題是好的事情，例如你的股票最近賺了很多錢。把標有 PmG (Permanent Good)「永久性的好」的分數加起來，包括第2題，第10題，第14題，第15題，第24題，第26題，第38題，第40題。

選1的是永久性的樂觀回答，請加起來後，將分數寫在計分表上 PmG 的項目上。

- 假如你的分數爲7或8，你對好運好事的繼續發生非常樂觀；
- 6分是中度樂觀；
- 4分和5分是一般；
- 3分是中度悲觀；
- 0，1或2是重度悲觀。

相信好運是永久性原因的人在他們成功後往往更加努力，而把成功看成暫時性原因的人常常在成功後仍舊放棄，因爲他們相信成功只是僥倖。

□普遍性(pervasiveness)：特定的 v.s. 一般的

永久性是時間上的向度，普遍性是空間上的向度。

請看下面這個例子：有一個大的貿易公司，會計室一半的員工都被解僱了。二個被解僱的人娜拉和凱文都變得很沮喪。二個人都幾個月不能面對找新的工作，也都儘量避免去做自己的報稅工作或其他任何與會計工作有關的事情。娜拉仍然是一位活潑可愛的妻子，她的社交生活正常，她的身體健康，每週仍然維持去健身房運動三次。但是凱文就不一樣了。他完全崩潰，忽略他的妻小，天天愁眉不展，拒絕出門，不參加任何宴會，因爲他無法面對任何人，對笑話不再覺得好笑。他感染到傷風，休息一個冬天都沒有復原，他也不再慢跑了。

有些人可以把一些很重要的事，例如他的工作、事業或愛情，放在盒子中包紮起來，束諸高閣，然後繼續過他的日子。有的人一碰就淌血，把一件小事變成巨大災難，好像生命中的一根線斷了，整塊布就瓦解了。

總結起來，把失敗看成是一般性的解釋形態的人，很容易在某一件事失敗時，就認爲他每一件事都會失敗；把失敗看成特定的解釋形態的人會在這件事上變得無助，但是在生活的其他層面上，他還是繼續前進。

下面是對不好的事情的一些特定的或一般的解釋方式：

一般的（悲觀的）	**特定的**（樂觀的）
「所有的老師都不公平」	「塞利格曼教授不公平」
「我很討人厭」	「他很討厭我」
「書一點用都沒有」	「這本書一點用都沒有」

娜拉和凱文在永久性向度上的分數一樣高，他們在這一方面都是一樣的悲觀。當他們被解僱

時，他們都沮喪了很久。但是他們在普遍性這個向度上正好相反。凱文認爲被解僱使他以往的努力都付諸流水，他認爲自己做什麼都不行；娜拉認爲她只是做會計不行，其他的能力還是很好的，她認爲自己被解僱是因爲某個特殊的原因。

跟提斯代爾在牛津散步時，我們將誰會放棄、誰不會放棄這個問題分解成三部分，作了什麼樣的人會怎麼樣的三個預測：

第一個是永久性的向度決定一個人會放棄多久。對一件厄運作永久性解釋的人會有長期的無助，而對同樣事作暫時性解釋的人很快就回復過來。

第二個預測是有關普遍性的。一般性的解釋形態會在許多不同的情境都造成無助，而特定性的解釋只會在有問題的領域內造成無助。凱文是普遍性向度的犧牲者，一旦被解僱了，他否定了自己所有的能力，他表現出來的好像他一生就完了，都毀了。凱文的普遍性分數顯示他是災難型的，一點小事都看成大難臨頭活不下去了。

第三個預測是個別性，我們將在下一節中談到。

你是否習慣把事情災難化？你在這個測驗中有顯示出這個傾向嗎？例如在回答第18題時，你是否把失敗的原因歸因到你的運動不行（一般性的），或只是你對那一項運動不行（特定性的）？把每一個標有 PvB(Pervasiveness Bad，「普遍性的壞」)的問題看一下：第8題，第16題，第17題，第18題，第22題，第32題，第44題，以及第48題。

把這些題的答案分數加起來，將總分寫在計分表 PvB 那一欄。

- 假如你的分數是0或1，那你是非常地樂觀；
- 2或3是中等樂觀；
- 4是一般；
- 5或6是中等的悲觀；
- 7或8是非常地悲觀。

對好運的樂觀解釋形態正好和對霉運的解釋相反。樂觀者認爲壞的事情會發生是有其特定的原因的，而好的事情的發生會加強他對所做的每一件事的信心；悲觀的人認爲壞的事情發生是由於一般性的原因，而好的事情的發生是由於特定的原因。當娜拉又被公司找回去做臨時僱員時，她想到「公司終於了解到沒有我事情就辦不成了」；當凱文也接到回去做臨時僱員的通知時，他想的是「公司現在一定是人手不足才會找我回去」。

特定的（悲觀的）	**一般的**（樂觀的）
「我的數學很好」	「我很聰明」
「我的經紀人對石油公司的股票很內行」	「我的股票經紀人對華爾街很熟」

「我對她很有吸引力」　　「我很有吸引力」

請爲你自己對好的事件的普遍性樂觀程度計個分，看每一個有PvG的題目，即第6題，第7題，第28題，第31題，第34題，第35題，第37題以及第43題。

每一個分數爲0的答案是悲觀的（特定的）。當第35題問你對朋友謝謝你幫忙的反應時，你是回答「我樂意幫助朋友度過難關」（特定的和悲觀的）還是「我關心朋友」（一般的和樂觀的）？

請統計你的分數，並將它寫在計分表PvG那一欄。

- 你的分數若是7或8，則你很樂觀；
- 6是中等樂觀；
- 4或5是一般；
- 3是中等悲觀；
- 0，1或2是非常悲觀。

希望的特質

「希望」常常是傳教士、政客、生意人掛在嘴邊的話。現在解釋形態的概念將希望帶進了實驗室，讓科學家去對它做切片觀察以了解它的功能是什麼。

我們是否抱有希望決定於我們解釋形態的兩個向度：普遍性和永久性。**為不幸的事情找到暫時的和特定的原因是希望的藝術；暫時的原因限制了無助的時間性，而特定的原因將無助限制在原來的情境上。**另一方面來講，**永久性使無助感延伸到未來，而普遍性使無助感散布到你生活的各個層面去。**為不幸的事找永久性和普遍性的原因是在練習絕望。❸

沒希望	有希望
「我很愚蠢」	「我越不過這個關卡」
「男人都是暴君，不講理」	「我先生今天脾氣不好」
「這個腫瘤有百分之五十的機會是癌」	「我想這個腫瘤有一半的可能會沒事的」

或許你整個測驗最重要的一個分數是你的希望(HoB)分數——將你的PvB分數加上你的PmB分數。這是你對不幸事情的希望分數。

- 假如你的分數是0，1或2，那你是充滿了希望；
- 3，4，5或6分表示中度希望；
- 7或8是一般程度；
- 9，10，11是中等的無望；

●12，13，14，15或16是嚴重的絕望。

對挫折採取永久性和普遍性解釋形態的人容易在壓力下崩潰，這個崩潰是長期的而且是全面的。

沒有任何其他分數可以比得上你的希望分數的重要性。

□個別性(personalization)：內在v.s.外在

最後一個解釋形態的向度是個別性。

我曾經和一個女人同居過，她把所有事都怪罪到我頭上：餐館的菜不好，飛機誤點，甚至她乾洗長褲的褶沒有燙好，都可以怪到我頭上來。有一天她的吹風機不動了，我被她的怪罪所激怒，我對她說：「甜心，妳是我所見到最會怪罪外界原因的人！」

「是的，」她喊道：「這都是你的錯！」

當不好的事情發生時，我們可以怪罪自己(內在化)，也可能怪罪旁人或環境(外在化)。人在失敗時怪罪自己的人自視很低，他們認爲自己一文不值，沒有才幹也沒有人愛，不討人喜歡；怪罪旁人的人比較不會失去自尊，整體來說，他們比前者喜歡自己。

自視很低或自卑來自對不幸事件的內在化。

內在化（自卑）	**外在化**（自視很高）
「我很愚蠢」	「你很愚蠢」
「我對打撲克牌一點天分都沒有」	「我精於打撲克牌」
「我沒有安全感」	「我在貧窮環境中長大」

請看一下你的PsB（Personalization Bad，「個別性的壞」）的分數，即第3題，第9題，第19題，第25題，第30題，第39題，第41題以及第47題。

選1的答案是悲觀的（內在化的或個人化的）形態。請將分數加起來寫在計分表上 PsB 那一欄內。

- 如果你的分數是0或1，那麼你的自視很高；
- 2或3是中等自傲；
- 4是一般；
- 5或6是中度自卑；
- 7或8是極度自卑。

解釋形態的三個向度中，個別性是一個最容易懂且最顯而易見的向度。畢竟，孩子學話後第一個會說的句子就是「是他做的，不是我！」個別性也是最容易過度重視的向度，它只控制你如何看待你自己，所謂「自我感覺良好」；而普遍性和永久性則控制著你的行爲，你會感到無助多久，以及無助感的層面有多廣。

個別性這個向度是最容易作假、最好欺騙的向度。假如我要你以外在化的方式來訴說你的困難，即使你本來是內在化的人你也可以辦得到。你可以假裝將你的挫折怪罪到別人身上。但是假如你是個悲觀的人，而我要你假裝你的問題是暫時性的、有特定原因的，並以這種方式來談你的困難，你就不容易做得到（除非你已經精熟了第三篇「改變：從悲觀到樂觀」的技巧）。

下面是在你算總分前最後的一項計分：對好運的樂觀解釋形態與壞運的解釋形態正好是相反的——它是內在化而不是外在化的。相信自己帶來好運的人比較喜歡自己，對自己滿意的程度遠比那些認爲好運是別人帶來的或是環境造成的人，對自己的滿意程度來得高很多。

外在化（悲觀的）	**內在化**（樂觀的）
「完全是運氣」	「我能善加利用好運」
「我隊友的技術……」	「我的技術……」

你PsG（Personalization Good）的分數爲第1題，第4題，第11題，第12題，第23題，第27題，第36題及第45題分數的相加。

0的答案是外在化的和悲觀的；1的是內在化的和樂觀的。

請將你的分數寫在計分表上 PsG 那一欄中：

- 假如你的分數是7或8，你很樂觀；
- 6是中度樂觀；
- 4和5是一般；
- 3是中度悲觀；
- 0，1或2是極端悲觀。

你現在可以算你的總成績了。

第一，請將三個B（PmB＋PvB＋PsB）相加，填入 Total B。這是你對不幸事件（bad events）的分數。

第二，請將你的三個G（PmG＋PvG＋PsG）相加，填入 Total G。這是你對好的事件（good events）的分數。

然後，請你將G減去B，這個G－B就是你的總分。

下面是你的分數的意義：

●如果你的B分數是在3到5之間，那麼你眞是一個非常樂觀的人，你不需要讀第三篇；
●如果你的分數在6到9之間，你是中等程度的樂觀；
●10到11分是一般；
●12到14是中等程度的悲觀；
●14分以上表示你需要改變。

*

●假如你的G分數在19以上，你對好運、好的事件的想法是非常地樂觀；
●假如是17到19，你的思想是中等程度樂觀；
●14到16分是一般；
●11到13分表示你的思想十分地悲觀；
●10分之下表示你是極端地悲觀；

*

●最後，假如你的G—B分數是在8以上，你整體來說，是個很樂觀的人；
●假如是6到8，你是中等程度樂觀；
●3到5分是一般；
●1到2分是中等悲觀；

●0分或負分是極端地悲觀。

關於責任的一些警言

雖然學習樂觀有很顯著的好處，但是它也有危險。暫時性的？特別事件的？沒有關係，我要我的沮喪很快過去，範圍很小，我希望趕快恢復原有的活力；但是外在化？我這樣把過錯都推到別人身上對嗎？

我們絕對是要人們為自己的行為負責，自己闖禍自己受罰，但是目前有些心理學的教條使人可以規避責任而對社會造成傷害：壞的、邪惡的行為被錯誤地指認為精神失常；缺乏教養的行為被認為是神經官能症(neurosis)；所謂「治療成功」的病人逃避了他對家庭的責任，因為家庭沒有帶給他們個人的滿足感、充實感。現在的問題是當人們從內在化改變到外在化時(這不是我的錯……實在是時運不佳所致)會不會導致規避責任？

我不願再去加深迴避責任對社會的傷害，**基本上我並不認為所有的事情都應該改變想法，怪罪到旁人身上。只有在一個情況下應該這樣做：在沮喪的時候**。我們在下一章會看到，沮喪的人常常把不是他的錯也攬到自己身上來，他們常去負不需要負的責任。

這裡還有一個更重要的問題就是：為什麼人們要去負擔他所犯錯誤的責任。這個答案，我想是因為我們希望人會改變，而我們知道假如他們不必負責任，他們就不會改變。假如我們要人們改變，那麼內在化其實沒有永久性那個向度那麼重要。假如你相信你失敗的原因是永久性的，是因爲你很愚蠢，沒有才幹，長得很醜等等，那麼你就不會去改變。你不會致力去改進你自己。但是假如你相信這個失敗的原因是暫時的，因爲你脾氣不好，沒有盡力去做，體重過重等等，你可以去改進它。假如我們要人們爲他們自己的行爲負責，那麼，的確，我們應該要他們有內化的解釋形態；更重要的是，對不幸的事件，人應該有暫時的解釋心態，他們應該相信不論引發這個不幸事件的原因是什麼，他都可以去改變它。❹

假如你是一個悲觀者

假如你的分數很低，抱持一種悲觀的解釋形態，那麼在下面四個範疇中你會碰到困難(或許你已經碰上了)。第一是你很容易沮喪。第二，你沒有發揮你的潛能，以你的能力你應該可以表現得更好。第三，你的健康、你的免疫機能低於一般的標準，而且年紀越大，健康情況會越差。第四，生命一點情趣都沒有，悲觀的解釋形態使得生活灰暗，了無生意。

假如你的悲觀分數是在一般這個範圍，那麼在平常不會有問題，但是在危機發生時，在受到重挫時你可能就要付出一些不必要的代價了。當打擊來臨時，你可能發現自己比「應該的」還更沮喪。當你的股票虧本時，你會如何反應？當你愛人家而人家不愛你時，你會如何反應？當你沒得到你想要的工作時呢？就像下一章將告訴你的，你會變得很沮喪，生命的火花似乎熄滅了，你完全喪失鬥志，無法東山再起，你的未來是漆黑一片，你看不見哪裡可能有曙光。你會這個樣子幾天，甚至幾個月，而你可能已經覺得這個樣子好幾次了。大多數的人都曾有過這個情形，它甚至普遍到教科書把它稱之爲「打擊後的正常反應」。

雖然它很普遍，但是這並不表示它是可以接受的或是生活就必須要這個樣子。假如你採用不同的解釋形態，你在災難來時會準備得比較好，使它不能教你捲入沮喪的漩渦中去。

新的解釋形態還有許多好處。假如你是在悲觀的平均值左右，那麼你多半沒有做到你的天分才能應該達到的水準，我們在第六章、第八章和第九章會談到，中等程度的悲觀會使你在學校的成績下降，工作表現不好，在運動場上失利。這對健康來說也是一樣，第十章會告訴你，即使你只是普通的悲觀，你的健康也會因此而受損，你比較容易得到慢性疾病，比較早老化，而且老化程度會比較嚴重，你的免疫系統沒有像它應有的那麼好，所以你會比較容易受感染，復原的速度也比常人慢。

假如你應用第十二章所說的技巧，你可以有選擇，可以去提高每一天的樂觀程度。你會發現你對打擊的反應比較正向了，而且比以前更快就能爬起來；你在工作上的表現會比較好，在學校和球場上也一樣。就長久看來，你的身體也會健康很多。

〈註釋〉

❶關於歸因理論在成就動機上所扮演的角色參見 B. Weiner, I, Frieze, A. Kukla, L. Reed, S. Rest 及 R.M. Rosenbaum 所著之 *Perceiving the Cause of Success and Failure* (Morristown, N.J.: General Learning Press, 1971) 以及 Julian Rotter 所寫的，心理系學生必讀的古典名著 Generalized Expectancies for Internal Versus External Control of Reinforcement, *Psychological Monographs,* 80(1966) (I, Whole No. 609)。

❷一九七八年第87期的 *Journal of Abnormal Psychology* 刊登了 Abramson, Seligman, Teasdale 對習得無助理論的修正版，以及十二篇批評原來習得的無助理論的文章，有激烈的辯論與答辯。

從這次以後，大約有幾百篇有關解釋形態、習得的無助，以及憂鬱症的期刊文章，以及幾十篇博士論文。這一大堆的文獻當然有許多值得爭議的地方，但是大家都同意悲觀的解釋形態和憂鬱症是有非常密切的關係的。P. Sweeney, K. Anderson 和 S. Bailey 整理了這個領域一〇四篇的論文，包括我實驗室所有的研究，寫了一篇 Attributional Style in Depression: A Meta-analytic Review，刊登在 *Journal of Personality and Social Psychology* 50(1986), 974-91。另外，C. Robins 的 Attributions and Depression: Why Is the Literature So Inconsistent? 所下的結論並沒有發現悲觀主義和憂鬱症關係的研究都是由於用的樣本群太小。這篇文章刊登在 *Jounal of Personality and Social Psychology,* 54(1988), 880-889。

H. Tenen 和 S. Herzberger 的文章 Attributional Style Questionnaires 檢討了過去的歷史與問卷的應用，這篇文章被收在 J. Keyser 和 R.C. Sweetland 主編的 *Test Critiques,* Vol. 4(1986), 20-30。

❸最後的希望理論爲 L.Y. Abramson, G. I. Metalsky 和 L.B. Alloy 所著之 Hopelessness Depression: A

Theory-Based Process-Oriented Sub-type of Depression, *Psychological Review*, 96(1989), 358-372。

❹第一個討論到自責和責任感以及無助的衝突是在L.Y. Abramson和H. Sackeim的文章A Paradox in Depression: Uncontrollability and Self-blame, (*Psychological Bulletin*, 84[1977], 838-851)。他們問一個問題：一個沮喪憂鬱的人怎麼可能相信他既要爲他悲慘的生活負責卻又相信他自己是無助的？

第四章　極度悲觀

我們知道習得的無助是怎麼來的，所以我們了解憂鬱症也是這樣來的：「相信你的行爲會失敗，無結果」。這個想法又被失敗和無法控制的環境所強化，如此相互強化終於製造出了憂鬱症。

在悲觀、低沉的時候，我們是在經歷一個輕微的心理失常狀態——沮喪。沮喪是悲觀的放大，而了解悲觀，這個微妙的現象，可以幫助我們了解它形於外的巨大形塑——憂鬱症。❶這就是麥考利(David Macaulay)的方法，讓我們看到生活中每一個小部件如何運作。例如在他的一本暢銷書中，麥考利畫了一個大錶來告訴我們手錶的每一個零件是怎麼運作的，讓我們從裡面來了解外面這麼一個東西——錶，它的功能是怎麼回事。對憂鬱症的研究也必須如此才行，悲觀就好像麥考利的那張插圖，使你從裡面內部機制了解起。憂鬱症本身是一個非常值得研究的主題，它可以帶給我們對悲觀的許多新知識。❷

大多數的人都曾經歷過沮喪，而且清楚知道它如何蠶蝕你每天的生活。對有些人來說，它可能是極少的經驗，只有在許多希望同時破滅時才會發生。但是對大多數人來說，這是一個相當熟悉的經驗，每一次受到打擊都會帶來這種低潮。對更多的其他人而言，它是一個天天的伴侶，形影不離，將你生活中僅有的一些樂趣都吸走，使你的灰色生活變成永無止盡的黑暗。

一直到最近，憂鬱症對我們來說都是一個謎。誰最容易得到它，它從哪裡來，又如何從中解脫出來，這些都是未解開的謎。今天，感謝全世界幾百位心理學家和精神病學家二十五年來的科學研究，這個問題的答案終於成形了。

憂鬱症有三種，第一種叫做一般憂鬱症(normal depression)。這是大家一般所了解的形態，它來自痛苦和失落。對一個有思想、對未來有期待的萬獸之靈的人類來說，這種痛苦和失落是不可避免的。我們不可能總是得到我們想要的東西，股票會跌，情人會變心，親人會死，課講得不好，書寫得不好，我們會老。當這種事情發生時，我們會感到悲哀和無助，這個反應是正常的，可預期的。我們變得很懶散、被動、無精打采。我們相信自己完了，一敗塗地，不可能再翻身了；我們不去上班，不去上課，以前喜歡的活動現在也提不起勁；我們不吃，不睡，不要朋友，對性也沒興趣了。

但是過一陣子後，我們自己又慢慢變好了，這眞是大自然神奇的恩賜。這種一般的憂鬱症非常地普遍，普遍到被稱爲心理疾病的傷風感冒。我發現無論任何時候，大約有四分之一的人是在這種一般憂鬱症當中，若沒有這麼厲害，至少也是在輕微的這種症狀中。

另外兩種憂鬱症叫做憂鬱失常症(depressive disorders)：**包括單極和兩極憂鬱症**(unipolar and bipolar depression)。這就是臨牀心理師和精神科醫師的衣食父母。這兩者的差別在於有沒有包含狂躁症(mania)在內。狂躁症是心理疾病上的一個症候，它的症狀與憂鬱症正好相反：無故的極端快樂，狂妄，不停地說，不停地動，自我膨脹得一塌糊塗，天下沒有任何事情是他辦不到的。

兩極型憂鬱症有時也被稱爲躁鬱症，一端是狂躁症，另一端是憂鬱症。單極的憂鬱症則沒有狂躁的現象在內。另一個差別是兩極症比單極症遺傳的機率大很多。假如同卵雙生子中有一個人得了兩極症，那麼另一個也得兩極症的機率是百分之七十二；但是異卵雙生子同時罹患的機率則只有百分之十四（異卵雙生子在遺傳的基因上與其他兄弟姊妹相同，只是他們是同時出生，在同一個家庭長大，所以比較同卵和異卵雙生子可以幫助我們了解這種病的遺傳性）。碳酸鋰(lithium carbonate)這種藥物對兩極症的病人非常有效，大約有百分之八十的兩極型憂鬱症病人服了碳酸鋰後，可以減輕狂躁症的現象，也可減少一些憂鬱症的症狀。在醫學上，躁鬱症不像一般憂鬱症和單極憂鬱症，它被看成是一種身體毛病所引起的心理疾病，所以用藥物處方來治療它。❸

思想、情緒、行爲與身體反應的負面改變

下一個問題就是：單極憂鬱症和一般憂鬱症有關係嗎？我認爲它們是同一個東西，不同的地方只在程度上和症狀的多寡而已。一個人可能被診斷爲單極憂鬱症，被標籤爲精神病人，而另一個有一般憂鬱症的人卻不被視爲病人。這兩者的差別其實非常地少，有時只在於他去找哪一個治

療師看，或是醫療保險只給付單極症而不給付一般憂鬱症而已。有的時候則因為社會對精神失常或心理疾病有嚴重的偏見，所以許多人不願被冠上這方面病人的頭銜而已。

我的看法與大多數醫生的看法極不相同。大多數的醫生認為單極症是心理疾病而一般憂鬱症不是，雖然在學理上沒有任何證據說單極症不是嚴重的一般憂鬱症，但是這種看法還是籠罩著這個領域。沒有人致力去區分這兩種病症的不同。唯一說它們有不同的證據來自侏儒的研究，而侏儒和正常人在體質上有所不同，不應該將之類化到正常人身上。

事實上，我認為**一般性和單極症的憂鬱症都有四種負面的改變：在思想、情緒、行為和身體反應上的負面改變**，他們認定的方法根本是一模一樣的。

我曾有一個學生叫做蘇菲，她以極優異的成績進入賓州大學就讀，她是班代表，極出鋒頭的啦啦隊隊長；她所有的願望都能實現，不費吹灰之力就拿到好成績，男孩子包圍她有如衆星拱月，她是獨生女，父母寵愛到極點，家庭富有，應有盡有，她的同學膩稱她為「黃金女孩」(Golden Girl)。

但是當我再次見到她時，她已經不再是黃金女孩。當時她念大三，已經在接受心理治療，學業和愛情都一塌糊塗，她得了嚴重的憂鬱症。而像大多數沮喪的人一樣，她沒有在第一次打擊時就尋求幫助，她等到一連串挫折累積了好幾個月以後才去求醫。她說她覺得「空虛」，她覺得自己不討人喜歡，沒有人愛，沒有才幹，已經完了，沒有任何希望了。學校的功課很無聊，整個學術制度對她的原創力來說是一個陰謀，使她透不過氣來，好像要窒息一樣，而她的女性主義行動是個無意義的騙人活動。她上學期被當了兩科，她完全沒有辦法開始任何研究計畫；當她終於坐在書桌前面要做功課時，她又不能決定究竟要先做哪一堆(每一科都堆積如山)，她對這些功課乾瞪個十五分鐘，無法決定誰優先後乾脆放棄，打開電視來看。她目前與一位退學的學生同居，當他們有性行爲後，她覺得自己被利用了，很下賤，以前曾經帶給她喜悅的性關係現在只令她對自己感到厭惡。

她主修哲學，曾經對存在主義極有興趣。她接受存在主義的教條認爲生命是無稽的，這種想法使她的生活充滿了絕望。

我提醒她說她以前是個聰明的學生，是個有吸引力的女人，她聽了蹦出眼淚，「我把你也騙了！」她哭著說。

就如我所說的，憂鬱症的四個判準裡有一個是思想的負面改變。你在沮喪時的思考方式與非沮喪時是不一樣的：你在沮喪時，對自己、對世界、對未來的看法都是灰色的。蘇菲的未來對她來說是毫無希望的，而她將這一切歸因於自己沒有才能。

當你沮喪時，一點小的障礙看起來都像個不可越過的高山，你相信你手指碰到的每一樣東西都會變成灰燼，你對爲什麼你的成功其實是個失敗有著無止盡的理由。蘇菲書桌上的那堆功課變成了一座山。

貝克(Aaron T. Beck)，世界上最有名的心理治療師之一，他有一名病人，在沮喪的深淵期曾經

為廚房換過一次壁紙，但是病人把這個成就看成是一個失敗。❹

治療師：你為什麼沒有把換廚房壁紙當作一個很好的經驗？

病人：因為我沒有把那些花對整齊。

治療師：但是你有把工作完成？

病人：是的。

治療師：是你自己的廚房？

病人：不是，我幫鄰居貼他廚房的壁紙。

治療師：是他做大部分的工作嗎？

病人：不是，是我做大部分的工作，他以前沒有換過壁紙。

治療師：在貼的過程中出過什麼意外嗎？你有沒有打翻漿糊？浪費很多壁紙？把廚房搞得亂七八糟？

病人：沒有，唯一的問題是花朵沒有對齊。

治療師：這些花朵歪了多少？

病人（伸出手指比著〇・三公分左右的距離）：大約有這麼多。

治療師：每一張壁紙都差這麼多嗎？

病人：不是，只有二張或三張沒有對齊。

治療師：總共有多少張壁紙？

病人：大約有二十張到二十五張。

治療師：有沒有別人注意到這個缺點？

病人：沒有。其實我的鄰居覺得很好。

治療師：假如你退後一點看整面牆時，你會看得出這個缺點嗎？

病人：不會。

這個病人把一個做得很好的工作看成是一個失敗的工作，因爲在他的眼光裡，他不可能做對任何事情。

悲觀的解釋形態是沮喪憂鬱的核心思想。一個對未來、對世界、對自己的負面看法，就是來自對一個事件的永久性、普遍性及個別性的歸因方式。蘇菲把她的挫折歸因爲她沒有才能，不夠吸引力，以及生命沒有意義；貼壁紙者把一點點沒有對齊看成他完全失敗的指標。

我們識別單極症和一般性憂鬱症的第二個方式是他們情緒的負面改變。當你沮喪時，你感覺非常地差：悲哀、失志，陷入絕望的深淵。你可能會哭，你也可能超越了眼淚。蘇菲在她情緒非常低落時，早上不起牀，在牀上一直哭到中午，生命變質了，變得苦澀，以前所喜愛的活動變得一點味道都沒有，笑話不再好笑，反而變成不可忍受的諷刺。

沮喪的情緒並非不可打破的。通常，人在剛醒來時覺得最低潮。你躺在牀上想著你過去種種的失敗；想著你今天又要面臨的可能性失敗，假如你躺在牀上不起身，這些失敗的想法就像一牀棉被似地把你籠罩著，如果你爬起牀，開始了一天的活動，通常情緒會變好些。但是到了下午三點到六點它又會低落下去，這段期間是所謂的基本休息與活動周期(basic rest and activity cycle, BRAC)。晚上通常是一天中最不沮喪的時間，清晨三點到五點，若是你沒睡著，則是情緒最差的時間。情緒是可以隨著一天的時間而有所變動的。

憂鬱症並不僅是悲傷而已，它同時也有焦慮和易怒的情形。但是當憂鬱症進入強烈期時，焦慮和敵意就退出了，憂鬱者變得麻木和空虛。

憂鬱症第三個症狀是行爲上的。憂鬱者有三種行爲症狀：被動、不能做決定，以及自殺行爲。

憂鬱症的人通常無法開始做一件事，除非那件事是例行公事，完全不費力就可以執行的。他們也很容易就放棄，只要一點點不順利就立刻放棄。例如一個小說家遲遲無法開始寫第一個字，當他好不容易開始寫時，他又因爲電腦銀幕在閃動而停下來，這一停就是一個月。

憂鬱症的人也不能決定要選哪一樣。有一個憂鬱症的學生打電話叫披薩來吃，當人家問他披薩要哪一種口味時，他無法回答，瞪著電話筒十五秒後，把電話掛上了。蘇菲也無法開始做她的作業，她無法決定先做哪一科。

很多憂鬱症的人一直在想自殺，也試著去自殺。他們的動機不外乎下面二種：第一是終止痛苦，生活變得如此痛苦、如此不能忍受，所以他們要終止這種不能忍受的痛苦。第二種是操縱(manipulation)：他們要把愛找回來，要報仇，要贏得這場爭執。

憂鬱症的最後一個症狀是與身體有關的。憂鬱通常伴隨著某些身體症狀，憂鬱得越厲害，症狀越多。例如沒有胃口，吃不下，對性也沒有興趣；蘇菲就發現她以前所認爲兩性交往的最高愉悅，現在只能帶給她厭惡的感覺。你的睡眠也受影響，你很早就醒，在牀上翻來覆去，無法再入睡，最後鬧鐘響了，只得起牀，你不但沮喪，你還疲倦，這樣的一天怎麼會好呢？

上述的這四種症狀——思想、情緒、行爲和身體上的負面改變——是診斷憂鬱症的四個標準，不論它是一般性或是單極憂鬱症。但是你並不一定四者都要有才被認定是憂鬱症，症狀越多，症狀越強烈，也越能確定你是得了憂鬱症。

測量你的憂鬱

你現在有多憂鬱？

現在請你做一下這個應用得很廣的憂鬱測驗，這是美國國家心理衛生協會的魯道夫(Lenore Radloff)所設計發展出來的。這個測驗叫做 CES-D(Center for Epidemiological Studies—Depression)，裡面包含了憂鬱的所有症狀。請圈選你覺得最能形容你過去一個禮拜來的心情的選項。[5]

在過去的一個禮拜

(1)以前不會煩心的事現在開始令我憂心

0　很少或都沒有過(少於一天)

1　偶爾或很少時候(一至二天)

2　有些時候或大約有一半的時候(三至四天)

3　很多或所有的時候(五至七天)

(2)我不想吃東西，我的胃口很差

0　很少或都沒有過(少於一天)

1　偶爾或很少時候(一至二天)

2　有些時候或大約有一半的時候(三至四天)

3　很多或所有的時候(五至七天)

(3)我覺得很沮喪

0　很少或都沒有過(少於一天)

1　偶爾或很少時候(一至二天)

2　有些時候或大約有一半的時候(三至四天)

3　很多或所有的時候(五至七天)

(4)我覺得我沒有別人那麼好

0　很少或都沒有過(少於一天)

1　偶爾或很少時候(一至二天)

2　有些時候或大約有一半的時候(三至四天)

3　很多或所有的時候(五至七天)

(5)我無法集中注意力去做現在在做的事情

0　很少或都沒有過(少於一天)

1　偶爾或很少時候(一至二天)

2　有些時候或大約有一半的時候(三至四天)

3　很多或所有的時候(五至七天)

(6)我覺得我無法擺脫陰暗的心情，即使我的家人、朋友對我都很支持，我還是無法脫離低潮。

0　很少或都沒有過(少於一天)

1　偶爾或很少時候(一至二天)

2　有些時候或大約有一半的時候(三至四天)

3　很多或所有的時候(五至七天)

(7)我覺得做每一件事都很費力

0　很少或都沒有過(少於一天)

1　偶爾或很少時候(一至二天)

2　有些時候或大約有一半的時候(三至四天)

3　很多或所有的時候(五至七天)

(8)我對未來覺得一點希望都沒有

0　很少或都沒有過(少於一天)

1　偶爾或很少時候(一至二天)

2　有些時候或大約有一半的時候(三至四天)

3　很多或所有的時候(五至七天)

(9)我覺得我整個一生都是失敗的

0　很少或都沒有過(少於一天)

1　偶爾或很少時候(一至二天)

2　有些時候或大約有一半的時候(三至四天)

3　很多或所有的時候(五至七天)

(10)我覺得很害怕

0　很少或都沒有過(少於一天)

1　偶爾或很少時候(一至二天)

2　有些時候或大約有一半的時候(三至四天)

3　很多或所有的時候(五至七天)

⑾我晚上睡得很不好

0　很少或都沒有過(少於一天)

1　偶爾或很少時候(一至二天)

2　有些時候或大約有一半的時候(三至四天)

3　很多或所有的時候(五至七天)

⑿我很不快樂

0　很少或都沒有過(少於一天)

1　偶爾或很少時候(一至二天)

2　有些時候或大約有一半的時候(三至四天)

3　很多或所有的時候(五至七天)

⒀我話說得比平常少

0　很少或都沒有過(少於一天)

1　偶爾或很少時候(一至二天)

2　有些時候或大約有一半的時候(三至四天)

3　很多或所有的時候(五至七天)

⒁我覺得很寂寞

0　很少或都沒有過(少於一天)

1　偶爾或很少時候(一至二天)

2　有些時候或大約有一半的時候(三至四天)

3　很多或所有的時候(五至七天)

⒂人們對我很不友善

0　很少或都沒有過(少於一天)

1　偶爾或很少時候(一至二天)

2　有些時候或大約有一半的時候(三至四天)

3　很多或所有的時候(五至七天)

(16)我覺得生活無趣得很

0　很少或都沒有過(少於一天)

1　偶爾或很少時候(一至二天)

2　有些時候或大約有一半的時候(三至四天)

3　很多或所有的時候(五至七天)

(17)我有時會無緣無故地痛哭

0　很少或都沒有過(少於一天)

1　偶爾或很少時候(一至二天)

2　有些時候或大約有一半的時候(三至四天)

3　很多或所有的時候(五至七天)

(18)我覺得很悲哀、難過

0　很少或都沒有過(少於一天)

1　偶爾或很少時候(一至二天)

2　有些時候或大約有一半的時候(三至四天)

3　很多或所有的時候(五至七天)

(19)我覺得大家都不喜歡我

0　很少或都沒有過(少於一天)

1　偶爾或很少時候(一至二天)

2　有些時候或大約有一半的時候(三至四天)

3　很多或所有的時候(五至七天)

(20)我覺得日子過不下去了

0　很少或都沒有過(少於一天)

1　偶爾或很少時候(一至二天)

2　有些時候或大約有一半的時候(三至四天)

3　很多或所有的時候(五至七天)

這個測驗很容易計分。把所有的數字加起來，假如你不能決定而圈選了兩個時，選那個數字大的。你的分數應該是在〇和六十之間。

在我解釋你的分數之前，你要先知道得高分並不代表憂鬱症的診斷。要做一個診斷還要考慮很多其他的因素才行，例如你有這些症狀多久了等等，必須與合格的心理治療師或精神科醫師面談後才能決定。這個測驗只是告訴你你現在的憂鬱程度而已。

假如你的分數是在〇到九之間，那麼你不在憂鬱的範圍之內，因爲這個分數低於美國成人的平均值。假如你的分數在十和十五之間，那麼你有輕度的憂鬱，而十六到二十四分是中度的憂鬱；假如你的分數超過二十四，你可能是重度憂鬱。

假如你的分數是在重度憂鬱的範圍內，或是不管是哪個範圍，而你一直在找機會自殺的話，我勸你趕快去找心理醫生。如果你的分數是落在中度憂鬱的範圍，請在兩個禮拜之後再做一次這個測驗，假如你的分數仍然落在中度憂鬱的範圍內，請打電話預約心理治療師的門診。

在你做了這個測驗以後，你可能了解你自己或你所愛的人有這個熟悉的疾病。這沒什麼好大驚小怪的，因爲美國現在正籠罩在憂鬱這個流行病之下。幾乎所有人，即使他自己沒有憂鬱，他也一定有朋友是。克萊蒙醫生(Dr. Gerald Klerman)在他做美國政府的酒精、藥物濫用及心理健康部部長(Alcohol, Drug Abuse and Mental Health Agency)時，把現在這個時期叫做「憂愁的年代」(The Age of Melancholy)。❻

憂鬱症：現代心理流行病

在一九七〇年代末期，克萊蒙支持了兩個美國心理疾病的研究，這兩個研究的結果很令人震驚。第一個研究叫做ECA(Epidemiological Catchment Area)研究，它的目的是找出美國目前有多少心理疾病的患者。研究者隨機取樣，面談了九千五百位美國成人，面談的內容與一個因飽受心理困擾而去心理醫師或精神科醫師診所求醫的人，醫師所給他的面談是一模一樣的。

因爲這個研究面談了這麼多的人，每個人的年齡又不盡相同，而且問的問題是「有沒有」以及「什麼時候」經驗過心理疾病的症狀，因此提供我們一個可以長期追蹤以了解美國心理衛生狀態變化的機會。一個最顯著的改變當然就是所謂「一生至少一次的憂鬱症」(lifetime prevalence of depression)——即所有人口一生至少有一次憂鬱症的百分比(當然，你的年紀越大，得任何病的機會越大；一生中至少有一次摔斷腿的機率也是隨著年齡增加而增加，因爲你活得越久，越有可能會摔斷腿)。

正如每個人所預期的一樣，假如你在本世紀初出生，你這一生中至少有一次憂鬱症的可能性比較高；即假如你是在一九二〇年代出生，你比在一九六〇年代出生的人得沮喪或憂鬱症的機率高。在他們看到這份報告前，醫學統計會認爲假如你面試時是二十五歲，即你在一九五五年左右出生，你大約有百分之六的機會至少有一次嚴重的憂鬱症；而假如你是二十五歲到四十五歲之間的話，你的危險率增加到百分之九，這應該是個合理的累積統計。

但是當統計學家眞正看到這份報告結果時，他們看到一個很奇怪的現象。在一九二五年左右出生的人並沒有受到比較多的憂鬱症之苦，雖然他們活的日子比較多，比較有機會得病，但是他們的危險率並不是百分之九而是百分之四。而當統計學家看更早一點出生的人，即在第一次世界大戰以前出生的人時，他們更感到驚訝，因爲他們年齡雖然在增加，但得病的機率卻減少到百分之一而已。

這個發現可能不是來自反應偏見(reporting biase)或是遺忘，這是表示本世紀中葉生的人比本世紀前葉生的多十倍的機率得憂鬱症。

國家心理衛生院(National Institute of Mental Health, NIMH)也支持了另一個叫做病人近親的研究，它跟ECA很像，也是面試了許多人，但是受試者不是隨機挑選，而是特別選出來的，因爲這些受試者都有近親因爲嚴重憂鬱症而住院。他們找了五百二十三位曾經得過嚴重憂鬱症的病人，然後找他們的直系親屬，包括父親、母親、兄弟姊妹、兒子女兒，一共二千二百八十九人來面談，面談的內容與ECA是一樣的。面談的目的是要看看這些親戚是否也曾得過嚴重的憂鬱症，以及這些病人的親戚是否比一般人得憂鬱症的機率更高，以幫助我們了解基因和環境在憂鬱症疾病中所扮演的角色。

這個病人近親的研究也帶給我們一個完全想不到的結果，它顯示本世紀以來憂鬱症的增加超過十倍以上。

以女人為例，這項研究顯示在韓戰時期出生的女人(當時她們約三十歲左右)比在第一次世界大戰時期出生的女人得憂鬱症的機率大了十倍；即便這些七十歲左右的人比三十歲左右的人多活了四十年，但是她們發病的機率仍然低於這些年輕的女人。

這些七十歲左右、在第一次世界大戰時出生的女人在她們三十歲時(即韓戰時期出生的女人現在的年齡)，她們只有百分之三得過嚴重憂鬱症；而現在這些韓戰時期出生的女人，有百分之六十曾經得過嚴重憂鬱症——兩者相差了二十倍。

男性的統計也是一樣地驚人，雖然男性的得病率只有女性的一半(下一章會詳細討論這一點)，男性在這一世紀的得病率也是一樣地上升。

憂鬱症在現代不但非常地普遍，它的受害者年齡層也降低了許多。假如你是在一九三〇年代出生，又有憂鬱症的近親的話，你第一次得憂鬱症大約是在三十歲到三十五歲之間。假如你是在一九五六年生，你第一次得憂鬱症的年齡大約是在二十歲到二十五歲之間，比上一代提早了十年。因為憂鬱症再犯的機率大約是一半，這提早了十年發病所帶來的眼淚恐怕不止一缸。❼

事實上，痛苦的眼淚遠比我們想像得多，因為這些研究只集中在嚴重憂鬱症的病人身上，並沒有包括輕度憂鬱症在內，而我們已經知道大多數人都曾經經歷過它。它的發展趨勢可能跟上面談過的一樣：整個來說，美國人比以前更沮喪，而且發病年齡更早。一個在物質上空前富裕的國家，她的國民卻出奇的不快樂！

無論如何，這些證據足以讓我們高呼：「憂鬱症是一種正在流行的流行病！」

建構模式：從習得的無助到憂鬱症

我在過去的二十年裡致力於了解憂鬱症的原因，下面是我的心得。

兩極型憂鬱症（狂躁症—憂鬱症）是身體上的疾病，它的病因是生理上的，可以用藥物治療。有一些單極型憂鬱症一部分也是由生理而來的，特別是嚴重的單極型，有些單極型是有遺傳性的。假如同卵雙生子中有一個得此病，另一個得病的機率遠比異卵雙生子來得高。這種單極型憂鬱症透過藥物治療往往有效，不過它的藥效不及兩極型那樣成功。它的症狀也常可用電擊治療來減輕。

但是遺傳性的單極型只是少數。那麼這個國家的那麼多憂鬱症病人是從哪裡來的呢？我問我自己有沒有這個可能性：這個世紀的人體質改變了，使他們容易受到憂鬱症的侵蝕？我想不可能。我們腦內的生化物質或是我們的基因不太可能在兩代之間改變很多，因此，憂鬱症的十倍數增加不太可能是生物上的原因。

我懷疑這個流行病是來自心理上的原因。我認為大多數的憂鬱症是從生活中開始的，從生活中養成對困難或問題的某一種特殊的思考方式。這個是我二十年前開始憂鬱症的研究時的想法，但是我該怎樣來證明大多數的憂鬱症是來自心理的原因呢？有一個類比的方式就是鳥是怎麼飛的。從古希臘時期到十九世紀末，關於這個奇妙驚人的飛翔機制一直備受爭議，我們可以很容易地觀察鳥飛，但是要說出一個道理來卻沒那麼容易；在那個時候，還沒有方法可以證明哪一個理論是對的。這個爭論一直到一九〇三年才塵埃落定，而解決它的方法卻來自一個大家都想不到的意外領域。

那一年，萊特兄弟自己造了一架飛機而且眞正地飛了起來，所以物理學家開始建造模型來解決科學上的爭議。建立模型必須要包括外界眞實物體的特性才行，對萊特兄弟來說，他們的邏輯模式必須包括那個神秘的飛翔特質；對我們來說，我們的邏輯模式必須要包括憂鬱症的所有特質。假如邏輯模式包含了外界實體的全部特質，那麼，這個邏輯模式怎麼運作，就可以告訴我們外界的眞實事件是怎麼運作的。❽

萊特兄弟的飛機——鳥類飛翔的邏輯模式——眞的飛起來了，所以物理學家下結論說鳥類一定也是以同樣的機制飛翔。

我現在的難題就是要去建一個包含憂鬱症所有特質的邏輯模式，我必須要先建構出一個模式，然後證明這個模式對憂鬱症合用。我可以看出習得的無助和憂鬱症之間有相似點，但是要說這兩個是同樣的東西，說實驗室中的習得的無助就是外界眞實現象那個叫做憂鬱症的東西，那又是另外一回事了。

在過去的二十年裡，全世界有三百多篇論文在建構習得的無助模式。最初的模式是用狗做實驗，後來老鼠取代了狗，而最後人取代了老鼠。所有的實驗都有三組受試者，一組可以對某一件事——噪音、電擊、金錢、食物——的發生有自主控制，例如老鼠以按桿的方式停止電擊。第二組是共軛到第一組身上，牠和第一組一樣受到同樣次數、同樣電量的電擊，但是無論牠做什麼都停止不了電擊；只有在第一組的老鼠按桿時，第二組老鼠身上的電擊才會停止。第三組是控制組，經過同樣的程序（籠子、往返箱等），但是沒有電擊。

所有實驗的結果都非常地一致。第二組老鼠放棄，牠們變得很被動，即使換了一個新的環境牠們也沒有想到去試試看。老鼠就坐在那兒等待電擊，不曾試過逃跑；人看著簡單的字謎而不想辦法去解答它（另外還有一些其他的症狀，我以後會討論到）。可以有自主控制的第一組和控制組很快就逃脫電擊，而人則是在幾秒鐘之內就把字謎解開了。

這些結果直接指認出習得的無助的來源：這個來源是**「經驗」，一個受試者學到他不管怎麼做都沒有用，他們的行爲不能夠帶給他們想要的東西。這個經驗教他們期待即使在未來和在新的不同環境裡，他們的行爲也是無效的。**

我們可以有好幾種方式去製造出習得的無助和症狀來，挫折和失敗都可以得出和「不可控制事件」相同的反應。在一場打鬥中被打敗的老鼠，牠的行爲與可逃避的老鼠的行爲一模一樣。若是叫你去控制噪音音量而你失敗了，沒法去控制它所造成的症狀與不可逃避的噪音是一模一樣的。因此，**習得的無助似乎是屈服和失敗的核心。**

我們可以治癒習得的無助，假如我們讓受試者看到他的行爲的確有效的話。我們也可以教受試者去對他失敗的原因做不同的思考。假如受試者在無助的經驗發生之前就先學到了他的行爲可以發生作用的話，那麼這個無助是可以預防的。假如在生命的初期小孩子可以學會這些方法的話，他以後會對無助有比較強的免疫力。

上面是習得的無助理論發展、驗證，並使之完美的過程，但是它可以做憂鬱症的模式嗎？實驗室中的模式眞的可以適用到外界的眞實現象上嗎？要是可以，我們這下子就贏大了。因爲我們可以在實驗室中，根據模式故意製造一個精神失常出來，如果眞的製造得出來，這表示某個隱藏的機制被我們發現了，而治療的方法就可以因爲這個機制而改變，變得更有效。假如我們眞的替人類最古老的凌虐者——憂鬱症，找到一個實驗室的模式的話，它會對人類心智科學研究有重大貢獻。❾

萊特兄弟的飛機飛翔跟鳥的飛翔非常相似，他們的「症狀」是一模一樣的，兩者都起飛，飛翔，降落。但是在習得的無助上，還需要很多工夫來證明實驗所反映出來的每一點都和憂鬱症的症狀相呼應。若能做得貼切得令人信服，那麼以後用實驗室的模式去模擬心理疾病的路就打開了。因此，這次的嘗試很重要。我們需要知道所有實驗室中所製造出來的習得的無助症狀是否與外界的憂鬱症症狀相似，它們越相似，這個模式越好。

讓我們從最難的地方切入：單極憂鬱症最厲害的時期，就像我前面提到蘇菲的那種情況。

假如你走進心理醫師或精神科醫師的診所看病，他會拿出一本美國精神醫學協會最新版的《心理疾病診斷統計手冊》(*Diagnostic and Statistical Manual of the American Psychiatric Association*, 3rd edition, revised, DSM-III-R)來幫助他做診斷。在第一次面談時，心理醫生會從你的症狀去找出符合這本診斷書中的分類，來幫助他確定你是哪一種精神病人。[10]

用《心理疾病診斷統計手冊》做診斷有一點像在中國餐館點菜(譯註：從西方人的觀點，中國菜的原料往往非常相似，只是烹煮方式、用料比例不同，或增減某一兩項素材，就會成爲不同的菜式)。要被診斷爲「重度憂鬱症」，你必須有下面九個症狀中的五個。

1. 情緒低落
2. 對日常行爲失去活力
3. 失去胃口
4. 失眠
5. 思想或動作遲緩
6. 無精打采，沒有活力
7. 覺得有罪惡感，一文不值
8. 思考能力減弱，心智不能集中

9.有自殺的思想或行爲

蘇菲在上面所列的九個症狀中有六個符合，只缺自殺思想、失眠以及心智與手腳的動作遲緩，所以她是一個好例子。

當我們把這九條應用到實驗室中習得的無助的人或動物身上時，我們發現有自主控制的那一組沒有出現任何的一條，但是共軛的不能自主控制的那一組卻有八條，比蘇菲還多兩條症狀。

1.不可逃避噪音或沒有解答的字謎或無解的難題組的人都說他們覺得很沮喪。

2.不可逃避電擊組的動物都失去牠們日常的活力，彼此不再競爭，被攻擊時不再還手，也不再照顧牠們的孩子。

3.不可逃避電擊組的老鼠失去牠們的胃口。牠們吃得少也喝得少(但是若是給牠們酒的話則喝得比控制組的多)，牠們的體重減輕，也失去性交的興趣。

4.無助的動物也會失眠，特別是像憂鬱症病人睡到半夜就睡不著的那種失眠。

5.和6.，無助的人和動物都有思想和行動遲緩的現象，也缺乏精力。他們不會想到去逃避電擊，去找食物，或解決問題，被人家欺侮時也不會還擊。他們對新的工作，還沒有試就放棄，他們不會去探索一下新的環境。

7.無助的人將不能解決問題這個失敗怪罪到自己沒有能力、自己一文不值上去。他們越沮喪，這種悲觀的解釋形態就越嚴重。

8. 無助的人和動物的思考能力都不佳，而且注意力都不能集中，學習新的東西非常困難，對跟報酬或安全有關的重要訊息，也無法集中心力去注意它。

我們唯一沒有看到的是自殺的傾向，這可能是因爲實驗室中的失敗非常地微不足道（不能關掉噪音和解不開字謎和眞實世界的失敗比起來，的確是微不足道）。所以這個模式跟外界眞實的現象還十分地貼切。不可逃避的電擊，關不掉的噪音，解不開的字謎製造了九個診斷標準中的八個症狀。

這種契合鼓勵了研究者用另一種方法來驗證這個理論。有一些藥物可以中斷沮喪的情緒，所以研究者就將這些藥給那些無助的動物吃。果然這個藥效驚人：那些原來無助的動物在吃了抗憂鬱症藥以及接受電擊治療法後，都恢復正常了。這可能是牠們腦中神經傳導物質的量被提高了。研究者也發現那些不能中斷沮喪情緒的藥物，如咖啡因、鎭靜劑和安非他命，對無助的動物也是沒有幫助。

因此，看起來這個模式是非常適合憂鬱症的。我們現在可以以看習得的無助的方式來看待憂鬱症。我們知道習得的無助是怎麼來的，所以我們了解憂鬱症也是這樣來的：「相信你的行爲會失敗，無結果」。這個想法又被失敗和無法控制的環境所強化，如此相互強化終於製造出了憂鬱症。

我認爲這種想法是憂鬱症瀰漫全美的主要原因。現代人的自我觀念使得現代人更容易變成習得的無助，因爲他們越來越相信無論自己怎麼努力都沒有用。我想我知道爲什麼會這樣，我會在最後一章來討論它。

〈註釋〉

❶關於憂鬱症最好、最通俗的參考資料，我認爲到現在爲止還是 Aaron T. Beck 的那本 *Depression* (New York: Hoeber, 1967)，這本書已是心理學的經典之著。關於治療法好的二本書爲 Albert Ellis 的 *Reason and Emotion in Psychotherapy* (New York: Stuart, 1962) 以及 A.T. Beck, A.J. Rush, B.F. Shaw 和 G. Emery 合著之 *Cognitive Therapy of Depression: A Treatment Manual* (New York: Guilford, 1979)。

❷請見 David Macaulay 所著之 *The Way Things Work* (Dorling Kindersley, 1988) 有關日用品的功能圖解說明。

❸M.G. Allen 之 Twin Studies of Affective Illness，刊登在 *Archives of General Psychiatry*, 33(1976), 1476-8。

❹這個壁紙的對話取自 Beck 等著一九七九年之書，*Cognitive Therapy of Depression*, 130-131。

❺這是一份廣爲使用的測驗，CES-D 爲 Center for Epidemiological Studies-Depression 之縮寫。主要爲有關憂鬱症症狀的各種題目。它的計分方式請見 L. Radloff 之 *Applied Psychological Measurement*, I(1977),

385-401。它是採用自我報告的方式，這份問卷可應用於一般民衆，不限病人。

❻在 The Age of Melancholy？一文中(*Psychological Today*, April 1979, 37-42), Gerald Klerman 創立了「憂愁的年代」這個名詞並發表了憂鬱症氾濫的驚人統計數字。他的資料來自兩篇主要的研究：一爲 L. Robins, J. Helzer, M. Weissman, H. Drvaschel, E. Gruenberg, J. Burke 和 D. Regier 合著之 Lifetime Prevalence of Specific Psychiatric Disorders in Three Sites, *Archives of General Psychiatry,* 41 (1984) 949-958；另一篇爲 G. Klerman, P. Lavori, J. Rice, T. Reich, J. Endicott, N. Anderson, M. Keller 和 R. Hirschfeld 合著之 Birth Cohort Trends in Rates of Major Depressive Disorder Among Relatives of Patients with Affective Disorder, *Archives of General Psychiatry,* 42 (1985) 689-693。這兩篇研究都是有志於研究變態心理學學生的金礦。

我對這兩篇重要研究惟一的批評就是，這些傾向於生物醫學派的學者認爲憂鬱症是基因和環境長時間交互作用的結果才會產生今天這麼多的憂鬱症，但是我從他們的數據中找不到任何支持交互作用的證據。反而是所有的證據指向環境一項而已。有基因上傾向的人(病人的家屬)和一般的民衆近年來得憂鬱症的機率都一樣地增高了。

❼這個發現憂鬱症開始的年齡大幅降低的研究來自 T. Reich, P. Van Eerdewegh, J. Rice, J. Mullaney, G. Klerman 和 J. Endicott 合著之 The Family Transmission of Primary Depressive Disorder, *Journal of Psychiatric Research,* 21 (1987), 613-624。

❽我很感激 Seymour Papert 的這個聰明的觀察，他在一九七〇年對一群本來不該存在的心理學圓桌武士的成員所講的模式比喻。

❾一個好的心理病理模式的標準請見 L.Y. Abramson 和 M. Seligman 合著之 Modeling Psychopathology in the Laboratory: History and Rationale，此篇文章被收在 J. Maser 和 M. Seligman 合編之 *Psychopathology: Experimental Models* (San Francisco: Freeman, 1977), 1-27。最主要的標準是模式所預測的症狀要能夠與臨牀上的觀察與病理上的解剖相符合才行。讀者可以看到，這個條件是完全地達到了。

⑩有關習得的無助的症狀與 DSM-Ⅲ-R 所診斷為憂鬱症的比較最詳細的討論請見 J.M. Weiss, P.G. Simson, M.J. Ambrose, A. Webster 和 L.J. Hoffman 合著之 Neurochemical Basis of Behavioral Depression, *Advances in Behavioral Medicine,* I(1985), 253-275。這篇文章以及 Sherman 和 Petty 的重要研究奠定了習得的無助和憂鬱症在大腦中化學物質與藥物上的相似性的基礎，參見 A.D Sherman 和 F. Petty 合寫的 Neurochemical Basis of Antidepressants on Learned Helplessness, *Behavioral and Neurological Biology,* 30(1982), 119-134。

第五章　你怎麼想你就怎麼感覺

你怎樣看問題決定了你會從沮喪中解脫出來，還是使沮喪更加嚴重。習得的無助只會製造暫時的憂鬱症病症——除非你有悲觀的解釋形態。假如你有的話，失敗和打擊會把你丟入沮喪的萬丈深淵。假如你的解釋形態是樂觀的，那麼你的沮喪就到此打住。

假如蘇菲是在二十年前得了憂鬱症的話，她就非常地不幸，她必須坐著等待她的沮喪期過去，幾個月或幾年。但是因爲她是在過去的十年內得病，她得到解脫的機率就大了許多，因爲在過去的十年裡有一個快而有效的方法被研究出來了。發現這個治療法的人是心理學家埃利斯(Albert Ellis)和精神科醫生貝克。當近代心理治療史重寫時，我相信他們的名字會跟佛洛伊德和榮格(Carl Jung)並列。他們兩人合力揭開了憂鬱症的謎，他們告訴我們這其實比我們想像的簡單得多，而且很容易治癒。

心理治療法革命

在埃利斯和貝克的理論之前，當時根深蒂柢固的看法是，所有的憂鬱症都是狂躁—憂鬱的疾病。躁鬱症有兩個相互對立的理論：生物醫學派認爲它是身體生理的疾病，而心理分析學派則認爲它是對自己的憤怒發洩在自己身上的結果。佛洛伊德學派的治療師鼓勵病人在這種情緒內打轉，使得病人越來越沮喪，最後甚至自殺。

埃利斯則非常地不同，在一九四七年從哥倫比亞大學拿到博士學位後，他就出來開業，專門做婚姻和家庭的諮商和輔導。或許受到他病人回憶的困惑，他終生致力於反對性壓抑的運動。他寫了很多書，例如《假如這就是性的叛逆》(*If This Be Sexual Heresy*)、《性解放的個案》(*The Case for Sexual Liberty*)、《文明夫婦的婚外情手册》(*The Civilized Couple's Guide to Extramarital Adventure*)。所以埃利斯很自然的變成凱魯亞克世代(Kerouac generation；譯註：Kerouac爲美國小說家Jack Kerouac, [1922-1969]，他最有名的一本書爲*On the Road*，描寫他如何從中產階級的價值觀和縛束中解放出來，他是所謂"Beat Generation"[垮掉的一代]的主要人物)的創始人及掌門人。我第一次讀到他的東西是我在普林斯頓大學二年級的時候，大約是一九六〇年代的初期。我協助組織了一個關於性方面的學生活動，邀請埃利斯來演講，他給的演講題目是「現代手淫」(Masturbate Now)，普林斯頓的校長一向是個非常鎮定，不受擾動，很公平的人，結果他要我寫信請埃利斯不要來。

很多心理學家認爲埃利斯使他們困窘，但是也有很多人認爲埃利斯有著特殊的臨牀治療上的敏感。他的病人在說話時，他總是用心地聽，努力地以打破傳統的方式來思考。到一九七〇年代時，他已經把他特殊的個人魅力及直搗黃龍的研究法帶入憂鬱症的領域，這個領域跟性一樣充滿了偏見以及錯誤觀念。從埃利斯進來後，憂鬱症這個領域從此就不一樣了。

埃利斯在這個新的領域中跟他在舊的領域時一樣地大膽。骨瘦嶙峋，不停地動的埃利斯非常像一個眞空吸塵器的推銷員。對於病人，他一步一步地逼進直到病人放棄他那不合理的信念和想法，從憂鬱症中解脫出來。「你說你沒有愛就活不下去是什麼意思？」他大喊：「胡說八道，愛根本是很難得到的。你要浪費你的生命去哀悼一個幾乎不存在的東西嗎？你活在『應該』的魔爪下，不要對你說你應該怎麼樣，你會使你自己落入沮喪情緒的深淵中！」

埃利斯認爲別人認爲的神經病的衝突其實只是不好的想法——「聰明人的笨想法」以及被廣爲宣傳的疾病，他叫他的病人不要再去想自己哪裡做錯，哪裡不好，而要有正面的想法去想哪裡好。很奇怪的是，擺脫傳統心理分析所找出童年錯誤的陰影後，他的病人都好多了。所以他成功地挑戰了傳統上認爲心理疾病是複雜原因的這種看法，揭開只有把潛意識中的衝突帶出來才能治癒的神祕面紗，也推翻了藥物對心理疾病無效的偏見。在心理學這個錯綜複雜的世界裡，把一切虛僞都剝去，而追求根本的研究方式可以算得上是革命性的。

在這同時，貝克，一個佛洛伊德派的精神科醫生，也對傳統的治療法不滿。貝克和埃利斯兩人是完全相反的。埃利斯的風格是托洛斯基派(Trotskyite)，而貝克是蘇格拉底派(Socratic)的。他像是一個友善、平易近人的新英格蘭鄉下醫生，打著紅領結，有著天使般的臉龐，他從來不會對病人大聲說話，他會溫和地問問題，和藹地勸告。

貝克跟埃利斯一樣，在一九六〇年代時對於佛洛伊德學派和生物醫學派的水火不相容感到非常地困擾與挫折。他從耶魯醫學院畢業以後，開業了好幾年，每天等待著躺椅上的孤獨人影有一天會頓悟：他如何把自己的憤怒轉向自己而不把它表達出來，所以導致沮喪狀態。貝克的等待常常是沒有結果的，所以他就試著以團體治療法來治療憂鬱症，鼓勵病人把他們的憤怒說出來，把他們的悲哀表達出來。結果這個方法比前面的方法還更糟，病人在他眼前崩潰瓦解，他幾乎沒有辦法再把這些病人拼湊成一個人。

在一九六六年我初次見到貝克時，他正在寫他的第一本有關憂鬱症的書。他想他只要寫一本書告訴人家憂鬱症的人在想什麼，而把關於這種念頭是哪裡來的這個深層的理論性問題，留給別人去解決。憂鬱症的人對自己或未來都不抱任何希望，把自己和未來都想得很糟。或許這就是他們沮喪的原因——貝克自己這麼想，或許這個負面的想法不是憂鬱症的病症而是這個病本身。憂鬱症，他勇敢地辯說，並不是大腦神經傳導物質有毛病，也不是把憤怒發洩到自己身上，它是思想意識形態的失常。

就這樣地，貝克對佛洛伊德派的人宣戰了。「病人被引導去相信他是沒有辦法幫助他自己的，必須要依靠醫生來輔佐他處理日常生活的問題，以及幫助他面對壓力。他以前用以解決問題的技術和信心都瓦解了，因為他接受了醫生帶給他的看法，認為情緒上的困惑是在他自己的掌握之外的。他無法從自己的努力中去了解自己，因為他的看法被批評為太膚淺、沒有實質，而被拋在一

旁：因爲他的常識被貶低，他很容易就被灌輸思想，使他不能再用他自己的判斷力去分析和解決他的困難。」❶

貝克很喜歡引用大數學家和哲學家懷海德(Alfred North Whitehead)的話：「科學根植於常識性的思想，科學從這裡開始，科學最後也必須要回歸到常識上。你可以使常識更精練，你可以在細節上提出反駁，你也可以提出創見，但是你所有研究最終的目的還是去滿足知識的追求。」

另一位心理學革命的開山始祖，是現今已七十多歲的沃爾培(Joseph Wolpe)。他是南非的精神科醫生，一個天生的反對者(他的兄弟是南非共產黨的領袖，曾遭到迫害並入獄)。沃爾培反對心理分析，在南非這就好像反對種族隔離一樣，你可以想像當時心理分析學派的勢力。在一九五〇年代，沃爾培發現了一個治療恐懼症(phobia)的簡單方法，令心理治療學界大爲震驚，也令他的同儕非常憤怒。心理分析學派認爲恐懼症(對某個東西，例如貓，有著強烈不合理的恐懼)只是內在深層失常的冰山一角，他們認爲恐懼症的來源是在你內心深處，你害怕你的父親會閹割你以報你暗戀母親的仇(請注意，佛洛伊德沒有說明當病人是女性時，這個理論應該如何解釋。很有趣的是，佛洛伊德派的人從來不去理會得恐懼症的大部分是女性，女性根本就沒有這個理論成立所必備的「陽具」這個必要條件)。生物醫學派則認爲恐懼症一定是有大腦神經傳導物質的失常，只是還未發現而已(即使是現在，又過了四十年，這個功能失常的神經傳導物質仍未發現)。兩派人都堅決主張不可以針對病人害怕的東西進行治療，例如只去治療病人的怕貓是沒有用的，就好像在出麻疹的人臉上塗粉一樣無益於病情。❷

沃爾培卻認爲不合理的懼怕某一個東西不是恐懼症的病症，它根本就是恐懼症本身。假如這個恐懼可以被消除(的確可以用巴夫洛夫的消除程序來消除病人的恐懼)，那麼這個病人就被治癒了，這個恐懼症不會像心理分析學派或是生物醫學派主張的那樣以其他的方式重新出現。沃爾培和他的門徒被稱爲行爲主義治療師，可以在一、兩個月內治癒恐懼症，而且治癒後不會再以其他的面目出現。

因爲他的大膽——因爲他影射精神疾病沒有什麼特別複雜的原因——沃爾培被人排擠，使他在南非過得非常不痛快，所以他就自我放逐，先到倫敦的莫茲雷醫院，後來又去了維吉尼亞大學，最後在費城的天普大學任教，但是還是繼續用行爲治療法來治療心理疾病。因爲他常常堅持己見，所以跟別人都合不來；他的門徒如果敢跟他有一點意見不同，就會被他逐出門牆。假如他這個特質使你聯想到正統心理分析的作風的話(佛洛伊德也是如此，沃爾培即因爲此作風而到處不受歡迎)，這個特質的另一面是勇氣。

到了一九六〇年代末，費城已經變成新的心理學中心：沃爾培在天普大學大肆抨擊，而貝克在賓州大學有無數的追隨者。他對憂鬱症的看法和沃爾培對恐懼症的看法一樣，認爲憂鬱症就是它的症狀本身，它是來自病人對自己的負面意識看法，並沒有什麼深埋在潛意識的根要去挖掘出來，沒有什麼童年期未能解決的衝突，也沒有潛意識的憤怒，甚至沒有大腦生化上的問題。情緒直接來自我們的想法和念頭。假如你在想「我現在有危險」，你就會覺得焦慮；假如你在想「我被別人欺負了」，你就會覺得憤怒；假如你覺得你「輸了」，你就會覺得悲傷。

我是他早期的追隨者，相信這個負面思想的意識形態是習得的無助和憂鬱症的主要原因。我在一九六七年拿到博士學位後就到康乃爾大學去任教，一九六九年，在貝克的邀請下我很高興地回到賓州大學，發現自己進入一個新的研究群，大家正在興奮地設計一個治療憂鬱症的新方法。

我們的理由很簡單。憂鬱症來自一個長期培養的負面意識形態，假如我們可以改變這個意識形態，我們就可以治療憂鬱症了。讓我們直接從改變意識形態著手，不要兜圈子；讓我們應用所有可用的方法來改變病人對於不幸事件的想法。這就是貝克所謂的認知治療法(cognitive therapy)。它想改變病人對於失敗、打擊、輸贏，以及無助的看法。國家心理衛生院曾經花了幾百萬美元來測試這個認知治療法是否有效，它果然有效。❸

你怎樣看問題決定了你會從沮喪中解脫出來，還是使沮喪更加嚴重。一個失敗或打擊可以告訴你說你現在是無助的，但是習得的無助只會製造暫時的憂鬱症病症——除非你有悲觀的解釋形態。假如你有的話，失敗和打擊會把你丟入沮喪的萬丈深淵。但是，另一方面來說，假如你的解釋形態是樂觀的，那麼你的沮喪就到此打住。

女人比男人得憂鬱症的比例高二倍，因爲一般來說，女人看事情的方式正好是放大沮喪的方式。男人碰到事情會去做(act)而不會反覆地去想(reflect)，但是女人會鑽牛角尖，把事情翻來覆去地仔細想，去分析它爲什麼是這樣。心理學家叫這種強制性的分析做反芻(rumination)。反芻的動物，例如牛、羊，都是把吃下去的半消化食物再拿出來咀嚼，對人來說，實在不是一幅美麗的圖畫；不過把思想拿出來反覆咀嚼，倒是非常貼切。反芻的習慣再加上悲觀的解釋形態，結果就是嚴重的憂鬱症。

壞消息到此為止。好消息是，**悲觀的解釋形態和反芻的習慣都是可以改變的，而且這個改變是永久性的**。認知治療可以創造出樂觀的解釋形態而且治療反芻。你在下面的章節會看到它如何在別人身上發揮效用，你也可以學習把這個技巧應用到自己身上。

習得的無助和解釋形態

我們在失敗時都會感到暫時的無助，心理的旋風把我們擊倒，我們覺得悲哀，前途無亮，提不起勁去做任何事。有些人可以立刻再爬起來，所有習得無助的症狀在幾個小時內就消失了；有些人幾個禮拜，甚至幾個月都還是垂頭喪氣。

這個是暫時失志和長期沮喪的最重要差別。你還記得第四章裡面談到《心理疾病診斷統計手冊》作為判準的九個標準裡面，有八個症狀是來自習得的無助，你一定要有五個以上的症狀才會被診斷為憂鬱症。但是還有一個必要條件就是：這些症狀都不是短暫的，它們一定要長於兩個禮拜。

很快就恢復的人跟兩個禮拜以上還在沮喪的人最大的差別在於解釋形態：假如這個失敗的人

是一個悲觀的人，習得的無助會轉變成嚴重的憂鬱症；一個樂觀的人，失敗只會造成其暫時的失志。❹

關鍵在於有希望和無希望。你還記得前面談過悲觀的解釋形態是個別性（我的錯）、永久性（事情每次都是這個樣子）以及普遍性（它會影響我全部的生活）的。假如你把失敗解釋成永久性和普遍性，那麼你就把現在的失敗投射到未來（時間）及其他的新情境（空間）上。例如你失戀了，你告訴自己說「女人／男人恨我」（一個普遍性的解釋），「我永遠都不可能找到伴侶了」（一個永久性的解釋），這兩個因素使你認爲你會一再地失戀，不只是現在這個戀人，還包括未來所有的情人。這種解釋形態會使你沒有勇氣去追求愛情。假如你再加上一個個別性（沒人喜歡我）的解釋，你的自尊自信也就隨風而逝了。

把三者加在一起，你可以看到這是一個自我毀滅的思想方式。有這種思想方式的人的症狀都非常相似。這是我所持理論的中心預測：**有悲觀解釋形態的人遇到打擊時可能會變成憂鬱症，而有樂觀解釋形態的人遇到打擊時會對憂鬱症有抵抗力**。

假如是這樣的話，那麼悲觀對於憂鬱症就好像抽菸對於肺癌，或工作狂對於心臟病一樣了。

悲觀會引起憂鬱症嗎？

過去的十年，我都在測驗這個預測。賓州大學研究群做的第一件事就是把解釋形態的問卷發給幾千個有各種輕重程度憂鬱症的人，問他們對好、壞事情的看法。我們發現有憂鬱症的人同時也是悲觀的人，因為我們持續地、一致地發現這個事實，在統計上，它需要一萬個負面的研究結果才能質疑現在的結論。

但是這並不表示悲觀會引起憂鬱症，它只表示憂鬱症的人同時也是悲觀的而已。這種相關並不代表任何因果關係，因為也有可能是第三個因素（例如大腦的化學物質）引起悲觀和憂鬱。最後，我們在診斷憂鬱症時是聽他們說他們有多悲觀，有多一文不值，這是我們用來診斷他們是否患有憂鬱症的標準之一，因此憂鬱與悲觀這兩者之間的關係很像是惡性循環。

要證明悲觀引發憂鬱，我們需要一組本來沒有憂鬱症的人，證實在經過天災人禍後，悲觀的比樂觀的容易變得沮喪。最理想的實驗是在密西西比州臨近墨西哥灣的地方挑個小鎮，先測試鎮上每一個人的悲觀程度和解釋形態，然後等待颱風的來臨，等到颱風過後，我們再去看誰躺在泥濘裡不動，誰又已經捲起袖子在重整家園了。不過做這種「自然實驗」(experiment of nature)會有道德和經費上的困難，所以我們必須找其他的方法來驗證這個因果關係。

我有一個非常聰明的大學部學生叫做珊梅爾(Amy Semmel)，那時她才大二，她覺得我們生活周遭附近就有這種自然的災害——事實上，就在班上，一學期發生兩次：考試。當九月份學校開學時，我們先測驗學生的悲觀程度和他們的解釋形態；到十月份，快要期中考時，我們問學生他們認為考多少分算是失敗，結果大多數學生回答說B^+就是考不好（由此可見這班學生是多麼地高成就感！）。B^+的預期對實驗沒有影響，因爲我的課平均的成績是C，所以大多數的學生都會成爲實驗的受試者。一個禮拜以後，他們考期中考，再一個禮拜，他們得知成績；在發考卷的同時，也發一份貝克的憂鬱問卷。

他們認爲自己考在B^+以下是失敗的人，有三〇%變得非常地沮喪，三〇%在九月時就是很悲觀的人也變得很沮喪，而七〇%既悲觀又考不好的人得了憂鬱症。事實上，這群學生中，認爲他們考不好是永久性和普遍性的解釋形態的人，到十二月期末考時還在沮喪。

另一個「自然實驗」的地方是監獄。我們測量男性犯人在被關進監獄前和進監獄後的憂鬱程度。因爲監獄犯人自殺現象非常地普遍，所以我們想預測一下哪一種人最容易變得憂鬱而有自殺傾向。我們很驚奇地發現，在剛進監獄的時候竟然沒有一個人是嚴重憂鬱的，但是到他們出獄時，幾乎每一個人都是。或許有人會說監獄本來就是這樣，但是對我來說，似乎有其他更深層的事情發生在他們關在監獄的時候。但是無論如何，我們成功地預測了誰會變得最憂鬱：即進來時就悲觀的人。換句話說，**悲觀是憂鬱症生長的肥沃土壤，特別是當環境不友善時，長得特別快**。

這些發現都指向悲觀是憂鬱症的原因。我知道我可以在厄運到來之前就能正確預言出哪些人會變得沮喪，得到憂鬱症。

另一個驗證悲觀是否是憂鬱症的原因的方式是去長期觀察一些人，這叫做長期研究(longitudinal study)。我們追蹤四百名三年級的小朋友到他們升到六年級（我們到現在還在追蹤他們），測量他們的解釋形態，他們的沮喪程度，學業成績，以及在學校受歡迎的程度（人緣的好壞、朋友的多寡在美國的學校生活中是非常重要的）。我們一年測量兩次。我們發現在三年級時是悲觀的孩子，最有可能在這四年中變得沮喪，而且停留在沮喪的情緒中；而樂觀的孩子不會這樣，即使沮喪也會很快就恢復。當巨大的家庭變故發生時，像父母分居或離婚，悲觀的孩子很快就沉淪下去了，就好像他們已經事先準備好要沉了一樣。我們另外也研究青少年，發現他們的情況一樣。

這些研究眞的能證明悲觀引起憂鬱症嗎？還是只是說悲觀總是在憂鬱症之前發生，悲觀可以預測憂鬱呢？下面是一個很具摧毀性的論點：假設人們對自己如何應付厄運有很清楚的自覺，有些人一直看到不幸事情發生時，自己是如何地受打擊，這種自覺讓他們變得很悲觀。另外一些人因爲看到自己總是能再爬起來，所以變得比較樂觀。這兩組人變得悲觀或樂觀，是因爲他們看到了他們自己對災難的應變能力。在這種情況之下，悲觀就像汽車的計速器一樣，告訴你車子每小時走一百公里並不表示是計速器使車子動，它們只是反映出內在機制的情況而已。

只有一個方法可以反駁這個論點：研究怎樣的治療法有效。

解釋形態和認知治療法

丹雅來接受治療時正處在嚴重的憂鬱症狀態。她的婚姻日益走下坡，三個孩子完全不聽管教。她同意參加憂鬱症的研究，接受一種與以前不同的治療法：認知治療法，以及服用抗憂鬱症藥物。

她允許研究者將她的治療過程錄音。下面引號內的部分就是她對她的問題的解釋方法，我在每一項底下都附加一個數字。這些數字是她的悲觀分數（第三章的測驗分數，從3到21分，21分代表著完全的永久性、普遍性及個別性）。每一個向度都給予1到7的量表，所以三個向度加起來是從3到21分。3分到8分是非常地樂觀，13分以上是非常地悲觀。

丹雅對自己深感厭惡，「因為我總是對孩子們大吼大叫，從來沒向他們道歉過」（永久性、相當普遍性，以及個別性：17分）。

她沒有任何嗜好，「因為我做什麼都不行」（永久性、普遍性及個別性：21分）。

她忘記吃抗憂鬱症的藥，「因為我沒有辦法，我不夠強壯」（永久性、普遍性以及個別性：15分）。

丹雅的解釋形態是完全的悲觀。不管是什麼不好的事都是她的錯，都會摧毀她所有辛苦建立起來的東西，都會跟著她一輩子。

她跟她組內的人一樣，接受十二個禮拜的認知治療。她的效果好極了，她的憂鬱症在第一個月後就減輕了許多，到第三個月結束時，她已經不再沮喪了。她的生活在表面上並沒有改善很多，她的婚姻仍然在走下坡，她的孩子還是不聽話，但是她現在對事情有著比較樂觀的看法了。下面是她現在的談話：

「我必須自己一個人上教堂，因爲我先生很差勁，不肯陪我去」（暫時性、特定性，以及外在化：8分）。

「我看起來披頭散髮，因爲我必須要先準備孩子們上學的衣服」（相當暫時性、特定性，以及外在化：8分）。

「他把我所有的存款都提出來花在自己身上！假如我有槍我會把他殺了」（暫時性、特定性，以及外在化：9分）。

她開車發生了一點意外，「因爲我的眼鏡不夠黑」（暫時性、特定性，以及外在化：6分）。

其實每天都有不愉快的事發生，但是丹雅不再認爲它們是不可改變的、普遍的，以及是她的錯。她現在開始行動，著手改變事情。

什麼使得丹雅有這麼驚人的改變？是藥物呢？還是認知治療法？這個改變只是一個跡象呢？還是她變好的原因？因爲丹雅只是不同實驗組中的一名成員，所以這個問題是有解的，因爲我們可以比較她和其他組成員的差異。

第一，兩種治療法都有很好的績效。只用抗憂鬱症藥物或只有認知治療法都能有效地抑止憂鬱症；兩者並用效用比只用一種更好，但是好的程度未達統計上的顯著性。換句話說，只有多增加一點效用。

第二，認知治療法的主要重點是將悲觀的解釋形態改變成樂觀的解釋形態，越多的認知治療使得轉變成樂觀的效果越徹底，而越轉向樂觀，就越脫離憂鬱症。藥物雖然對解除憂鬱症的症狀相當有效，但它並不會使病人變得更樂觀。我想應該可以這樣下結論，就是雖然藥物和認知治療法一樣都能減輕憂鬱症，但是這兩者的作用是不一樣的。藥物似乎是個驅動者，它推動病人起來活動，但是它不會使這個世界變得更光明；認知治療法改變看事情的方法，而這個新的、樂觀的形態使病人自己爬起來走動。

第三，也是最重要的發現是休病期。病人擺脫憂鬱症可以維持多久？丹雅的憂鬱症沒有復發，雖然這個研究中有許多人後來復發。研究結果顯示會不會復發決定於解釋形態的改變。許多服藥組的病人復發，但是認知治療組的復發率就低得多。改變為樂觀的解釋形態的病人比維持原有悲觀解釋形態的人，復發病的機率低得多。

這表示認知治療會有效是因為它使病人變得樂觀。它使病人不再發病，因為病人學會了應變的技巧，不再依賴藥物或醫生。藥物只能暫時地減輕病痛，因為藥物沒有改變憂鬱症的根源——悲觀的意識形態。

從這些研究裡，我們可以得到一個結論，就是對現在並沒有憂鬱症跡象的人，悲觀的解釋形態可以預測將來誰會得到憂鬱症；它也可以預測誰會停留在沮喪的階段，誰在經過治療後還會再犯。

改變解釋形態對治療憂鬱症眞是有意想不到的效果。❺

記得我們前面很關心悲觀不是憂鬱症的原因，只是表示你很容易被不順利的事情弄得沮喪嗎？驗證悲觀是不是一個原因的方法就是將悲觀改成樂觀。假如悲觀只是一個指示標記，就像計速器一樣，那麼改變成樂觀並不會影響你對災難的反應；但是，假如悲觀是你爲什麼這麼容易沮喪的原因，那麼改變悲觀成樂觀應該會減輕憂鬱症。我們前面看到，事實的確是這樣：它當然不是憂鬱症的唯一原因，基因、大災難、荷爾蒙改變都會增加人們的得病率，但是它是不可否認的一個大原因。

反芻和憂鬱症

假如你認爲事情不順利都是「因爲我，好事不出門，壞事傳千里，這件壞事注定要跟著我一輩子，我所有的努力都白費了」的話，你是預備好要去得憂鬱症。但是你只是這樣想並不表示你常常這樣對你自己講；有些人會這樣，有些人不會。會反覆咀嚼不如意的事的人叫做反芻者。

反芻者可以是樂觀者，也可以是悲觀者。但是悲觀的反芻者會出現問題。他們的信仰結構就是悲觀的，他們一再告訴自己事情有多糟。有些悲觀的人會表現無望但不會反芻：他們有悲觀的解釋形態，但是他們不會一直對自己講事情有多糟；他們通常對自己要做的事悲觀，而不是針對事情有多糟。

當丹雅來接受治療時，她不但是個悲觀者，她同時還是個反芻者。她沉淪在她的婚姻中、她的孩子中，最糟糕的是，她沉淪在她自己的憂鬱症中。

「現在，我什麼也不想做。」

「事情眞的很糟，我心情一直都不好。我不是一個愛哭的人，除非有很好的理由，我是不輕易流淚的，但是，現在只要有人說了我不喜歡的事，我就開始哭……」

「我不能忍受這個……」

「我不是個很有愛心的人……」

「我的先生一直煩我，我眞希望他不要這個樣子。」

丹雅變成一個無止盡的反芻者，一直浸淫在自怨自艾的思緒中，沒有表示要採取任何的行動來改變情境。她會變得這樣不僅僅是她的悲觀，還加上她的反芻。

下面是悲觀—反芻的聯結如何引發出憂鬱症：第一，你感到你受無助這個信念的威脅；第二，你去尋找威脅的來源，假如你是個悲觀者，你找出的原因就是永久、普遍以及個別性的。因此，你就期待未來也是無助的，在其他的情境下也是無助的，這個意識形態是這個聯結的最後一環，它引發了憂鬱症。

這個無助的期望可能很少發生，但也可能常常發生。假如你是反芻者，它就常常發生，它越常發生，你就越沮喪。浸淫在不幸的事件中開始了這個循環，反芻加快這個循環，任何一個提醒你有關原始威脅的事件引起悲觀—反芻聯結的不可控制的反應，印證失敗的預期而進入憂鬱症的黑暗中。

不反芻的人即使他是悲觀的也可避免掉憂鬱症，因爲對他們來講，這個聯結並不常上演。樂觀的反芻者也可避免憂鬱症。改變悲觀或改變反芻都能減輕憂鬱症，二者都改變則效果最大。❻

我們發現**悲觀的反芻者最容易得憂鬱症**。認知治療法阻止了反芻，也創造了樂觀的解釋形態。下面是丹雅在治療終止時的談話：

「我不想再去上全天的班，我只想上半天班，一天工作四個小時就夠了，這樣我不必整天待在家中」（行動）。

「我覺得我對家中經濟情況有所貢獻，所以下次我們想去哪裡玩時，我們就可以去」（行動）。

「我有時會突然興致來了，去做一些即興之事」（行動）。

流行病的另一面：女人VS男人

反芻這個憂鬱症的重要角色，可能是爲什麼女人得病率比男人高的原因。很多研究都發現二十世紀的女性得憂鬱症的比率比男性高，且高了兩倍。❼

爲什麼女性比男性易得憂鬱症？

難道是女性比男性願意去求醫，所以在統計數字上就比較高？不是的，這個統計數字在挨家挨戶的訪問時也一樣。

難道是女性比較願意公開去談論她的問題嗎？好像也不是。這個二比一的比例在公開調查和私下匿名調查中都一樣。

難道是女性的工作條件比較差，待遇也比較少的關係嗎？也不是。這個數字在將女性與男性的工作和待遇都配對成一樣後，仍然是二比一。有錢的婦女比有錢的男士得病率高兩倍，失業的婦女比失業的男士得病率也高兩倍。

難道是生理上的原因使女性更易受侵害？不是的。研究指出月經前和生產後的情緒的確會隨荷爾蒙起伏而影響憂鬱症，但是這個效應沒有大到二比一的差距。

難道是基因的差別嗎？一些對男女性憂鬱症病人兒子和女兒的研究顯示，男性病人的兒子的得病率很高，憂鬱症的確有基因的因素在內，但是基因的影響並沒有大到使女性成爲男性的兩倍。

最後還剩下三個有趣的理論。

第一個是性別角色——女性在社會中的角色使得女性成爲憂鬱症的溫牀。

一個流行的說法是說女性從小被教養成以家庭爲重，愛情和社交關係是最重要的；而男性被教導成事業、成就是最重要的。女性的自尊決定於愛情和友誼，因此，社交上失敗——從分居、離婚到子女離家，空巢效應，甚至約會時不愉快等等——對女性的打擊比男性大。這個說法或許是對的，但是不能解釋爲什麼女性得病率要比男性高兩倍。因爲我也可以把這個論點翻轉過來說：因爲男性被教導爲以事業爲重，所以男性在事業失敗時所遭受到的打擊應該比較重；考試考不好，沒有獲得晉陞，球賽打輸了，對男性的自尊打擊應該都很大——這種頻率應該和失戀一樣的頻繁，所以男性發病率應該和女性一樣才對。

另一個流行的性別角色說法是角色衝突：現代生活對女性造成的衝突比男性大。一個女性不但有傳統的妻子、母親的角色要扮演，現在還要扮演職業婦女，這額外的負擔造成壓力，而壓力造成憂鬱症。這個說法聽起來好像很有道理，但是就跟其他憑空想像的理論一樣，一碰到事實就粉碎了。一般來說，職業婦女反而比較少得憂鬱症，家庭主婦佔的比例比較高。所以性別角色的說法並不能解釋爲什麼女性比男性得病率高出兩倍。

第二個理論是習得的無助和解釋形態。在我們的社會裡，女性在生活中比男性有更多的習得的無助的經驗。父母和老師比較注意男孩的行爲而傾向忽略女孩，男孩子被訓練成自給自足、好動，而女孩子則是被動和依賴。當女孩子長大後，她發現這個社會並不重視妻子和母親的角色；假如她去外面工作，她會發現老闆比較不重視她的工作。當她與男性做得一樣好時，老闆只誇獎男的而忽略她的成績；當她在會議中發言時，她說的話沒有男性來得有分量；假如她從這個惡劣的環境中奮鬥出來而被升爲主管，人們會覺得她是僭越。她在每一個地方都碰到習得的無助，假如女性比男性更有悲觀的解釋形態的話，任何一個習得的無助經驗都會製造出憂鬱症，所以女性比男性容易得到憂鬱症。果然實驗結果顯示任何一個壓力因素，都使女性比男性有更高的得病率。

這個理論似乎是眞的，但是也有漏洞。一個漏洞就是沒有任何證據顯示女性比男性更悲觀。唯一相關的研究是小學生隨機取樣，而它的結果正好相反：在三年級、四年級和五年級的小學生中，男生比女生更悲觀、更沮喪。當父母親離婚時，男生比女生更容易沮喪（這些到青春期時就變過來了，而二比一的比例也的確是從青春期開始顯著。青春期一定發生了什麼事，它使女生變得容易沮喪而使男生走出憂鬱。這一點在第七章和第八章談到爲人父母及學校時會再討論）。另一個問題就是沒有任何一個研究顯示女性覺得她的生活比男性更無法控制。

最後一個理論是有關反芻的。這個看法是當災難來臨時，女的想而男的做。當女性被解僱時，她去想爲什麼會被解僱，她沉思，把每一個過節想了又想。而男性被解僱時，他行動，他去喝得爛醉，跟人打架，或是做別的事來使他不去想被解僱的事；他寧可去找別的工作，而不願去想他爲什麼會被解僱。**假如沮喪是思想的失常的話，悲觀和反芻是火上加油了。去分析它會加重它的威力，去行動，不去想它，才可能打破它的迷咒。**

事實上，憂鬱症本身可能使反芻在女性身上比在男性身上來得多。當我們發現自己情緒低落時，我們怎麼辦？女人想去找出情緒低落的原因，男人則到外面打籃球或去辦公室以工作來忘記不快。男性酗酒比女性多，或許這個差異是大得可以讓我們說：男的酗酒，女的沮喪。或許是男性喝酒來忘記煩惱，女性反芻來增加煩惱。

這個反芻理論差不多可以解釋憂鬱症的一般性質以及女性比男性多的事實。假如我們是處在一個自覺(self-consciousness)的時代，從小被鼓勵去正視問題、分析問題而不是去行動的話，憂鬱症的流行可能就是這種現象的後果了。後面在第十五章還會再討論它。

最近開始有證據顯示反芻的確是造成憂鬱症中性別差異的主要原因。史丹佛大學的諾蘭—霍克斯曼(Susan Nolen-Hoeksema)是這個反芻理論的創始人，她的研究顯示大多數的女性在沮喪時「做」(而不是「應該做」)的是「我試著去分析我的情緒」，或是「我想去找出爲什麼我會這樣感覺」，但是大多數的男性卻是去做一些他們喜歡的事情，例如打球、彈奏樂器，或是「我決定不要去管我的心情」。

在男性和女性的日記研究中也發現同樣的行爲形態。男性和女性各自在情緒不好時把他們所做的每一件事都記錄下來供研究者研究，結果男性想辦法轉移他對情緒的注意力，而女性則思考、分析她的情緒。在配偶衝突的研究裡，雙方都將他們在婚姻問題中所做的每一件事用錄音機錄下來，結果發現女性把大部分時間花在情緒上，而男性則做別的事來轉移注意或乾脆不去想它。最後，有一個實驗讓男性和女性受試者在他們覺得悲哀時可以有一個選擇，他們可以選擇把最能表達他們情緒的字列出來(集中注意在情緒上)，或是將全世界的國家依它們富庶的程度排列起來(轉移注意力作業)。結果百分之七十的女性選擇集中注意力到她們的情緒上去的作業，把形容她們情緒的字眼列出來，而男性的百分比正好相反，百分之七十的男性選了轉移情緒注意力的作業。

所以分析情緒及耽溺於情緒中，似乎是爲什麼女性比男性更容易沮喪的原因。這隱含著男性與女性對於輕度沮喪有著同樣的發生比例，但是女性耽溺在這個沮喪的情緒中，使得沮喪程度升高，男性正好相反，用轉移注意力的方式去逃避這個沮喪，用喝酒，或採取其他行動的方式使自己忘記它。

我們現在有兩個可能的理論，各有支持它的證據。一個是女性習得較多的無助與悲觀，第二個是女性反芻，耽溺在沮喪的情緒中，使得這個情緒升級爲憂鬱症。

憂鬱症是可以治癒的

一百年前對人類行爲最流行的解釋，特別是壞的行爲，就說它是「個性」(character)，對壞行爲的解釋多半是用卑鄙(mean)、愚蠢(stupid)、邪惡(evil)、罪惡的(criminal)等字眼，「瘋狂」(crazy)則是用來解釋心理疾病。這些名詞代表著一些不容易改變的人格特質，當被冠上這些名詞後，自暴自棄加上環境的因素使得人就變成這個名詞所形容的那個樣子(譯註：這就是所謂的標籤理論〔label effect〕)。一個人認爲自己是愚蠢，不認爲自己是失學才造成愚蠢的話，他就不會採取行動來改進自己；一個社會如果把犯人看成邪惡的，把精神病人看成是瘋子，它就不會花錢去支持改造復健的機構，反而會花錢去支持那些把犯人或瘋人關起來，眼不見爲淨的機構。

到十九世紀末期，這種標籤作法和它背後的概念開始改變了。日漸茁壯的工人政治力量可能是開始這個轉變的契機，後來一波又一波的歐洲、亞洲移民開始湧進，他們在不到一世代(generation)的時間內就改善了自己的地位和環境。用壞的人格特質來解釋失敗似乎不再可行，人們把它歸因到教養不好或環境不好。無知開始被看成是沒有受教育的關係，而不是愚蠢；犯罪被看成是貧窮的產物而不是邪惡；而貧窮現在被看成是沒有機會，而不是懶惰；瘋狂被看成是適應不良的習慣，是可以改正的(unlearned)。這個新的、強調一個人受環境影響的理論就是行為主義的基本精神，從一九二〇年一直到一九六五年它壟斷了美國和俄國的學術界，從列寧(Lenin)一直到詹森總統(Lindon Johnson)。

行為主義之後是認知心理學，保留了改變的樂觀信念，將它與自我的概念相結合，認為「自我」可以自己改進自己。人若是想減低在這個世界上的失敗，他就必須超越教養和環境所賦予的條件；一個人若是選擇改進自己，採取行動，他就有可能創造前途。例如，精神病的治療不再是醫生一個人的責任，現在已把一部分治療的責任轉移到病人自己手中去了。

這個信念是當今盛行的自我改進(self-improvement)運動的基本精神。那些節食的食譜、運動的書、教你改變你的人格的書大為流行。很奇怪的是這些自我改進的理念並不是騙人的噱頭。一個社會如果擢升自我在一個合理的限度的話，就不會製造出一個怪獸來。這個自我改造的確可以改造自我：你的確可以減肥，可以降低你的膽固醇，身體變得比較強健，比較有吸引力，比較不匆忙，比較友善，比較不悲觀。

這個自我改進的信念就跟標籤理論的自我實現一樣有預言的效果。一個人如果相信他不必老坐在辦公室中或不必老是抱持著對他人的敵意的話，他可能就會去外面慢跑或在欺侮別人之前想一下；一個人若是認爲改變是不可能的，他果然就是不能改變。一個相信自我改進的文化會支持健康俱樂部、戒酒組織以及心理治療；一個文化如果相信壞行爲來自壞的個性而這個個性是永久性的，那它就根本不會想辦法去改變。

這些贊成自我可以改變自我的科學家並不是在打高空，電腦爲此提供了一個實際的模式。一部電腦，甚至只是一部個人電腦，可以將它輸出的成果(output)與它內部儲藏的樣板(template)相比較，而這個樣板是一個理想的狀態，電腦每次將它輸出的成果與理想的樣子相比，不相符的地方就自我改進，修改後再與樣板相比，再修改，一直到一模一樣後這個過程才停止。假如一部電腦都能做到這樣的話，對於一個比電腦複雜多多的人腦，應該是一件輕而易舉的工作了。

人類自從有失敗就有沮喪，或許沒有今天這麼厲害，但至少是會心情低落。當一個中古世紀的鄉村少年未能贏得他意中人的心時，他的媽媽可能對他說天涯何處無芳草，大丈夫何患無妻(雖然效果可能跟今天的母親對他沮喪的兒子一樣無效)；到了一九八〇年代，出現了認知治療法，它試著改變人類對自己失敗的看法。它的座右銘跟老祖母的話並沒有兩樣，但是老祖母的話沒有效而認知治療法有效。認知治療法是什麼？爲什麼它有效？

認知治療法和憂鬱症

從一九七〇年代開始，貝克和埃利斯兩人就一直強調我們的意識思考決定著我們的感覺。從這個主題發展出一個治療法，它主要在改變憂鬱症病人對於失敗、打擊、輸贏以及無助的意識思考方式。

認知治療法用了五種策略。❽

第一，你**學會去認識在情緒最低沉時流過你心田的那些自然湧出的思緒**。這些自動湧出的思緒很快地就形成句子，使你根本就不自覺這些念頭跑出來了。例如，一個三個孩子的母親在孩子出門上學前常會對他們喊叫，等他們走了又很後悔這種行爲，覺得很沮喪。在認知治療時，她學會去認識在她一吼完，她立刻不自覺對自己說「我是個最糟的母親——甚至比我自己的母親還糟」，她學習去知覺這個念頭的出現，曉得這就是她的解釋，而這個解釋是永久性、普遍性和個別性的。

第二，你**學會與這個自然湧出的念頭抗爭**，舉各種與念頭相反的例子去對抗它。這個母親被提醒當孩子回家時，她有陪他們踢足球，教他們幾何，傾聽他們的困惑；每當「我是壞母親」的念頭出現時，她就集中注意去想這些好母親的例子與之對抗。

第三，你**學會用不同的解釋**，叫做重新歸因(reattribution)，**去對抗原有的念頭**。這個母親學習對自己說「我下午對孩子很好，而早上很差，或許我不是一個擅於早上活動的人」，這種解釋法就比較不具永久性及普遍性。對於那個負面的一連串解釋環(chain)：「我是一個糟母親，我不配有小孩，所以我不值得活下去」，她學會如何中斷這個連續環，用新的、正面的證據或解釋使這個環瓦解，無法達到傷害她的目的。

第四，你**學會如何把你自己從沮喪的思緒中引開**。這個母親學會了知道這種負面念頭的出現是不可避免的，在壓力下又常會反芻使情況更糟，在這種情況下最好先不要去想它。你不但學會如何去想，還要學會什麼時候去想，才不會對自己造成傷害。

第五，你**學會去認識並且質疑那些種下憂鬱症種子的思緒**：

「我沒有你活不下去。」

「除非每一件事都完美，不然我就是一個失敗者。」

「除非每一個人都喜歡我，不然我就是一個失敗者。」

「每一個問題一定有個答案，我必須找到它。」

像這樣的前提會導致你的憂鬱症，假如你選擇去過這樣的日子——我們之間大多數人是如此——那你的生活就很陰暗，了無生意。但是就像一個人可以改變他的悲觀解釋形態為樂觀，你也可以選擇一套新的前提去過日子：

「愛情的確很珍貴，但是很難得到。」

「盡我的力就是成功了。」

「對每一個喜歡你的人來說，必然有一個人討厭你。」

「生活中免不了有許多危機，我只能挑最重要的去處理，就好像堤防上有許多洞，我只能將手指頭去塞住那個最大的漏洞而已。」

蘇菲，那位以前的「黃金女孩」所受的憂鬱症折磨，是目前年輕人中最普遍的一種，他們普遍地覺得自己沒人愛，不值得愛，沒有任何才能，已經過氣了等等。這種沮喪都來自一個悲觀的解釋形態。當蘇菲開始接受認知治療以後，她的生活立刻就改善了很多。她的治療一共花了三個月，每週一個小時；她的外在世界並沒有改變，但是她對這個世界的看法改變了很多。

第一，治療師幫助她看到她對自己的對話是一個不可解脫的負面對話。她記得以前她在課堂上發言而被老師誇獎時，她會立刻想「老師只不過想對每一個學生都好」；當她讀到印度總理甘地夫人被刺的消息時，她想到「所有的女性領袖都沒有好下場」；當她的同居人有一夜不舉、性無能時，她想到「我對他沒有吸引力，他很討厭我」。

我問她：「假如路上有個醉漢對你說你很討厭，你會不會不理他說的話？」

「那當然。」

「但是你對你自己說同樣無道理的話時，你就相信了，這是因爲你認爲這些話的來源——你自己——是比較可信的。事實並非如此，很多時候我們將事實扭曲得比醉漢還要厲害。」

蘇菲很快就學會去舉證來對抗她的習慣性念頭，挑戰這些念頭的正確性。她記得她的教授誇獎她時並沒有誇獎每一個人，事實上，當時有一位同學說了一些話，教授對他的評語還相當地不客氣。她注意到她的同居人性無能時，是在他喝了六瓶啤酒之後。她學會了一個重要的技術：如何與自己做樂觀的對話。她學會當她失敗時應該對自己說些什麼，當她做得很好時，不要對自己說些什麼。她學會當她期待失敗時，她就會失敗。她的解釋形態從悲觀轉換爲樂觀了。

蘇菲在學校的成績趕上了，畢業時拿到獎，她的愛情生活發展成婚姻。

蘇菲也學會了如何防止沮喪再回來。蘇菲跟其他服用抗憂鬱症藥物的人的最大差別是她學會了一套技術去對付失敗和打擊，而這套技術一旦學會了便永遠跟著她。她對憂鬱症的勝利是她自己贏來的，不是靠哪位醫生或是哪些最新的藥物。

爲什麼認知治療法有效？

對這個問題有兩個答案。在機制的層面，認知治療法有效是因爲它將悲觀的解釋形態改變成樂觀，而這個改變是永久性的。它教你一套認知的技術，在你失敗時，有效應用它使它阻擋沮喪的侵蝕。

在哲學的層次，認知治療法有效是它利用了自我(self)的力量。在一個相信自我可以改變自己的時代，我們願意去改變一個思想的習慣，這個習慣以前被認爲像日出一樣是不可避免的，現在可以改變了。**認知治療在我們這個時代有效是因爲它給了自我一套可以改變自己的技術。**自我基於自我利益、使自己覺得更好而選擇去改變自己。

〈註釋〉

❶ A.T. Beck, *Cognitive Therapy and Emotional Disorders*(New York: New American Library, 1976).

❷ Wolpe 革命性的創見是發表在他的 *Psychotherapy by Reciprocal Inhibition*(Stanford: Stanford University Press, 1958)。佛洛伊德的恐懼症(phobia)理論是在他著名的一九〇九年小漢斯個案報告中建立的(Little Hans case, 見 The Analysis of a Phobia in a Five-year-old Boy, *Collected Papers of Freud,* vol, III, London: Hogarth Press, 1950, 149-289)。

Wolpe 的理論引發了無數的論文，大多數是報告說這個方法非常地有效，而且不會有佛洛伊德的理論所預測的那種替代現象發生。但是學者對於它的主要成份卻是還有爭議，要看這一方面的文獻回顧請見 A.E. Kazdin 和 L.A. Wilcoxon 的 Systematic Desensitization and Nonspecific Treatment Effects: A Methodological Evaluation (*Psychological Bulletin,* 83[1976], 729-758)。

❸與美國心理衞生院(NIMH)合作的研究最近發表在 *American Journal of Psychiatry,* 145(1988), 909-917

頁，題目為 Conceptual and Methodological Issues in Comparative Studies of Psychotherapy and Pharmacotherapy，作者為 I. Elkin, P. Pilkonis, J.P. Docherty 以及 S. Sotsky。

或許更重要的是一篇 S.D. Hollon, R.J. DeRubeis 和 M.D. Evans 合寫的 Combined Cognitive Therapy and Pharmacotherapy in the treatment of Depression。他們追踪治療的效果並且將認知治療和藥物治療的效果都作成紀錄。這篇文章被收在 D. Manning 和 A. Frances 主編的 *Combination Drug and Psychotherapy in Depression*(Washington D.C.: American Psychiatric Press, 1990)。我敢斷言這篇文章會變成這個領域的經典必讀之作。

❹關於解釋形態和憂鬱症的關係以及這個領域詳細的文獻回顧可以參考 C. Peterson 和 M. Seligman 合寫的 Causal Explanations as a Risk Factor for Depression: Theory and Evidence, *Psychological Review*, 91(1984), 347-374‧‧另外在 P. Sweeney, K. Anderson 和 S. Bailey 合作的 Attributional Style in Depression: A Meta-Analytic Review (*Journal of Personality and Social Psychology*, 50[1986], 974-991)也有詳盡的文獻回顧。L.Y. Abramson, G.I. Metalsky 和 L.B. Alloy 的 Hopelessness Depression: A Theory-Based Process-Oriented Sub-type Depression (*Psychological Review*, 96[1989], 358-372)也有非常好的文獻回顧與批評。

❺關於認知治療的基本功效，即(1)認知治療與藥物治療一樣有效，(2)認知治療係改變病人的解釋形態，(3)在治療結束時的解釋形態可以預測出憂鬱症復發的期間等基本發現是主要來自 Steve Hollon, Rob DeRubeis 和 Mark Evans 的研究。書中 Tanya 那一段即引自他們的研究。至於書中其他有關病人的描述、名字和特點都改變了，以保護隱私權。

❻三位心理學家對反芻的研究最有貢獻‧‧Julius Kuhl, Susan Nolen-Hoeksema 和 Harold Zullow。請見 J.

Kuhl 的 Motivational and Functional Helplessness: The Moderating Effect of State Versus Action-Orientation (*Journal of Personality and Social Psychology*, 40[1981], 155-170); H.M. Zullow 寫的 *The Interaction of Rumination and Explanatory Style in Depression*，這是他的賓州大學碩士論文，以及S. Nolen-Hoeksema 的 *Sex Differences in Depression* (Stanford: Stanford University Press, 1990)。

❼女性比男性更受憂鬱症的侵害是個不爭的事實，但是爲什麼這樣卻是一個爭議很多的問題。或許最近最好的文獻回顧是 S. Nolen-Hoeksema 的 Sex Differences in Depression: Theory and Evidence, *Psychological Bulletin*, 101(1987), 259-82，以及 *Sex Differences in Depression*。

❽五個基本的認知治療運動中有四個是來自 A.T. Beck, A.J. Rush, B.F. Shaw 和 G. Emery 合寫的那本 *Cognitive Therapy of Depression: A Treatment Manual* (New York: Guilford, 1979)。第五個運動，假設的挑戰(assumption challenging)，純粹是 Ellis 的主張(見 A. Ellis, *Reason and Emotion in Psychotherapy* [New York: Stuart, 1979])。現在 Beck 和 Ellis 的治療方式非常地相似，除了在「假設的挑戰」上有所不同外。Beck 的蘇格拉底式的治療中通常不用假設的挑戰，但是假設的挑戰是 Ellis 治療法的主要部分。

提要

第2篇 審視生命版圖

家庭、事業、健康……都會因爲你的解釋形態而帶來不一樣的結果。

在家庭方面，你的言行舉止可能複製到你的小孩身上，尤其是處理情緒事件的態度。擁有樂觀的解釋形態，你才能教養出樂觀的下一代。而家人之間也會因樂觀的解釋形態而得到互信互賴的和諧共處。

在事業上，悲觀的解釋形態會教你謹慎小心，樂觀的解釋形態會令你愈挫愈勇。你需要的是去認知事件的性質及做明智的判斷。不論你是一名推銷員、運動明星或政治家，運用你的智慧管理你的情緒。

另外，健康受到情緒的影響已是不爭的事實。樂觀的人抵禦疾病侵襲的能力相對地亦較強，因爲他擁有好的免疫功能，讓病菌無機可乘。合宜的解釋形態將替你贏得成功的人生。

第六章　事業的成功

傳統的看法認爲成功有兩個要素，你必須兩者兼備才會成功：第一是能力或性向；第二是動機，我認爲傳統的看法並不完善。成功需要堅持，一種碰到挫折也不放棄的堅持，我認爲樂觀的解釋形態是堅持的靈魂。

在長途飛行時，我通常是選靠窗的位子，蜷縮起來，面對著窗，以避免與我旁邊的旅客說話。在一九八二年三月的某一天，從舊金山飛回費城的路上，我發現我原來的這一套戰略不管用了。「嗨！」坐我旁邊一位禿頭、六十幾歲的男士熱忱地招呼說：「我的名字叫約翰．萊斯利，你叫什麼名字？」他對我伸出手來要與我握手。「啊！完了，」我對自己說：「一個饒舌的人……」我含糊不清地報了一下我的名字，跟他敷衍地握了一下手，希望他會了解我的意思。

萊斯利是個不接受暗示的人。「我養馬，」他說，飛機正在跑道上滑行。「當我走到十字路口時，我只要想我想要走哪一條路，馬就會自己去走那一條，在我的事業裡，我養人，而我只要想要他們做什麼，他們就自己會去做。」

就這樣的一個很偶然的、沒有預期的談話，改變了我後來的研究方向。

萊斯利是個百分之百的樂觀者，絕不放棄，他似乎覺得我就是會喜歡聽他說話，會爲他話裡的智慧所吸引。果然，當飛機飛到內華達州上空時，我發現我果然被他吸引住了。他說：「我手下做錄影機的那批員工，是最有創意的一組人！」

「你如何區分你有創意的員工與一般的員工呢？」我問道。

「他們每一個人都相信自己可以做到別人所不能的。」

等到飛機飛到猶他州上空時，我是完全被吸引住了。他所告訴我的正好就是我所看到能夠抵制憂鬱症的人。

「你如何使一個人有創造力？」我問他。

「我來告訴你！」他回答道：「但是你先告訴我你是做什麼職業的。」

我簡短地告訴他過去的十五年我在幹什麼。我告訴他有關無助的人和無助的動物以及無助如何是憂鬱症的模式，我告訴他悲觀的解釋形態以及悲觀者如何在一經驗到失去控制時，立刻放棄，「這些人在離開實驗室後，通常都會得到嚴重的憂鬱症。」

「你有沒有研究這個問題的另一面？」萊斯利問道：「你有沒有研究過什麼人永遠不放棄？什麼人不管你對他做什麼都不會變得沮喪？」

「我還沒想到這裡。」我承認。

事實上，我已經開始覺得有些不安。因爲心理學只注重病態，心理學花所有的時間和金錢在使病人的病況減輕一點，日子好過一點。幫助有困難的人是個高貴的情操，但是心理學似乎還沒有餘力去使健康的人日子過得更好一點。從萊斯利的話中我看到了我的另一個面向。假如我可以事先預測誰會變得沮喪、會得到憂鬱症，我也應該能夠預測誰不會才對。

萊斯利問我是否能舉個例子，哪個行業的人是天天都會碰到拒絕和失敗，但還是要一直做下去的行業。

「可能是推銷員，」我回答道。想著幾個月以前我曾經對一群保險公司的董事長演講：「例如賣人壽保險」。他們告訴我，在人壽保險這一行，十個人中有九個人把你推出門外，你必須要爬起來，整整衣裳，繼續去找那第十個人。就好像打棒球時碰到一個很厲害的投手，大多數的時候你的揮棒打不到球，但是你如果要上壘，就必須要一直打才有可能；假如你把球棒放在肩上的話，你就會被三振出局。

我想起那個週末我與美國大都會保險公司的總裁克里頓(John Creedon)的談話。在我演講完後，克里頓問我心理學對公司的經理、總裁有沒有特別的建言，我們能否幫助他挑選出成功的保險銷售員來？我們有沒有辦法去改變那種絆腳的悲觀想法，把它變成「是的，我能」的樂觀？我告訴他說，我不知道。我現在把這段對話告訴萊斯利。當飛機在費城降落時，我已經答應他會寫封信給克里頓，告訴他說或許我們有辦法挑出好的推銷員。

我後來沒有再碰見萊斯利，但是在與他談話過後，我把研究重心從悲觀轉到樂觀，從失敗改爲成功。我後來的研究顯示樂觀的人在學校中表現得比較好，比較常被選中，在各方面的表現都強於悲觀者，也活得比較久，有比較快樂的生活。作爲一個治療師和治療師的老師，我發現不但是病人，就是正常人也可以從改變成樂觀中得到好處。

我一直覺得我欠萊斯利一封信，假如我寫的話，我會告訴他我對樂觀的研究。就把這本書的下半部當作那封信吧！

成功的解釋形態

在那次飛行的三個禮拜以後，我到紐約曼哈頓，美國大都會人壽保險公司的大樓，走在深沒腳踝的毛毯上，進入克里頓的辦公室。克里頓大約五十餘歲，一個令人愉快、洞察細微的大企業家，他遠在我之前就掌握了樂觀對他企業的重要性。他對我解釋大都會和其他的保險公司在推銷上所遇到的問題。

「推銷是很不容易的，」他開始說道：「推銷員需要百折不撓的勇氣才會成功，不是每一個人都可以做的。每一年我們僱用五千個新的業務員，我們從應徵的六萬個人中仔細挑選，我們測驗他們，篩選他們，面試他們，我們給他們密集的訓練，但是不到一年，一半以上離職，那些留下來的業績一年比一年差，到了第四年底時，他們的業績只剩百分之二十。我們訓練一個新的業務員要花三萬元以上，所以每年單就聘任人事方面我們就損失了七千五百萬美元。別的保險公司也跟我們一樣。」

「我不僅是談大都會人壽保險損失的錢，塞利格曼博士，」他繼續說：「每當一個職員辭職時，我所關心的是他的鬱鬱不樂，就是你的專業——憂鬱症。當每年有一半的員工離職時，這裡就有一個很重要的任務要去做：怎麼樣使人和環境的配合更理想。」

「我想知道的是你的測驗是否可以事先篩選出適合做保險的業務員，這樣我們可以節省人力成本的浪費？」

「他們爲什麼辭職？」

克里頓大致說了一下辭職的過程：「每一天即使是最好的業務員也會碰到很多次拒絕，而且這些拒絕多半是連續地來，接二連三地，對他們的士氣打擊很大。所以一般的業務員會感到氣餒，一旦他們氣餒了，這個拒絕對他們來說就越來越難接受，使他們越來越難以鼓起勇氣去打下一個電話；於是他們就一直拖著不願打電話，花很多時間東摸西搞就是不願去接觸電話，而越拖就越沒辦法打下一個電話，不打電話就沒有業績，沒有業績他們就開始想離職。當他們碰到障礙，走不通時，很少人會想到越過它，繞過它或從底下穿過。」

「你要記住」，他說：「這個行業最吸引人的地方是獨立性，所以沒有人天天盯著他們，管著他們，他們有相當大的自由度。而另一件事就是，只有堅持下去打到第十個電話的人才會成功。」

我向克里頓解釋了習得的無助的理論以及解釋形態，然後我告訴他樂觀／悲觀的問卷（見第三章），我告訴他說，一次又一次地，我看到這個問卷上悲觀分數高的人遇到挫折很快就放棄了，而且變得沮喪。

但是這個問卷並不只是指認悲觀而已，它是一個連續的分數，從極度的沮喪到非常的樂觀。得分在樂觀向度終端的人應該最能鍥而不捨，不屈不撓，他們對憂鬱症應該最具免疫力。

「從來沒有人研究過這些極端樂觀的人，」我說：「他們很可能就是能夠在保險這種具有挑戰性的行業裡成功的人員。」

「告訴我樂觀為什麼有用，」克里旦回答道：「讓我們假設一個賣人壽保險裡很重要的一個部分叫做『冷漠電訪』(cold calling)，所謂『冷漠電訪』就是你有一份可能買你保險的名單，例如這個城市新生嬰兒父母的名單，你開始打電話，從單子最開頭的名字打起，希望他會讓你去他家拜訪，但大多數的人會說，不要，我沒興趣，甚至掛掉電話！」

我解釋說樂觀的解釋形態影響的不只是保險經紀人對他的未來客戶說的話，最主要的是當他的客戶說不要時，他對他自己說的話。一個悲觀的經紀人會對自己說永久性、普遍性以及個別性的話，例如「我不行，沒有人願意買我的保險，我甚至沒辦法上到一壘」，這無疑地會製造出放棄的反應，使他越來越難去打下一個電話。在經過幾次這種事後，這位經紀人就說今天到此為止算了，我回家去吧！多幾次這種提早回家的經驗後，他逐漸就會想放棄、離職了。

一個樂觀的經紀人會以較具建構性的方式對他自己說話，「他現在太忙，不能接電話」或是「他已經有其他保險了，但是十個人中有八個是還沒有買保險的」或「我可能不應該在吃晚飯的時候打電話」，或是根本就不對自己說任何話。因此第二個電話並不會特別地難打，在幾分鐘之內，這位經紀人可能就找到了十個中的那一個會買保險的人。這個肯定會立刻給他帶來活力，因此他又連續打十個電話，又得到另一個面談的機會，用這種方式他可以發揮他銷售的才能。

在我走進他的辦公室以前，克里頓已經知道樂觀是推銷保險成功的祕訣，他只是在等著看有沒有人可以測量這個樂觀。我們決定先做一個簡單的相關研究，來看一下已經成功的經紀人是否是極端樂觀的。假如他們是，我們就再進一步研究，我們的目標是制定一個全新的篩選推銷人員的方法。我們用的問卷與第三章的問卷不同。在這個歸因形態問卷(Attributional Style Questionnaire, ASQ)中有十二個描寫情境的問題，一半是有關不好的事件(例如「你今晚出去約會，結果很不理想……」)，另一半是有關好的事件(「你突然之間變得很有錢……」)，你要去想像這件事發生在你身上，然後填出最可能的原因。例如，對於第一個例子的原因可能是「我有口臭」，而第二個例子，你很可能寫「我是最佳的投資者」。❶

然後你要對你剛剛寫出來的原因加以個別性的評分，從一到七分(「這個原因是有關別人或環境「外在化」的，還是有關你自己「內在化」的？」)，你要對永久性評分(「這個原因在找工作時不會再發生「暫時性」的，還是一直都會在那裡「永久性」？」)，最後你要對普遍性評分(「這個原因只有影響你找工作「特定的」，還是會影響你生活的全面？」)。

在第一次試驗這個問卷時，我們給二百名有經驗的推銷員做，一半是很有熱忱、業績很好的，另一半是很懶散、業績不好的。熱忱的經紀人在樂觀的分數上比業績不好的人高出很多。當我們把測驗分數和銷售成績配對起來時，我們發現在ＡＳＱ測驗上最樂觀的那一端的銷售員，最初兩年的銷售業績比悲觀的那一半銷售員好了三七％。

ＡＳＱ分數在前一〇％的銷售員，比ＡＳＱ分數在後一〇％的悲觀的同業，業績多了八八％。對想看看我們的測驗於商業界會有多少用處來說，這個結果是一個相當有鼓勵性的開始。

才能測驗

許多年來，保險業自己發展了一套篩選測驗來尋找適合做推銷的人員。這個職業剖析(Career Profile)是人壽保險經營與研究協會印行的，所有申請大都會人壽保險工作的人都必須先經過這個測驗。只有分數在十二分以上的才會被錄用，大約有三〇％的人可以考到十二分以上，這些人可以有面試的機會，如果經理覺得某個人不錯，那麼他就會被錄用。

一般來說，有兩種問卷可以預測各行各業人員的成功潛能：實證的測驗和理論基礎的測驗。一個實證的測驗是以已經在這個領域中成功的人或是在這個領域中失敗的人爲對象，給他們一大堆的問題，範圍很廣，什麼都包含在內，例如「你喜歡古典音樂嗎？」「你想賺很多錢嗎？」「你有沒有很多的親戚？」「你幾歲？」「你喜歡去參加宴會嗎？」大部分單一的問題無法區分出優和劣的員工，但是有幾百個還是可以（你只要決定哪些問題對你是有用的，你就用它們，沒有任何理論可言）。這幾百個問題變成可以預測在這工作上成功與否的測驗題，凡是合適的應徵者都必須有著一樣的人格輪廓——同樣的年齡、背景和態度。簡單地說，他們的答案跟在這個領域中已經成功的人是一模一樣的。所以實徵的測驗事實上是承認它無法告訴你爲什麼有些人會成功，他們用這個測驗因爲它碰巧可以區分出合適的和不合適的人來。

理論基礎的測驗就不一樣了，像IQ測驗和SAT（Scholastic Aptitude Test，美國大學入學性向測驗，高中生升大學時必考），只問從理論中得出的問題，在上面的例子中是有關能力的理論問題。SAT背後的理論認爲智慧包含著語文技能（閱讀能力、類比能力〔analogies〕等）和數理分析能力（代數、幾何等），因爲這些技能都與你在學校的學業表現有很大的關係，因此，在SAT上表現良好可以預測你將來在學校表現會良好，事實上，SAT的確做到了這一點。

但是實證的和理論基礎的測驗都犯了一些錯誤，很多人在SAT上考不好，但是進了大學以後表現良好，而很多人SAT考高分，但是卻念不下去被退學。更顯著的是大都會人壽保險公司的例子，很多在職業剖析上分數很高的人，銷售業績卻很差。但是有沒有這個可能：在職業剖析上得分低的人，卻是很好的保險推銷員呢？大都會保險公司並不知道，因爲他們從來沒有僱用過這些分數低的人。因爲沒有足夠的應徵者可以考過這個門檻，所以公司只好空著某些位子沒有僱滿。假如有很多應徵者考不過，但是卻可以與考過的人推銷得一樣好的話，大都會人壽的人力問題就能解決了。

ＡＳＱ測驗是個理論基礎的測驗，但是它的理論與傳統對於成功的看法很不相同。傳統的看法認爲成功有兩個要素，你必須兩者兼備才會成功：第一是能力或性向，ＩＱ測驗和ＳＡＴ是設計來測量它的；第二是動機，不管你的能力有多好，如果你缺乏動機，你也不會成功。足夠的動機可以補償能力上的不足。

我認爲傳統的看法並不完善。一個作曲家就算有莫札特的天份和強烈的動機想要成名，若是他認爲他不能作曲，他還是不會成功。因爲他會很容易就放棄，如果靈感不來，一個旋律寫不好，他就會放棄。成功需要堅持，一種碰到挫折也不放棄的堅持，我認爲樂觀的解釋形態是堅持的靈魂。

成功的解釋形態理論認爲，要篩選出一個會在有挑戰性的工作上成功的人，你需要考慮到三個特性：

1. 能力
2. 動機
3. 樂觀

這三者都決定成敗。

在大都會人壽保險公司驗證解釋形態理論

從上面的研究可以有兩種解釋來詮譯為什麼好的推銷員有高的、樂觀的ＡＳＱ分數。一個解釋是確認這個理論：樂觀導致成功；樂觀使你賣得好，悲觀使你賣得差。另一個解釋是賣得好使你樂觀，賣得差使你悲觀。

我們的下一步是找出誰導致誰，我們的作法是在員工最初被僱用時就測量他的樂觀程度，然後看下一年度誰的表現最好。一九八三年一月我們測量了大都會保險公司賓州分公司的一〇四位新進員工，他們全部都通過了職業剖析測驗，也接受了在職訓練，然後接受ＡＳＱ測驗。我本來以為要等一年有業績數據進來後才能做比較，沒有想到我們竟然不必等——眼前的測驗成績就令我們目瞪口呆了。

我們對新進人員的樂觀程度大為吃驚，他們的團體平均Ｇ—Ｂ分數（好的事件的解釋形態和不好事件的解釋形態的差別）超過七分，這遠在全國平均數之上。這顯示除非是最樂觀的人，否則根本不必來應徵。保險公司的業務員以團體來說，遠比我們測驗過的其他行業的人來得樂觀，例如汽車的推銷員、整天在黑暗的倉庫裡對喊的點貨員、西點軍校的低年級生、速食店的經理、這個世紀的美國總統候選人、美國大聯盟棒球隊的明星，或是世界級的游泳選手等等。我們眞是選對了行業來驗證我們的理論，一個需要非常強的樂觀態度才能進來，需要極強的樂觀態度才能成功的保險業。

一年以後，我們檢驗這些人的業績，果然如克里頓所警告的，超過一半的新進職員辭職——一〇四人中有五十九位辭職了。

爲什麼？

在ＡＳＱ測驗中，樂觀分數低的比樂觀分數高的離職的比例高二倍，而分數最低的後四分之一的推銷員比分數最高的前四分之一的推銷員離職率高三倍。但是，在職業剖析中成績差的並沒有比成績好的離職率高。

那麼他們的業績又如何呢？

在ＡＳＱ測驗中，分數高的那一半比分數低的另一半多賣了二〇％的保險，分數最高的前四分之一的推銷員比最差的後四分之一多賣了五〇％的保險。在這裡，職業剖析也是很好的預測工具，因爲在職業剖析中分數高的一半比低的一半多賣了三七％的保險。若將這兩個測驗合併起來看（這兩個測驗並沒有彼此重複，每個測驗有其特殊的觀點），我們看到這兩個測驗成績比較好的那一半的推銷員，比差的那一半推銷員多賣了五六％的保險。所以，從樂觀與否可以預測誰會存留下來，而且它也可以預測誰可以賣得好，它跟保險業自己的測驗一樣有效。

那麼這個研究是否驗證了這個理論：強的樂觀態度就可以預測好的銷售成績呢？沒有。在大都會人壽保險公司完全信服ＡＳＱ可以預測誰是成功的推銷員之前，還有好幾個問題需要先行回答。第一，只有一〇四位推銷員接受測驗，他們全部來自賓州西區辦公室，樣本群可能不具代表性。第二，他們在接受測驗時已經進入公司做事了，因此沒有心理壓力；假如現在大都會人壽保險公司開始招聘，而用ＡＳＱ爲篩選測驗，那麼應徵者知道他們的錄用與否決定於ＡＳＱ的成績高低，他們是否可能造假，不據實回答？如果他們成功地造假了，測驗自然也就無效。

關於後者的問題很容易解決。我們做了一個研究，告訴某一些受試者如何欺騙測驗（儘可能地假裝樂觀）；另外爲了加強欺騙的動機，實驗者提供一百元美金的獎金給最高分的人。即使有這些知識和動機，他們的分數仍然沒有高過另一組誠實回答的受試者。換句話說，這是一個很難作弊的測驗，假裝很樂觀並沒有任何用處。即使你讀了這本書，你還是會發現很難作弊來欺騙我們的樂觀測驗，因爲所謂的正確答案隨著測驗而不同，而且我們有放「說謊量表」(lie scale)進去以對付作弊的人。

特別目的的研究

我們現在可以進行正式的實驗了。在這實驗裡，應徵者以這個測驗作爲錄用與否的標準。在一九八五年，一萬五千名全國應徵大都會人壽保險公司的人接受了ＡＳＱ測驗和職業剖析測驗。

我們有兩個目標。第一是用以前的方法錄用一千名通過職業剖析的人爲新進業務員。對這一千名員工來說，ＡＳＱ的成績完全不在錄用與否的考慮項目之內。我們想看看這一千人中，樂觀的會不會比悲觀的業績好。

第二個目標對大都會人壽來說，稍冒險了一點。我們決定錄用一些特別樂觀的人，這些人的職業剖析分數在九到十一分之間，未達到大都會人壽所訂的十二分標準，但是他們的ASQ分數在好的一半以內。我們錄用了一百名沒有任何一家保險公司會錄用的人做推銷員，不過他們並不知道這些背後的細節。假如這個實驗失敗了，大都會人壽保險公司會損失三百萬元的訓練費。

所以，一萬五千人中有一千名是以原來的方法錄用進來的，一半是比較樂觀，一半是比較悲觀（我說過，這些應徵者都非常地樂觀，但是，當然有一半的應徵者落在平均數以下，有一些人還很低，這是所謂悲觀的人）。另外一百二十九人他們的ASQ分數都在上半（表示他們都非常樂觀），但是都沒有通過職業剖析，但也被錄用了，這就是樂觀組。

在以後的兩年裡，我們監控這一千一百二十九名保險業務員的表現，下面就是實驗的結果。

在第一年裡，原來方法錄用進來的人中，樂觀的比悲觀的表現得好，不過差距不大，只有八%。但是到了第二年，樂觀的比悲觀的人多賣了三一%的保險。

特別方法錄用進來的人表現得好極了，他們比原來方法錄用進來的悲觀組在第一年就好了二一%，到了第二年，差距增大到五七%。他們甚至比用原來方法錄用進來的一千人的頭兩年平均銷售成績還多了二七%。事實上，他們至少是跟以原來方法錄用的人中樂觀組的表現一樣好。

我們也看到，比起悲觀組來說，樂觀組一直有進步。為什麼？我們的理論是樂觀造成堅持。

一開始時，才幹和動機是跟堅持一樣地重要，但是時間久了以後，拒絕的訊息堆積如山時，堅持變得比前二項更重要。事實上也的確是如此。

樂觀的測驗可以跟職業剖析測驗一樣正確地預測出銷售的業績。

特別錄用組

這些特別錄用組的成員是什麼樣的人？讓我告訴你關於德爾的做事，以及我的理論現在不只是骨架，它開始有血有肉，成形了。

《成功雜誌》（*Success Magazine*）聽說我做了特別錄用組的研究，前來訪問我。在一九八七年，他們刊登了一篇文章有關樂觀和超級推銷員的故事，這篇文章是從介紹德爾開始。德爾本來在一家屠宰場工作，做了多年後突遭解僱，於是他去應徵大都會人壽保險公司的業務員。他雖然沒有通過職業剖析測驗，但是還是被錄用了，因爲他的ASQ分數很高。他進去大都會後變成一位超級推銷員，因爲他不但有持續力還兼有想像力，他可以在別人都想不到的地方找到他的客戶。❷

我原來以爲德爾是個虛構的人物，一位典型的特別錄用組的成員。但是，有一天，在這篇文章登出不久後，我的秘書告訴我說，德爾在電話線上，我抓起話筒，「德爾？」我問道：「德爾？你是說你的確存在？的確有你這個人？」

「是眞的！」一個深沉的聲音回答著：「他們沒有揑造一個我。」

德爾告訴我雜誌上的故事是眞的。他曾經在賓州東部的一家屠宰場工作了二十六年，可以說他前半生都在那裡工作；這個工作並不愉快，但至少他是在清洗部門工作，不像其他的部門那麼糟。後來，肉品供過於求，生意變糟，工會雖擔保他每週一定有多少小時的最少工作時數的保障，但是他必須調到屠宰部門去，那個部門的工作使他非常地不舒服，不過爲了生活還是得做。生意越來越不好，某一個週一早晨，他照常去工廠報到，卻發現工廠前面掛了一個牌子，上面寫著「關閉」。

「我不打算後半輩子都坐領救濟金，」他告訴我：「所以我去應徵保險推銷員的召募。我從來沒有賣過任何東西，也不知道我是否會賣東西，但是我還是去考了你的測驗……你知道的，大都會僱用了我。」

丟掉他的屠宰場工作，後來證明是塞翁失馬。在他賣保險的第一年，他比在屠宰場時多賺了百分之五十的薪水；第二年時，他比以前在屠宰場的薪水多了一倍。此外，他熱愛他的工作，特別是自由度，他可以自己訂上限，自己安排工作的時間、地點。

「不過今天早上我心情十分不好，」他繼續說：「我花了好幾個月的功夫才拉到這一大宗生意，是我工作以來最大的一筆，但是二個小時以前，大都會的投保部門打電話給我說他們決定拒絕這椿生意，所以我決定打個電話給你。」

「好極了，德爾先生，」我回答道，但是還是不明白他爲什麼找我，「我很高興你打電話來。」

「塞利格曼博士，那篇文章告訴我你替大都會人壽保險公司挑選了一組勝利者，這組人不論什麼不好的事發生在他們身上，他們都繼續往前衝，就像今早發生在我身上這件事一樣。我想你不是免費替大都會人壽保險做這件事吧？」

「你說得對。」

「那麼，我想你應該回饋一些，買我的保險。」

我買了。

大都會人壽保險公司的新錄用政策

在一九五〇年代，大都會人壽保險公司是保險業的龍頭，它旗下有二萬名業務員。在以後的三十年裡，大都會決定減少它的推銷員人數，而依賴別的方法去賣保險。到一九八七年我們做完這個特別錄用的實驗時，大都會在保險業的地位已經被普保德信(Prudential)所取代，它的員工也縮減到八千人左右。要扭轉這個趨勢需要新的、強勢的領導集團來倡導推銷，克里頓引進了克里米斯(Bob Crimmins)，一位銀髮、充滿活力、口才極佳的人，克里米斯又引進梅茲(Howard Mase)博士，梅茲博士曾非常成功地替花旗銀行(CitiCorp)訓練及培養經理人才。他們希望引進新血，引進新的篩選和訓練的方法。他們的目標是將業務員增加到一萬名左右，如果績效好，下一年再增加到一萬二千名，希望能奪回大都會人壽以前的市場。但是他們同時也希望保持高的業績，所以他們覺得我那個特別錄用的研究可能有用，因爲那個研究顯示了樂觀可以預測成功，準確性遠超過傳統的僱用標準。

所以大都會人壽決定以後都用ASQ作爲篩選業務員的標準。心理學家還是很有用的。

在克里米斯和梅茲的領導下，大都會人壽採取了一個雙元政策來錄用新進業務員。公司會錄用ASQ分數高但是職業剖析測驗分數差一點的人，這批人在舊有的篩選制度之下是根本不予考慮的；另外那些通過職業剖析測驗，但是卻非常悲觀（在最低的百分之二十五）的人則不予錄用。因此，對公司來說，以前那些昂貴的失敗者現在根本就不予錄用了。用這種方式，大都會人壽達到了它的目標，並且把銷售生力軍擴展到一萬二千人，扳回了個人保險市場的百分之五十。公司現在不但有一支強大的銷售生力軍而且品質比以前好多了，最近聽說大都會已經奪回保險業的龍頭地位。

因爲用了ASQ測驗，克里米斯和梅茲在短短的兩年內替大都會人壽找到了理想的人力資源。

將悲觀轉變爲樂觀

我又出現在克里頓的辦公室，腳下的地毯還是一樣厚重柔軟，橡木的牆板還是一樣地光亮，但是我們都蒼老了一些。七年前當我們初次見面時，克里頓才剛剛接掌大都會人壽的總裁（CEO）職位，而我的眼中也對樂觀和成功充滿了希望。克里頓現在已經成爲美國商業界的領導人，是全美知名的人士，他告訴我再一年他就要退休了。

我們回顧過去的成就，我們發現樂觀是可以測量的，而且可以預測一個人是否可以成爲好的保險業從業人員。我們不但改變了這個大公司選拔人才的方法，而且使整個保險業篩選人員的方式都在改變。

「有一件事一直縈纏著我，」克里頓說：「每一個行業都有一些悲觀的人，有些是年資很高，有些是因爲他們是那一行的專家，所以不能把他們怎樣。我現在年事漸高，越來越覺得那些悲觀者的力量，他們總是告訴我我不能做什麼，只告訴我什麼地方做得不對，我知道這不是他們的本意，但是他們使行動、想像力以及原動力凍結。我相信他們若能夠樂觀一點，他們自己也會好過一點，當然這樣對公司更有利。」

「所以，這是我現在的難題：你能不能使一個人，他已經有三十年，甚至五十年的悲觀思想形態，把他改變成樂觀的人？」

這個問題的答案是肯定的，但是克里頓談的不是他的銷售軍隊而是他的董事會，特別是那些保守的董事。不管誰做總裁，這些保守的老人都有實際的控制權。我不知道該如何去改造一個官僚——你不能叫這些董事去考測驗，去上課，即使是克里頓可能都無法要求他們去接受認知治療，不管是個別的還是團體的。但是就算克里頓可以做到，教他們樂觀可行嗎？

那天晚上，以及後來的很多晚上，我都在想克里頓的要求。在一個經營良好的公司裡，是否有一個合適的角色給悲觀的人？在順利平坦的人生裡，悲觀是否有一個合適的角色可扮演？

爲什麼會悲觀？

悲觀其實無所不在，有些人甚至一直受它的苦。除了那些極端的樂觀者以外，我們所有的人都曾吃過它的虧。難道悲觀是大自然的一個錯誤嗎？還是它在對事物的計畫上佔有一席地位？

悲觀可以幫助我們認清事情的眞相，在生活的某些層面，樂觀是不切實際的。在我們跌倒、失敗時，用玫瑰色的鏡片來看事情使我們好過些，但是這並不能改變事實。在有些地方，如飛機的駕駛艙，我們需要的不是提高士氣的看法，而是毫不慈悲的眞實性；有的時候我們要承認我們輸了，轉去別的地方投資，而不是找理由緊抓著不放。

當克里頓問我是否可以改變大都會人壽的董事的悲觀想法時，我擔心的不是我的能力可不可以做到，而是這樣做會有什麼樣的害處；或許他的董事帶到這個職位上來的悲觀是有一些用處的，的確需要有人對太過熱情的計畫澆些冷水。這些悲觀的人能夠爬上美國企業的最高層位，他們總是有些東西做對了才可能出人頭地。❸

那天晚上，回想著克里頓的抱怨時，我再一次地仔細思考著長久以來困擾我的一個問題：爲什麼人類的演化會允許悲觀和憂鬱症的存在？顯然樂觀應該是有演化上的角色的。泰格爾（Lionel

Tiger)在他那本《樂觀‧‧希望的生物學》(*Optimism: The Biology of Hope*)中，認為人類在演化過程被選擇上，是因為人類對眞實世界有了樂觀的幻覺。不然我們這個種族怎麼可能生存下去——知道四月播種要到十月才有收成，敢站在巨大的乳齒象(mastodon)前面對牠衝過去，手上只拿著樹枝木棍？可以花幾個人生去建一座教堂，一代沒有做完下一代繼續做？這些勇敢(或是說魯莽)的行為背後是人類對於未來的希望，一個現實會變得比它原來的更好的希望驅使著人類去超越自己，去發揮潛能。

或是這樣想‧‧許多人不相信有上帝，而認為生命唯一的目的就是人替他自己創造出來的天地，並認為人死後會腐爛。假如是這樣的話，為什麼這麼多的人還是很愉快呢？或許這個使我們看不見我們深藏的負面思想的能力，就是我們對抗憂鬱症的唯一方法吧！

那麼，悲觀的角色是什麼呢？或許它可以校正一些我們的錯誤，使我們能夠正確地領略眞實界。

但是這是一個令人不安的想法，沮喪的人看世界竟然比不沮喪的人更眞實、更正確，這隱含著不沮喪的人看世界是扭曲的。作為一名治療師，我被訓練去相信我的工作是要幫助那些憂鬱症的病人，讓他們快樂一點，看這個世界清楚一點，我應該是個快樂且眞實的代理人。但是或許眞實和快樂是相衝突的，或許一個好的治療師只是讓憂鬱症的病人有個美麗的幻覺，讓病人認為這個世界是美好的。

事實上，有一些證據顯示沮喪的人雖然比較哀傷，但是比較有智慧。

十年前，當阿洛伊（Lauren Alloy）和阿布拉姆森還是賓州大學的研究生時，他們做了一個實驗：受試者對於房間電燈的亮度有不同程度的主控權。有些人是有完全的控制權，他們按鈕，電燈就亮，他們不按時電燈就不亮；另一組人則是完全沒有控制權，不管他們有沒有按鈕，燈光都會亮起來。❹

這兩組人要儘可能精確地去判斷他們對燈光的控制權有多少。沮喪的人在有控制權和無控制權的實驗情境下，判斷都比較準確。那些沒有沮喪的人的表現令我們嚇了一跳。當他們在有控制權時，他們的判斷是很正確的，但是當他們沒有控制權（即無助的情境）時，他們也沒有氣餒：他們還是認爲他們有極大的控制權。

爲了怕燈光和按鈕對人來說不是什麼了不起的事，所以阿洛伊和阿布拉姆森又添加了金錢的誘惑力進去：燈光亮時受試者贏錢，但是他們按鈕而燈光不亮時他們輸錢。即便是這樣，非沮喪之受試者的良性扭曲並沒有消失，反而變得更大了。有一個實驗情境是：每一個人都有一些控制權，但是實驗設計得使每一個人都輸錢。在這個情況下，不沮喪的人判斷他們的控制權比實際還要少。假如實驗改變成他們都贏錢時，不沮喪的人認爲他們有很多的控制權，比實際有的來得高。沮喪的人則不論輸贏，都很沉著且判斷正確。

這些是過去十年來非常一致的發現。沮喪的人——大部分是悲觀的——可以正確地判斷出他們的控制權。而不沮喪的人——大部分是樂觀的——相信他們有很大的控制權，遠比實際情況來得高；尤其在他們是無助的，沒有任何一點控制力的時候，他們反而高估自己的主控地位。

另一個跟這個主題有關的證據是對技巧做判斷。許多年前《新聞週刊》(*Newsweek*)報導說百分之八十的美國男性認爲他們的社交能力很好。這些一定是不沮喪的美國男人，假如我們可以相信奧勒岡大學的心理學家路易森(Peter Lewinsohn)的研究的話。他們把沮喪和非沮喪的病人安排在一個研討會中發言，然後要他們評定他們剛剛在會中的表現如何，夠說服力嗎？討人喜歡嗎？這個過程同時也請觀察者來評分。結果發現沮喪的人不太有說服力或討人喜歡的能力；憂鬱症的病症之一就是社交能力很差。沮喪的人正確地判斷他們自已缺乏社交能力。令人驚奇的發現是來自不沮喪的那一組：他們顯著地高估自己的社交能力，他們判斷自己的說服能力以及討人喜歡的程度都遠比觀察者給的分數高。❺

另一個證據是有關記憶的。一般來說，沮喪的人對不好的事件的記憶力比對好的事件來得好；即給受試者看一序列好的、壞的各種事件，看完後請他們回憶出來，沮喪的人比不沮喪的人對不好的事件回憶的較多，而好的事件回憶出來的較少。非沮喪的受試者則是正好相反，他們對好的事件回憶得多，不好的事件回憶得少。那麼究竟誰是對的呢？假如我們眞的可以知道世界上好的和壞的事件的數目，誰可以正確地看過去的事？而誰又會扭曲過去呢？❻

當我剛剛成爲治療師的時候，前人告訴我說若是想要知道病人確切的生活情況，問病人自己是一點用也沒有的。你所聽到的都是他們的父母不愛他們，他們的投資失敗，他的家鄉多麼地無趣等等。有沒有可能病人說的是實話？這個在實驗室中很容易測試，你可以請受試者做一個測驗，你可以控制狀況使他們做對二十次，做錯二十次，然後問他們做得怎麼樣。結果是沮喪的人比較正確，他會告訴你說他對了二十次，錯了十九次；但是非沮喪的人卻扭曲了事實，他會告訴你他對了二十八次，只有十二次錯。

最後一個有關沮喪的人可能比較哀愁但是比較有智慧的證據來自解釋形態。從非沮喪的人的解釋看來眞的是像俗語所說的「富在深山有遠親」，或是像美國俗語所說的「失敗是孤兒，而成功有一千個爸爸」；然而，沮喪的人爽快地承認自己的失敗與成功。

這個行爲形態在我們的解釋形態研究中一再出現，即非沮喪的人判斷偏頗，而沮喪的人是公正的。在第三章的測驗中有一半是不好的事件，一半是好的事件，你可以選A或選B，當作這些事件的原因。你有一個G—B的分數，你的分數與憂鬱者的比起來怎麼樣？不論是好的事件或壞的事件，一個憂鬱者的解釋形態都差不多；也就是說，憂鬱者對好的事件在個別性、永久性以及普遍性的解釋上是比一般人高一點，而對不好的事件的解釋形態又比一般人低一點，所以一名憂鬱者的G—B分數是在零的附近。他是不偏不倚的。❼

一個沒有憂鬱症的人他的分數是比零高很多，是偏頗的。假如是壞事，都是你害的，反正馬上會過去，幸好只有在這一方面發生；但是假如是好事，那麼絕對是我做的，好運會持續很久，我在每一方面都會一樣好運。所以對沒有憂鬱症的人來說，壞的事情是外在的、暫時的、特定的，而好事是個別的、永久的、普遍的。越是樂觀的人他的判斷越是偏向一邊。憂鬱沮喪的人正好相反，他看他的成功跟看他的失敗一樣，他都歸到同一原因上面去。

整個來說，沒有憂鬱症的人扭曲外界的事實來迎合自己，而憂鬱沮喪的人看外面世界比較正確一點。那麼這個憂鬱沮喪證據如何跟悲觀和樂觀聯結起來呢？統計上來說，最沮喪的人他在解釋形態量表上也是落在最悲觀的地方，而沒有憂鬱症的人分數落在樂觀的那一頭。這表示一般來說，樂觀的人扭曲世界，而悲觀的人，如比爾斯(Ambrose Bierce)所說的「正確地看世界」(see the world aright)。❽悲觀者似乎受眞實世界的擺佈，任人宰割，而樂觀者有個對抗眞實世界的機制可以保持他的心情愉快。不過我們要記住，這個關係是就統計上來說的，並不是每一個悲觀者都杜絕了眞實世界。也有少數的現實主義者是樂觀者，少數扭曲眞實的人是悲觀者。

那麼沮喪者的正確判斷研究是否只是爲了研究者的好奇心？我想不是的，它其實帶領我們進入「悲觀究竟是什麼」這個問題的核心。這是關於我們爲什麼會有憂鬱症的第一個確切的線索。對於前面我們問的那個問題：爲什麼演化會允許悲觀和憂鬱留下來並且繁殖，這是最可能的一個答案。假如悲觀是憂鬱症和自殺的根基，假如它會帶來低成就、不良的免疫功能和損壞健康，爲什麼它沒有在幾世紀前就絕種？悲觀對人類有什麼功能使它留下來？

悲觀的益處在演化的後期才出現。我們是冰河時期的動物，我們的情緒受到十萬年前地球氣候災難的塑造：冷潮和熱潮，乾旱和水災，豐收和突來的饑荒，所以能夠活過冰河時期的老祖宗他很可能是未雨綢繆、看到陽光就會思慮嚴冬的人。我們遺傳了祖先的腦，所以也遺傳到他們看到烏雲而沒有看到光明面的特性。

有的時候在現代生活的某一個處所，這個深藏的悲觀發生了作用。試想一個成功的大企業，它有各式各樣的人在各種職位上，第一，它有樂觀者——研究發展者、企劃者、市場推銷者——這些人全都需要有遠見，能夠看到現在還沒出現的東西，能夠夢想一個尚不存在的物品，能夠超越公司現有的能力而迎向未來。假如他們不能做到這點，這個公司很快就會被別的競爭者吞併，因為別人能。但是試想一下假如這個公司只有樂觀者，所有人都凝視未來令人興奮的可能性，這個公司很快就有大問題出現：這公司需要悲觀的人，一個對現實世界有正確概念的人，公司的會計、出納、財務經理、總經理、管安全的工程師等人都需要一個正確的概念：公司目前是什麼情況，可以有多少資產負債，他們的角色是搖黃旗叫人小心的人。

我們應該趕快解釋這些人並不是徹底悲觀的人，那種解釋形態會傷害到成就和身體健康的人。他們裡面可能有些人是沮喪的，但大多數人若不是為了公事上的冷靜小心，他們很可能是個愉快、滿懷希望、有自信的人。有些只是謹慎、小心翼翼的人，他們的職業使他們有著悲觀者的小心謹慎。克里頓從來沒有說他的董事是無助的沮喪憂鬱者。這是程度上的差別。這些董事就團體來說在測驗上會顯示出悲觀者的分數，而他們行為外表看來也是個悲觀的形態，雖然不是很厲害的悲觀。

這些輕度悲觀者——叫他們作職業悲觀者——似乎能充分利用悲觀的正確性（這是他們特別的能力）而沒有嘗受到悲觀的痛苦，那種沉到谷底的無盡悲哀和完全沒有力氣去做任何一件事，甚至連呼吸都感到費力的那種憂鬱症的痛苦，他們的健康也沒有爲悲觀付出代價。

所以一個成功的企業有它的樂觀者、追夢者、推銷員、創意人。但是公司是現代生活的一種形式，它也需要悲觀者，一個小心謹愼的現實者。我要強調的是在每一個公司都有一個最高的行政負責人，一個有彈性、夠明智，可以在企劃人的樂觀遠見及會計人員的小心謹愼之間，取得平衡的人。克里頓正是這樣的一個人，而他的抱怨對我來說正是來自他每天要做的、平衡調節兩個極端的工作。

收支平衡：樂觀VS悲觀

一個成功的生活就像一個成功的公司一樣，需要樂觀和偶爾的悲觀。或許一個成功的生活也需要一個CEO來調節平衡兩者。

我剛剛在替悲觀講話，它提醒我們對眞實世界的感覺，給予我們一個正確的評估，尤其當我們生活在一個充滿了不可預測的災難世界裡。這種正確的評估可以幫助我們認淸自己所處的環境。現在讓我來回顧一下對悲觀不利的證據，這樣我們可以比較一下它的利益和代價。

- 悲觀引起沮喪憂鬱；
- 悲觀在打擊來臨時產生惰性和遲鈍，不採取行動；
- 悲觀引起主觀的不佳感覺——心情低沉、憂慮、焦慮；
- 悲觀自我滿足。悲觀的人面對挑戰時會退縮，不堅持，所以即使成功在望時，也比較容易失敗；
- 悲觀跟不良健康有關（見第十章）；
- 悲觀者很容易被擊敗（見第十一章）；
- 即使悲觀者是對的，事情的確是很不好，他們仍然感到更糟，他們的解釋形態集中在把預測挫折變成不幸，把不幸變成大難。

對悲觀者所能說的最好的一件事就是他的擔心是有道理的。

這張收支平衡單似乎偏重於樂觀，不過偶爾有的時候、有的地方，我們會需要悲觀。第十二章列出一個指引誰不該太樂觀，在什麼情況下悲觀最好用。

所有人——包括極端樂觀和極端悲觀的人——都經歷過兩種情況：解釋形態可能是天生的反射反應，而周期使我們偶爾有輕微的沮喪。沮喪在每一天的每個時段有所不同，對女性來說，每個月也有某個時段比較容易沮喪。通常我們是剛起牀時比較沮喪，日頭越往西移，沮喪程度越減輕，不過這還受基本休息與活動周期BRAC的影響。就如前面談到的，它在下午四點鐘到達最低潮，十二小時後，清晨四點也是最低的時候；它的高潮在快到中午及黃昏時，不過每一個人的BRAC是不一樣的。

在BRAC達到高潮時，我們比較樂觀，我們開始擬定有冒險性的計畫、我們下一個約會、新的跑車。在低潮時，我們會傾向悲觀和沮喪，我們看到所擬計畫的眞實性：她絕不會對一個離過婚又帶著三個小孩的人感興趣；一輛新的積架(Jaguar)跑車比我整年所賺的還貴。假如你是個樂觀者而想看看這個統計圖表的話，只要回想一下上次你早晨四點鐘醒過來不能再入睡時的情況，你平常不會去憂心的事情統統浮上心頭：你跟你太太的吵架變成離婚的前奏，你老闆的皺眉表示你要被開除了。

在每天生活中的這些悲觀時段裡，我們可以看出悲觀在我們生命中扮演了一個建設性的角色。輕度的悲觀使我們在做事之前三思，不會做出愚蠢的決定；樂觀使我們的生活有夢想，有計畫，有未來。現實被善意地扭曲了，以使想像力有空間可以發揮。假如沒有這些夢想，我們永遠不敢去嘗試新的事情，也就不知道我們的潛能有多少了。聖母峰可能永遠不會被征服，而噴射機、電腦的設計藍圖可能也落在某個大公司總經理的字紙簍裡。

演化很厲害的地方就在於它利用樂觀和悲觀之間的動態矛盾來互相牽制，互相改正。當我們依照我們身體的生理周期作息時，這個悲觀和樂觀的張力讓我們前進一些又後退一點；即當我們前進到極點時，這個張力就會很強，悲觀就會起來把樂觀拉回來一點。就是這個作用使得人類得以有今天如此大的成就。

演化同時也給了我們冰河時期祖先的頭腦。從這裡我們得到那個揮之不去的悲觀：成功會讓你腳步輕快，飛速向前；可是危險就在前面的角落等著你，悲劇就會發生。但那個以前可以準確地反映出冰河時代冷酷現實的頭腦，現在跟不上摩登時代了。農業以及進步的工業技術使得已開發國家的人類不必再擔心嚴酷的冬天，我們的孩子也不會有三分之二活不到十五歲就夭折，婦女也不再視生育爲鬼門關前走一回，長期的乾旱和嚴寒不再帶來饑荒。但是摩登生活也有它的悲劇：犯罪率、愛滋病、離婚、核戰的威脅，以及隨時會瓦解的生態環境。無論如何，和以前冰河時期的生活比較起來，只有故意去操弄的負面統計才有可能說現代西方社會的生活和當時的災難程度相當，所以我們現在還看到了退化的悲觀痕跡。

這並不是說我們就該貪圖安逸，像吃了忘憂果一樣，這只是說我們應該可以比平常有更多一點的樂觀。我們對用樂觀是否有選擇？我們是否可以學習樂觀的技術，把它加在冰河時期的大腦上，使我們可以享受樂觀的益處，但是在需要時，仍然有悲觀可用？

我認爲我們可以，因爲演化也給了我們另一樣東西。就像一個成功的公司一樣，我們也有一個CEO在平衡冒險的衝勁和毀滅的恐懼。當樂觀鼓勵我們去冒險時，悲觀叫我們作懦夫，我們兩者兼具，而如何平衡它就靠智慧了。這本書的最主要觀點就在這裡，只有了解悲觀的唯一優點以及它廣泛殺傷力的後果，我們才可以抵抗悲觀的不斷叩門，因爲悲觀就坐在我們大腦的深處，它已經形成氣候，是個習慣了。我們可以學習在大部分時間去選擇樂觀，但是在必要時也可徵召悲觀。

如何運用樂觀以及使用的技術，請看本書的第三篇：「改變：從悲觀到樂觀」。

〈註釋〉

❶大部分的數據以及解釋形態是在遠見公司的內部報告中。不過有二篇文章是外界可以拿得到的，一個是 M. Seligman 和 P. Schulman 合寫的 Explanatory Style as a Predictor of Performance as a Life Insurance Agent, *Journal of Personality and Social Psychology,* 50(1986), 832-838。另一個是 P. Schulman, M. Seligman and D. Oran 合寫的 Explanatory Style Predicts Productivity Among Life Insurance Agents: The Special Force Study 未發表的手稿，可寫信至 Foresight, Inc; 3516 Duff Drive, Falls Church, Va. 22041 索取，文號爲 703-820-8170。

❷ Jill Neimark 寫的 The Power of Positive Thinkers, *Success Magazine,* September 1987, 38-41。

❸取自 Lionel Tiger 著之 *Optimism: The Biology of Hope* (New York: Simon and Schuster, 1979)。

❹這篇文章已經是古典經典之著了，它是第一篇呈現出悲觀的眞實性的論文，作者爲 L.B. Alloy 和 L.Y. Abramson，論文題目爲 Judgement of Contingency in Depressed and Nondepressed Students: Sadder but

Wiser, *Journal of Experimental Psychology: General,* 108 (1979), 441-485。

❺P. Lewinsohn, W. Mischel, W. Chaplin and R. Barton合作的Social Competence and Depression: The role of Illusory Self-Perceptions, *Jounnal of Abnormal Psychology,* 89(1980), 203-212。也在社會技巧的判斷上顯現了悲觀的眞實性。

❻在記憶中似乎也有悲觀的眞實性的現象，但是這一方面的實驗證據不很一致，請見R. DeMonbreun和E. Craighead之Distortion of Perception and Recall of Positive and Neutral Feedback in Depression, *Cognitive Therapy and Research,* I(1977), 311-329。

❼非憂鬱症者之傾向另一邊的表現，這方面的文獻回顧請參閱C. Peterson和M. Seligman, Causal Explanations as a Risk Factor for Depression: Theory and Evidence, *Psychological Review,* 91(1984), 347-374。

❽取自Ambrose Bierce所著之*The Devil's Dictionary* (N.Y.: Dover, 1958，第一版爲1911年印行)。

第七章　孩子和父母：樂觀的源始

解釋形態很早就定形，我們在八歲左右的孩子身上就開始看到這個形態定型。假如你的孩子在小學三年級時對這個世界就已經有一個樂觀或悲觀的看法，而你知道這個看法對他的前途、健康和成功是非常重要的，你可能會想知道他這個看法是怎麼來的，你有沒有什麼方法去改變它。

解釋形態對成人生活的影響非常地大，它可以使每一個挫折都引發沮喪，或者是在悲劇發生後立刻振作起來；它可以使一個人對生活的樂趣麻痺，也可以使一個人充分享受人生；它可以阻止一個人達到他的目標，也可以使一個人超越他的目標。我們下面會看到，一個人的解釋形態會影響別人對他的看法，使別人變成他的同志或他的敵人，而且它會影響你的身體健康。

測驗孩子的樂觀程度

解釋形態是在童年期形成的，那個時候所發展出來的悲觀或樂觀態度是基礎，新的挫折或勝利都經過它的過濾，最後變成一個牢固的思想習慣。在這一章裡我們要問這些解釋形態的根源是什麼，對孩子來說，這種形態的後果是什麼，它怎麼樣才可以改變。

假如你的孩子是七歲以上，他可能已經發展出一個解釋形態了，而這個形態正在結晶定型當中。你可以用「兒童歸因形態問卷」(Children's Attributional Style Questionnaire, CASQ)❶給他做做看，這份問卷已經有成千上萬的孩子做過了。它和第三章你做過的那份測驗非常相像，八歲到十三歲的孩子大約二十五分鐘就能做完。假如你的孩子超過十三歲，你可以給他第三章的測驗。對於八歲以下的孩子，其實沒有什麼紙筆測驗，但是還是有一些方法可以測量他們的解釋形態，我會在這一章的後面談到。

在孩子進行這個測驗之前，請撥出二十分鐘的時間，坐在桌邊跟他說下面的這些話：

「每一個小孩都有他自己的想法，我讀過一本書，上面曾談到這個問題。我在想，不知道你遇到這些事情時，你會怎麼想。你來看，這些問題眞的很有趣，它問你對某個情況你會怎麼想。每一個問題都像個小故事，而每一個故事你有兩個方式可以反應。你可以選兩者之一，或是你覺得若是它發生在你身上你最可能的反應。

「這裡有一枝筆，我要你試著回答看看。想像這個故事發生在你身上，即使沒有發生過也沒關係，然後，選A或選B，你認爲最能形容你的感覺的那一項。不過最好的一件事就是這個測驗沒有錯的答案。你要不要試試看?現在讓我們來看一下第一題。」

一旦你使他開始做後，他可能可以自己做下去，不需要你幫忙，但是對年幼的孩子你可能需要讀每個題目給他聽才行。

兒童歸因形態問卷(CASQ)

(1)你考試拿了個A	PvG
A、我很聰明	1
B、我的這一科很好	0
(2)你跟朋友玩一個遊戲，你贏了	PsG
A、跟我玩的人不太會玩這個遊戲	0
B、我很會玩遊戲	1
(3)你在朋友家過夜，你們玩得很痛快	PvG
A、我的朋友那天晚上心情很好	0
B、我朋友家的每一個人那天晚上都很友善	1
(4)你跟一群人去度假，你玩得很開心	PsG
A、我那時心情很好，輕鬆愉快	1
B、我和那一群人大家的心情都很輕鬆愉快	0
(5)你的朋友都傳染到傷風，只有你沒有	PmG
A、我最近很健康	0
B、我是個很健康的人	1
(6)你的寵物被車子壓死了	PsB
A、我沒有好好照顧我的寵物	1
B、開車的人太不小心了	0
(7)有的小朋友說他們不喜歡你	PsB
A、有的時候他們對我很不好	0
B、有的時候，我對他們很不好	1
(8)你的學校成績很好	PsG
A、學校的功課很簡單	0
B、我很努力	1

(9)你碰到一位朋友，你朋友說你看起來很好		PmG
	A、我的朋友那天可能喜歡稱讚別人的外表	0
	B、我的朋友通常會稱讚別人的外表	1
(10)一個好朋友告訴你說他恨你		PsB
	A、我的朋友那天心情不好	0
	B、我那天對我的朋友不好	1
(11)你說了一個笑話，但是沒有人笑		PsB
	A、我不太會說笑話	1
	B、這個笑話大家都知道了，所以不再好笑	0
(12)你聽不懂老師今天上的課		PvB
	A、我那天什麼課都沒有注意聽	1
	B、我沒有注意聽老師講的話	0
(13)你考試不及格		PmB
	A、老師出的題目很難	1
	B、過去幾個禮拜老師出的題目都很難	0
(14)你體重增加了很多，看起來很胖		PsB
	A、我所吃的食物都是會發胖的	0
	B、我喜歡吃會發胖的食物	1
(15)有個人偷你的錢		PvB
	A、那個人不誠實	0
	B、現在的人都不誠實	1
(16)你的父母誇獎你做的東西		PsG
	A、我很會做東西	1
	B、我父母喜歡我做的東西	0
(17)你玩一個遊戲，你贏了錢		PvG
	A、我是一個幸運的人	1
	B、我在玩的時候運氣都很好	0

⒅你在河裡游泳的時候差一點淹死	PmB
A、我不是一個很小心的人	1
B、有的時候我不太小心	0
⒆你被邀請去參加很多的宴會	PsG
A、最近很多人都對我很友善	0
B、我最近對很多人都很友善	1
⒇有個大人罵你	PvB
A、那個人碰到第一個人就開口罵	0
B、那個人那天罵了好多人	1
㈡你跟一組小朋友合作進行一個計畫，但是結果很不理想	PvB
A、我跟那一組的人合作不好	0
B、我跟一組人合作從來沒有做好過	1
㈢你交了一個新朋友	PsG
A、我的爲人很好	1
B、我遇見的那個人很好	0
㈣你跟你的家人處得很好	PmG
A、我跟我的家人在一起時，我很容易相處	1
B、有的時候我很容易跟我的家人相處	0
㈤你去賣糖果，但是沒有人要跟你買	PmB
A、最近很多小孩都在賣東西，所以很多人都不願跟小孩買東西	0
B、大人不喜歡跟小孩買東西	1
㈥你玩一個遊戲，你贏了	PvG
A、有的時候我玩遊戲很盡心	0
B、有的時候我做事很盡心	1

(26)你在學校成績不好 PsB

A、我很笨 1

B、老師很不公平 0

(27)你走路撞到門，鼻子流血了 PvB

A、我走路沒有在看 0

B、我最近很不小心 1

(28)你漏接一個球，你的球隊因此輸了 PmB

A、我那天打球沒有盡力 0

B、我平常打球都沒有很盡力 1

(29)你上體育課時扭到腳 PsB

A、過去幾個禮拜的體育課都很危險 0

B、過去幾個禮拜，我上體育課都很不小心 1

(30)你爸媽帶你去海邊玩，你玩得很痛快 PvG

A、那一天在海邊每一件事情都很好 1

B、那天海邊的天氣很好 0

(31)你坐的火車誤點了，使你沒有趕上電影 PmB

A、過去幾天火車都不準時 0

B、火車幾乎從來沒有準時過 1

(32)你媽媽燒了你最愛吃的晚飯 PvG

A、我媽媽會爲了使我高興，而做一些事 0

B、我媽媽喜歡使我高興 1

(33)你的球隊輸了 PmB

A、隊友們不合作 1

B、那天我的隊友合作不佳 0

(34)你很快就做完了功課 PvG

A、最近我做什麼都很快 1

B、最近我做功課很快 0

⑶⑸你的老師問你一個問題，你答錯了	PmB
A、我每次回答問題都會很緊張	1
B、那天我回答問題時很緊張	0
⑶⑹你上錯公共汽車，你迷路了	PmB
A、那一天我對什麼事都不太注意	0
B、我平常都不注意周遭發生了什麼事	1
⑶⑺你去遊樂場玩得很高興	PvG
A、我通常在遊樂場都玩得很好	0
B、我通常都會玩得很好	1
⑶⑻一個大孩子打你的耳光	PsB
A、我捉弄他的弟弟	1
B、他的弟弟告狀說我捉弄他	0
⑶⑼你在生日時得到所有你想要的禮物	PmG
A、大人每次都猜到我想要什麼生日禮物	1
B、這次生日，大人猜對了我所想要的禮物	0
⑷⑽你去鄉下度假，玩得很愉快	PmG
A、鄉下非常地漂亮	1
B、我們去的這個季節是很美的季節	0
⑷⑴你的鄰居請你去他家吃飯	PmG
A、有時候大人的心情很好	0
B、他們人很好	1
⑷⑵你的代課老師很喜歡你	PmG
A、我在那天上課很乖	0
B、我上課幾乎都很乖	1
⑷⑶你使你的朋友樂不可支	PmG
A、跟我在一起很有趣	1
B、有的時候跟我在一起很有趣	0

⑷你得到一個免費的冰淇淋 PsG

A、我那天對賣冰淇淋的人很友善 1

B、賣冰淇淋的人那天心情很好 0

⑸在你朋友的宴會上，魔術師叫你做他的助手 PsG

A、他選中了我純粹是運氣 0

B、我對他的表演表現出非常有興趣的樣子 1

⑹你想說服一個朋友跟你一起去看電影，但是他不肯 PvB

A、那天他什麼事都不想做 1

B、那天他不想去看電影 0

⑺你父母離婚了 PvB

A、結了婚的人很難相處得很好 1

B、我父母結婚後相處得很不好 0

⑻你想加入一個俱樂部，可是你進不去 PvB

A、我跟別人處不來 1

B、我跟俱樂部的人處不來 0

計分表

PmB______ PmG______

PvB______ PvG______

HoB______

PsB______ PsG______

Total B______ Total G______

G－B______

你現在可以計分了。你可以跟孩子一起計分，但是假如你告訴孩子他的分數是多少的話，請同時解釋這個分數的意義。

從PmB開始計分。請把右邊的分數加起來。PmB的題目是13，18，24，28，31，33，35和36題。將總分寫在計分表的PmB上。

然後加PmG的分數，PmG的題目是5，9，23，39，40，41，42和43。將總分寫在計分表的PmB欄。

然後再做普遍性的統計，將它們寫在計分表上。PvB的題目爲12，15，20，21，27，46，47和48。PvG的題目爲1，3，17，25，30，32，34和37。

將PmB和PvB的總分加起來寫在希望(HoB)欄。

現在加個別性的分數，PsB的題目爲6、7、10、11、14，26、29和38。

PsG的題目是第2，4，8，16，19，22，44和45。

將不好事件加起來(PmB＋PvB＋PsB)，再加好的事件(PmG＋PvG＋PsG)，寫在計分表上。

最後算總分G—B，寫在計分表的最後一欄。

下面是你孩子分數的意義以及他與其他上千個做過這個測驗的小孩相比較的結果。

第一，男孩和女孩的分數是不同的。女孩在青春期以前比男孩顯著地樂觀。九到十二歲女孩的平均分數(G—B)是七．〇，九到十二歲男孩的平均分數是五．〇。假如你的女孩平均分數是四．

五，她是有一點悲觀，假如她的分數少於二，她是非常地悲觀，會有憂鬱症的危險。假如你的男孩分數低於二・五，他是有些悲觀，假如他的分數少於一，他是非常地悲觀，會有憂鬱症的危險。

至於B的總分，九到十二歲的女孩的平均是七・〇；男孩子的總分是八・五。總分若是超過三分以上，則是非常地悲觀。

九到十二歲女孩G總分的平均和男孩子一樣都是一三・五，你的孩子分數若是比總平均低三分以下，則是非常悲觀。在個人好的向度(PmG, PsG, PvG)，每一項的平均分數大約是四・五，總分在三或三以下則是非常悲觀。在個人壞的向度上(PmB, PvB, PsB)，女孩的平均分數爲二・五，男孩子爲二・八，個人分數在四或四以上則有憂鬱症的傾向。

孩子不會絕望

你可能對你的分數跟常模比較起來的結果感到驚訝。一般來說，青春期以前的孩子是異常地樂觀，有無限希望而且對沮喪免疫，但是過了青春期以後他們就失去了這個樂觀。

當我的孩子大衛五歲時，我太太與我離婚了。跟他委婉解釋是一點用也沒有，每一個週末他都問我跟媽媽會不會再結婚，所以我必須直截了當地告訴他，有的時候人會不再相愛，因此我們不會再結婚了。爲了使他了解，我問他說：「你有沒有這樣過，你以前很喜歡一個朋友，後來又不喜歡他了？」

「有。」他很勉強地同意，努力在回想有沒有這種情形。

「這就是你媽媽和我的感覺，我們不喜歡彼此了，我們以後也不會再喜歡彼此，所以我們不會再跟對方結婚了。」

他抬起頭來看我，點頭表示同意，然後，他說了最後一句話，結束這個討論：「你還是可能會跟媽媽結婚！」

小孩子的解釋形態是非常一面倒的，比大人的厲害很多。好的事件會一直好，這個好都是孩子自己的功勞，而且這個好運在每個地方都是好運；不好的事件是碰巧發生的，很快就會過去，而且都是別人的錯。孩子一面倒的樂觀分數很像大都會人壽保險最成功的業務員的分數；一個有點沮喪的孩子的分數看起來像不沮喪的大人的分數。似乎沒有一個大人有孩子的樂觀本事，這就是爲什麼兒童的憂鬱症顯得這麼突出，這麼可悲。

孩子也會沮喪的，而且他們沮喪的次數和嚴重情形跟大人一樣，但是有一點跟青少年或大人的憂鬱症很不相同的：他們不會絕望，而且他們不會自殺。美國每年大約有二萬到五萬人自殺，這些自殺幾乎都是在憂鬱症之後。憂鬱症的一個重要成分，絕望，可以最準確地預測自殺。自殺的人都認爲目前這種悲慘的情形會一直下去，永遠沒完沒了，死是唯一的解脫。兒童期的自殺眞是一個悲劇，而且數字有逐漸升高的傾向，不過一年二百件還不是流行病的程度。七歲以下的孩子從來沒有自殺過，不過五歲的孩子殺人倒是已經有過紀錄的。這個年齡的兒童已經可以了解死

亡，他們可以了解死亡的終結性，他們也會去「蓄意殺人」，但是他們不會停留在一個絕望的心境很久。❷

我想演化是特別確定這一點的：孩子是未來的希望，大自然對孩子最主要的關注是要孩子長到青春期，使他們能再生孩子。大自然對孩子不但有身體上的保護——青春期之前的兒童有著最低的死亡率——它同時也保護著他們的心理，給予他們豐富無止境的希望、不合道理的希望。

但是雖然有這麼多的保護，有些孩子還是天生比較會悲觀和沮喪。CASQ是一個很好的預測，告訴你誰比較容易受到傷害，誰被保護得比較好。在樂觀那一頭的孩子，即男孩分數在五・五以上，女孩分數在七・五以上的人，比較會成長爲樂觀的青少年和大人。他們會有比較少的沮喪，比較高的成就，而且比其他的孩子健康。

解釋形態很早就定型，我們在八歲左右的孩子身上就開始看到這個形態定型。假如你的孩子在小學三年級時對這個世界就已經有一個樂觀或悲觀的看法，而你知道這個看法對他的前途、健康和成功是非常重要的，你可能會想知道他這個看法是怎麼來的，你有沒有什麼方法去改變它。

孩子如何「長成」悲觀的解釋形態

□母親的解釋形態

對孩子解釋形態的來源有三種不同的假設，第一種假說是與孩子的母親有關。

下面請聽西維亞在她八歲的女兒瑪喬莉面前對不好事件的反應。劇幕拉起時，他們母女正要進入停在購物中心停車場的車子。在聽時，請特別留意西維亞的解釋形態。

瑪喬莉：媽媽，我這邊的車門被人撞凹了一塊。

西維亞：該死！你爸爸會殺了我！

瑪喬莉：爸爸叫妳把他的新車停得離別人遠遠的。

西維亞：該死！像這種倒霉事總是發生在我身上。我很懶，我不想抱著大包小包的東西走過一整個操場那麼遠，我只想走幾步。我眞是笨死了。

西維亞把自己痛罵了一頓，而她的女兒在旁邊一字不漏地都聽了進去。不只是罵自己的內容，就連罵的方式都是不好的。瑪喬莉聽到她媽媽闖禍了，媽媽是很笨、很懶，一直都是壞運的。這已經夠壞了，但是西維亞說的方式還要更壞。

瑪喬莉聽到的是對這件不好的事的四種解釋：

1.「像這種倒霉的事總是發生在我身上」。這種解釋是永久性的；西維亞用了「總是」。也是普遍性的，「像這種倒霉的事」，而不是「被撞」這件事，西維亞沒有把這件不好的事界定在一個範圍。也是個別性的，「發生在我身上」，不是發生在任何人身上。西維亞把自己特別獨立出來成爲一個受害者。

2.「我很懶」：懶是一個永久性的人格特質（跟這個相對的說法是「我覺得有些懶」）。懶對很多情境都有害，所以是普遍性的，而西維亞把它個別化了。

3.「我只想走幾步」是一個個別性、永久性（並非「我要……」），不過它並非普遍性，因爲它只是關於勞力。

4.「我很笨」——永久性、普遍性，以及個別性。

瑪喬莉聽到她母親對一個危機四種非常悲觀的解釋原因，她聽到她母親對不好事件的永久性、普遍性以及都是她的錯的看法。瑪喬莉學會了這個世界原來是這個樣子的。

每一天，瑪喬莉都聽到她的母親對家中發生的事情以永久性、普遍性以及個別性的方式在分析，瑪喬莉正在跟一個對她最有影響力的人學習對事件的解釋方式：壞事是永久的，會傷害到每一件事，而且都是那個人的錯。逐漸地，瑪喬莉對這世界上發生的壞事就形成了一個理論：凡是不好的事都會很久（永久性），會影響到每一件事（普遍性），都是當事人的錯（個別性）。

小孩的耳朵都專門在注意父母，尤其是母親在談論情緒化事件的原因時。小孩最早會問「爲什麼？」而且一直重複地問，這並不是沒有原因的。就孩子心智的成長來說，對他們周邊發生的事情，尤其是社會生活，得到一個解釋是很重要的。一旦父母變得不耐煩，不再回答孩子永無止盡的爲什麼時，孩子就從別的方面去尋找答案。絕大多數是他們仔細聆聽大人對於某一件事爲何發生的解釋，而我們在平常說話中大約每一分鐘就出現一次解釋，只是自己不自覺而已。你的小孩對這種話一個字都不放過，特別是有關不好的事情的原因。他們不但聽，而且注意到這些解釋的性質是永久性還是暫時性的，是特別的還是普遍的，是你的錯還是別人的錯。

你在做孩子的時候，你媽媽對你談生活周遭發生的事情的方式，對你以後的解釋形態有極大的影響。我們給一百個兒童以及他們的父母親解釋形態的問卷而得到上面這個結論。母親的樂觀程度跟孩子的極爲相像，不管是兒子還是女兒都一樣。我們很吃驚地發現孩子的解釋形態跟父親的不相像，母親的也跟父親的不相像，這表示孩子聆聽主要照顧他們的人（通常是母親）談論因果關係，而他們也就採取同樣的解釋形態。假如這位媽媽是樂觀的，那就很好，但是假如他的媽媽是個悲觀的人，那就糟了。

這個研究引發一個問題：解釋形態是遺傳的嗎？我們會像繼承我們的聰明才智、我們的政治思想、我們的宗教觀一樣地繼承解釋形態嗎？（同卵雙生子的研究顯示不在一個家庭長大的雙胞胎，也有著非常相似的政治觀點、宗教信仰以及IQ）這個解釋形態跟人格的特質不同，我們發現它不是遺傳來的，因爲母親的解釋形態與兒子的或女兒的相似，而父親的跟誰都不相似，這跟一般基因遺傳的模式不符合。

為了要確定這一點，我們現在正以比較直接的方式來問這個遺傳問題。我們測量自小被收養的兒童，他的樂觀程度與養父母和親生父母間的樂觀程度的關係。假如自小被收養的螟蛉子的樂觀程度與他的養父母相似，而與他親生父母不相似，那麼我們的看法就是對的，即樂觀的來源是來自學習。假如孩子的樂觀程度是與他從未謀面的親生父母相似的話，那麼樂觀至少有一部分是遺傳來的。

□大人的批評：老師和父母

當你的孩子做錯事時，你對他說什麼？他的老師又對他說什麼？注意，孩子所聆聽的不只是談話的內容，同時也聽談話的形式；不只是對他們說什麼，還包括怎麼說的。這點在批評上尤其重要，孩子相信這些人的批評，而且用它形成自己的解釋形態。

讓我們來看一下一個小學三年級的教室，就像世界知名的情緒發展專家德威克(Carol Dweck)那樣來觀察一下。德威克的研究顯示了樂觀是如何發展的，或許它可以告訴我們女性的童年發生了什麼事，使得她們比男性更容易得到憂鬱症。❸

一旦你熟悉了小朋友而小朋友也熟悉了你，開始把你當作教室的一景之後，你第一件事就是發現男孩子和女孩子的舉止是完全不同的。女孩子安靜地坐著，手放在膝上，注意聽老師講話；當她們吵鬧時也只是悄聲耳語或竊笑，基本上她們都很守規矩。男孩子就頭大了，他們就是勉強安靜地坐著都忍不住要扭來扭去，更何況他們很少願意安靜坐著。他們看起來都不在聽講，也不像女孩子那樣守規矩。當他們吵鬧時，他們大聲喊叫，互相追逐。

全班安靜下來，做學習測驗。老師對做不好的同學怎麼說呢？當一個三年級的小朋友考試考不及格時，她／他的老師對他怎麼說呢？

假如是男孩子考不及格，老師一般是說：「你上課都不注意聽」，「你沒有盡力」，「我在教分數時，你在東張西望、吵吵鬧鬧」。對於不注意、不努力或吵鬧的解釋是什麼呢？它們是暫時的、特定的、非普遍性的，因爲你可以改變，你要多努力、多注意以及不再吵鬧。男孩子對於他們在學校功課表現不佳所聽到的解釋是暫時的、特定的。

德威克的研究顯示女孩子聽到的就是非常不同的責罵了。因爲她們沒有吵鬧，看起來都很注意聽課，老師不能以這些理由來責罵她們。老師一般的說法都是：「妳對數學很不行」，「妳交來的作業總是寫得亂七八糟」，「妳從來不驗算妳的答案」。大部分的暫時性原因，如不注意、不努力、不守規矩都被除外了，因此女性留下的都是永久性及普遍性的批評。她們如何能把她們三年級的經驗提煉分離出來呢？

德威克給四年級的女生一個無解的難題，然後檢驗她們對於失敗的解釋。她們要去把 ZOLT，IEOF，MAPE 等重新組合成有意義的英文字。每一個人都非常努力去試各種組合方式，不過在她們試完各種可能的組合之前，實驗者就宣布說「時間到」。

「妳爲什麼沒有解出來呢？」實驗者問道。

女孩們的回答是「我對字謎遊戲不太行」，以及「我想我不太聰明。」

但是同樣做這個實驗的男孩回答的卻是「我沒很注意去解它」，「我沒很盡力去解」，「誰在乎你這個爛字謎遊戲。」

在這個實驗裡面，女孩子對失敗給的是永久性和普遍性的解釋，而男孩子給的卻是比較有希望的解釋形態——暫時性、特殊性以及可以改變的理由。這裡我們看到的是對你孩子解釋形態的第二個影響力——大人對小孩失敗的批評。孩子還是一樣注意地聆聽，假如他聽到的是永久性的、普遍性的——「你很笨」，「你不行」——這種話會深入孩子對自己的看法裡。假如他聽到的是暫時性的、特殊性的——「你沒有盡力」，「這個遊戲是六年級程度的」——他會把問題看成是可以解決的，是局部性的。

□孩子生命中的危機

一九八一年在德國海德堡，我聽到世界著名的社會學家艾爾德（Glen Elder）有關孩子在極端惡劣的環境下成長的研究演講。他講了一個他終生致力的研究：兩個世代之前，即在美國經濟大恐慌之前，有一組有遠見的科學家開始一個有關兒童成長的研究。這個研究持續了六十年，其受試者是美國加州柏克萊和奧克蘭的兒童，目前他們都已經是七、八十歲的老人了。當時他們接受仔細的測驗和面試，記錄他們心理的強度和弱點，在他們的一生中他們連續接受測驗和面試，紀錄人生中的大事。這是一個人生發展的研究，所以不但是他們自己，這項研究還包括了他們的孩子，現在他們的孫子也共同參與了。❹

艾爾德談到了什麼人安然無事度過經濟大恐慌，什麼人從此一蹶不振。他談到一組中產階級的女孩在家裡的財富都失去後，在中年期初期就從心理上恢復過來了，現在心理和生理都很健康地進入老年期。和中產階級的女孩一樣，較低階層的女孩在一九三〇年代也一樣被社會剝奪了，但是她們一直沒有站起來。到她們中年的末期，她們就崩潰了，她們的晚年是淒涼的，生理和心理都不健康。

艾爾德推測這個原因。

「我認為這些晚年過得很好的女人，是從她們童年期的經濟大恐慌中學到厄運一定可以克服。畢竟她們的家庭在一九三〇年代末和一九四〇年代初期就已經恢復了經濟地位，這個經濟情況的恢復讓她們學到樂觀，這個危機和它的解決塑造了她們對不幸事件的解釋形態，使它成為暫時的、特殊的和外在的。這表示到她老年，她們的好朋友過世時，她們會想『我還可以再交新朋友』。這種樂觀的看法幫助他們維持健康與面對老年。」

「相反地，絕大多數低階層女孩的家庭沒有從經濟大恐慌中恢復過來。她們在大恐慌之前是窮的，之後仍然是窮的，她們學會的是悲觀。她們學會的是當災難來時，苦日子是一輩子的。她們的解釋形態是絕望的，後來，當她們的朋友過世時，她們想『我再也交不到朋友了』。這種從童年期就學會的悲觀，影響她們對每一個新危機的看法，瓦解了她們的健康、她們的成就以及她們對自我的觀感。」

「當然，這只是一個臆測，」艾爾德在演講結束時這麼說：「五十年前沒有人想到解釋形態這個名詞，所以沒有去測量它。可惜我們沒有時間機器(time machine)，我們不能回到一九三〇年代去看一下我是否是對的。」

那天晚上我不能入睡，一直想著「可惜我們沒有時間機器」這句話。清晨五點的時候，我去敲艾爾德的房門。

「艾爾德，醒醒，我有話要與你說，我有辦法弄到時間機器！」

我把艾爾德從牀上拖起來，去散步。

「去年我接到一位了不起的年輕社會心理學家彼德森(Chris Peterson)的來信。「救命，」這封信寫道：『我掉在一個小學校，一年要教八門課的地牢裡。我有創意，願意出公差。』我把他找來賓州大學跟我做了兩年的研究，他是眞的很有創意。」

彼德森最有創意的地方是如何去決定那些不肯接受解釋形態問卷的人的解釋形態——這些人包括運動明星、總統、電影明星等等。彼德森每天很仔細地讀體育版，每次他在報上看到某一個運動明星說一句因果關係的話時，他就把它當成這個球員回答了解釋形態問卷上的一個題目。所以假如一個美式足球的踢球員說他沒射進，是因爲「風向對我不利」，彼德森就把它放在永久性、普遍性以及個別性的向度上來評分。在1到7分的量表上，這句「風向對我不利」會得到1分永久性，因爲沒有東西比風更不永久；1分普遍性，因爲風向只會影響你的踢球，不會影響你的愛情生活；1分個別性，因爲風向並不是球員可以控制的，不是他的錯。這句「風向對我不利」是球員對一個不好的事件的非常樂觀的解釋。❺

彼德森把這名球員所說的各種因果關係的話評分後，最後就得出一個解釋形態來，而這是不需要經過問卷回答的。下一步，我們證明這樣得來的解釋形態跟實際回答問卷得來的解釋形態是非常相似的。我們把這種方法叫做口頭解釋內容分析法(content analysis of verbatim explanation, CAVE)。

「艾爾德，」我繼續說：「這個CAVE的方法就是時間機器，我們不但可以應用到當代不肯做問卷的人身上，我們也可以用到以前已死亡不能做問卷的人身上。」

「這就是我爲什麼要把你叫起來的原因了，你的前輩研究者有沒有留下當年在柏克萊、奧克蘭面試的原始資料？」

艾爾德想了一下：「那是在錄音機被大量使用之前，但是我記得面試者好像有用速記的方式記筆記，我可以回去找找看。」

「假如我們還有原始的資料，」我說：「我們可以用CAVE的方式，每一次每一個小孩說一句有因果關係的話時，我們可以把它當作問卷中的一題來計分，可以給不知道這些話來源的人評分，看他們樂觀的程度。這樣做完後，我們就會知道五十年前每一個孩子的解釋形態，我們就可以使時光回溯，看看你的說法是否正確。」

艾爾德果然回去查柏克萊檔案，他發現有完整的面試紀錄，而且是從小女孩到少女、到母親、到祖母的完整紀錄。我們取得資料後，將紀錄中所有有關因果的話摘錄出來，給不知道資料來源的評分者評分，以普遍性、永久性及個別性三個向度，在1至7分的量表上評分。

艾爾德的推測大致是正確的。順利進入老年期的中產階級婦女大多是樂觀者，晚景淒涼的下層階級婦女大多是悲觀者。

我們第一次使用這個時間機器完成了三件事：

第一，這個時間機器的應用方法確實是一個強有力的工具。我們可以用這個方法測知那些不願意做問卷的人的樂觀程度，只要我們有他們口語的紀錄。CAVE可適用的範圍非常地廣，記者招待會、日記、心理治療時的筆記、戰爭前線的來信、遺囑等，所有的話都可以拿來做解釋形態的分析。我們也可以用這種方法找出太小還不能做CASQ測驗的孩子的解釋形態，聽他們講話，把他們講話中有關因果關係的話挑出來，把它們當作問卷項目一樣地來評分。用這個方法我們也可找出美國前幾任已經辭世總統的樂觀程度，看他們的樂觀程度是否隨著美國的歷史國情而增減，看看某些文化或宗教是否比其他的更悲觀。

第二，這個時間機器帶給我們新的證據，讓我們確定我們的解釋形態來自我們的母親。在一九七〇年時，當年的那批柏克萊、奧克蘭兒童（她們已經是祖母了）又被面試一次。這次的面試還包括她們的孩子（現在也做媽媽了）。我們把這次的資料拿來作CAVE，發現結果跟我們問卷的結果一樣。我們注意到母親和女兒悲觀程度的相似性。這就像上面我們說的一樣，孩子聆聽母親解釋每一天發生在他們生活周遭的事件，從那裡學會了樂觀與否。

第三，時間機器帶給我們第一個證據，我們在孩提時代所經歷的危機會形塑我們的樂觀性：經歷過經濟危機的女孩若是她們安然地度過了這個危機，她們會相信厄運是可以克服的，是暫時的。但是那些被經濟大恐慌擊倒，一蹶不振的女孩會認爲厄運是命中註定，逃不掉的。所以**我們童年期的危機像個做餅乾的模型，把我們捏成以後的這個樣子，我們從此以童年的解釋形態來解釋新的危機。**

除了艾爾德的研究外，還有別的證據支持兒童會從生活裡的危機中提煉出他們的解釋形態。這個證據由英國的布朗(George Brown)教授提出。在我初次見到他時，布朗已經花了十年的工夫在倫敦區最窮困的地方，與那裡的四百位家庭主婦進行晤談，尋找防止憂鬱症的方法。在他面談的人中，有百分之二十的家庭主婦是沮喪的，這裡面有一半有心理疾病。他想知道的是在那麼惡劣的環境中，究竟是什麼因素分離出有憂鬱症和沒有憂鬱症的婦女來，什麼因素使有些人不會淪落到憂鬱症的魔掌中呢？[6]

他分離出了三個保護的因素來，三個中只要有一個存在，憂鬱症就不會得逞，即使環境非常地匱乏，損失非常地慘重都沒有關係。第一個保護的因素就是與配偶或愛人之間非常親密、無話不談的關係：有這種關係的婦女可以打退憂鬱症。第二個因素是離家出外工作。第三個因素是有少於三個十四歲以下的孩子需要在家中照顧。

除了這三個保護因素以外，布朗還分離出兩個導致憂鬱症的重要因素：一個是新近發生的離別（丈夫的死亡，兒子的移民），另一個是她自己的母親在她到達青春期之前就先離世，後者對發病的影響力遠超過前者。

「假如你的母親在你很小的時候就去世，」布朗解釋道：「你對後來發生的失落都是以最絕望的態度去看待它。你的兒子要移民去紐西蘭，你不會對自己說他是離家去打天下，他還會再回來，你會認為他是死了，所有大人的離去對你來說都是死亡。」

對一個女孩來說，母親的死亡的確是永久的和普遍的失落。一個女孩的成長是非常需要媽媽的，在青春期以前尤其如此；到了青春期後，她們的同儕會替代一些父母的地位。假如我們早期的重大失落經驗會塑造我們對後來失落的看法的話，布朗的發現是很正確的。這些不幸的孩子就如同大恐慌時低階層的女孩一樣，學會了離別是永久的、普遍的。她們的母親離開了，永遠不再回來，她們整個生活都因此而改觀，一直往下坡走了。對生活上後來發生的離別，她們的解釋也是一樣：他死了，他永遠不再回來了，我沒有辦法再生活下去了。

所以我們有證據明白顯示，你孩子的解釋形態受到三種影響。

第一，是他每天從你身上學到的各種大小事件的因果分析，尤其妳是他媽媽的話。假如妳是樂觀的，他也會是。

第二，他在失敗時所聽到的批評方式，假如這些批評是永久的和普遍的，他對自己的看法會轉向悲觀。

第三，他早期生活經驗中的生離死別和巨大變故。假如這些事件好轉了，他會發展出一個理論，認為不好的事件是可以改變和克服的；如果這個變故是永久的和普遍的，那麼這個絕望的種籽就深埋在這個孩子的心中了。

〈註釋〉

❶兒童歸因形態問卷（CASQ）是測量八到十二歲兒童之解釋形態用的最廣的一份問卷。請見 M. Seligman, N. J. Kaslow, L.B. Alloy, C. Peterson, R. Tannenbaum 和 L.Y. Abramson 合寫的論文 Attributional Style and Depressive Symptoms Among Children, *Journal of Abnormal Psychology,* 93(1984), 235-238。

❷有關此點的文獻請參閱 J. Puig-Antich, E. Lukens, M. Davies, D. Goetz, J. Brennan-Quattrock 和 G. Todak 合作之 Psychosocial Functioning in Prepubertal Major Depressive Disorders: I. Interpersonal

Relationships during the Depressive Episode, *Archives of General Psychiatry*, 42(1985)500-507。在這本書印行時，Kim Puig Antich，美國最有名的兒童憂鬱症研究者，突然過世，享年四十七歲，這是美國精神病學與心理學界的一大損失。

❸研究課堂中習得的無助最有名的爲 Carol Dweck。有關這方面的文獻請參閱 C.S. Dweck 和 B. Licht 合作的 Learned Helplessness and Intellectual Achievement，這篇論文被收在 J. Garber 和 M. Seligman 主編的 *Human Helplessness: Theory and Applications*(New York: Academic Press, 1980), 197-222。

❹以下內容請參見 M. Seligman 和 G. Elder 合寫的 Learned Helplessness and Life-Span Development，這篇文章可在 A. Sorenson, F. Weinert 和 L. Sherrod 主編的 *Human Development and the Life Course: Multidisciplinary Perspectives* (Hillsdale, N.J.: Erlbaum, 1985, 377-427)一書中找到。

❺假如你想去學習變成一個高明的口語(verbatim)計分者的話，你可以在 P. Schulman, C. Castellon 和 M. Seligman 的論文附件中找到評分的手冊，這篇論文爲 Assessing Explanatory Style: The Content Analysis of Verbatim Explanation and Attributional Style Questionnaire, *Behavior Research and Therapy*, 27(1989), 505-512。你大約要花上半天的時間才能成爲一個可信賴的計分者。

❻有關易受侵害的因素這方面最重要的研究請參閱 G.W. Brown 和 T. Harris 合寫的 *Social Origins of Depression*(London: Tavistock, 1978)。

第八章　學業的成就

傳統太看重「才能」了，這些所謂的才能並沒有一個正確的測量方法，它也不是未來成功與否的好的預測者，這種傳統說法根本就是錯的。傳統的看法完全忽略了一個重要的因素，這個因素可以彌補低分數，它也可以使一些高天才的人的成就瓦解：解釋形態。

一九七〇年四月的一個又冷又刮風的日子，我那時才剛到賓州大學教書不久，去大西洋城參加東部心理學會的年會。我在一間以前很豪華但現在已沒落，正等著重新裝修以期變成東部新賭城的一個旅館排隊等著登記住房。我發現排在我前面的女士背影看來並不熟悉，但是當她轉過頭來時，我吃驚地發現她竟是我小時候的朋友。

「喬・斯特恩(Joan Stern)，」我驚叫著說：「是妳嗎？」

「馬汀！你來這裡做什麼？」

「我是一個心理學家！」我說。

「我也是。」

我們兩人同時爆笑出來。當然——怎麼還有其他的可能性，我們同時在這個週末住進這個開會的旅館。喬在從新社會研究學院(New School for Social Research)得到她的博士學位，而我自賓州大學得到我的，現在我們兩人都是教授了。

我們念同一個幼稚園(「你還記得曼菲勒小姐嗎？」)，兩家住的只隔三條街(「史丁格的家還在那裡嗎？」)，當我去念阿伯尼貴族學校(Albany Academy)時，她也去念同樣有名的女校聖・阿格尼斯(Saint Agnes)。我們的生活比起離開阿伯尼市去念大學時改善了很多，我們發現世界上還有很多人像我們一樣，並不是每一個人都喜歡黛比・雷諾的面孔和貓王的音樂，也不是每一個人都看不起心靈的生活。喬已經結婚了，她婚後改姓格格斯(Joan Girgus)。

我問她研究什麼。

「小孩子，」她說：「他們看到什麼，想些什麼，這些又怎樣隨著他們成長而改變。」她告訴我她在視覺知覺上的研究，我告訴她習得的無助的發現。

「你父親還在世嗎？」她問道。我告訴她我父親的逝世。「他的去世對你一定是個很大的打擊！」她了解這種心情，因爲她的母親在她青少年時過世。

在開會的期間我們花很多時間在一起，儘量想辦法把過去和現在聯起來。當會開完要離開時，我們發現或許有一天我們的研究興趣可以結合在一起，即她的童年期研究和我的個人控制可以在研究上互補，把兩個領域結合在一起。

喬日後做到紐約市立大學社會科學院的院長，後來又成爲普林斯頓大學的院長，我則繼續做我的解釋形態研究。又過了十年，我們的研究興趣才結合在一起。我們研究的中心主題是教室裡的樂觀。

課業表現

一個孩子的解釋形態如何影響他在學校的表現、學業成績？

讓我們先回溯一下基本的理論。當我們做一件事失敗時，我們都會有一陣子覺得無助或沮喪。我們不會像以前那樣主動去做一些事，有時根本就不想做，即使做，可能也不會持久。就如你前面所讀到的，解釋形態是習得的無助的核心所在。樂觀的人很快地就可以從這個短暫的無助情況中恢復起來。在跌倒後，他們很快地爬起來，聳聳肩，重新再開始。對他們來說，失敗是個挑戰，是走向勝利的路上的一些障礙。他們把挫折看成暫時的、特定的而不是普遍的。

悲觀的人耽溺在失敗中，因爲他們把失敗看成永久的、很普遍的。他們變得很沮喪而且停留在無助的階段很久。一點挫折就是失敗，而一處失敗就是輸掉全部事業，就像一步錯全盤皆輸那樣，自己先豎白旗投降。他們可能要幾個禮拜甚至幾個月後才能從頭來過，而且即使從頭再來，只要再有一點挫折，又會立刻將他抛回無助的深淵去。

這個理論很明白地預測說，在教室中和運動場上，聰明的不一定就是成功的。成功會屬於有足夠聰明智慧，而且也樂觀的人。

這個預測正確嗎？

我最近看到一個個案，是一個就讀小學的小男生，叫做艾倫。在他九歲的時候，他屬於心理學家所稱的「ω小孩」(omega child)，什麼事情都是最後一個。他很害羞，眼手的配合不好，在選球隊隊員時，他總是最後一個被挑上。但是他異常地聰明，而且很有藝術天分，他的畫是美術老師在所有小學生中所見畫得最好的。在艾倫十歲時，他父母離婚了，艾倫陷入沮喪的狀態。他的成績一落千丈，不開口說話，也不再畫圖了。

他的美術老師不願意放棄他，想盡辦法使艾倫說話，他發現艾倫認爲自己很笨，是個失敗者，沒有男子氣概，而且認爲父母的離婚是他的錯。他的老師很耐心地讓艾倫知道他這些結論都是錯的，引導他對自己做一個比較正確的評估。後來艾倫看到他自己並不愚笨，他其實在很多方面是很成功的；他現在知道男孩子在眼手的配合上比女孩子成熟得晚，而且因爲他運動不好，他能有這種表現才是更值得敬佩。他的老師認識艾倫的父母，所以能夠指點艾倫，讓他明白父母的離婚跟他沒有關係。

事實上，這位老師幫助艾倫改變了他的解釋形態，幾個月以後，艾倫不但在學業上進步了很多，得了獎，他在運動上也進步很多，以他的熱忱和精神來彌補技能上的不足。他不再是個ω小孩，他正朝著α青少年(alpha teenager)的路上走去。

當你的孩子在學校表現不好時，老師或家長很容易下錯誤的判斷，認爲這個孩子是不夠聰明甚至是愚笨。你的孩子很可能很沮喪，而這個沮喪的狀態會使他不盡力去試，使他不堅持下去，使他不敢冒險達到他的潛能的上限。更糟的是，假如你認爲愚笨或是沒有才能是他做不好的原因的話，你的孩子會把你的想法納入他對自己的看法裡面去；他的解釋會越變越糟，而他的壞成績慢慢就變成了一個習慣。

□評估孩子的沮喪程度

你怎麼知道你的孩子是否沮喪？

除非帶他去給心理學家或精神科醫生作診斷面談，否則你沒有辦法知道。但是你可以大略知道一下情況，只要給你的孩子做下面的測驗。這個測驗是修改了第四章你做的那個憂鬱測驗所得，叫做CES-DC(Center for Epidemiological Studies-Depression Child)❶。修正者爲美國心理衛生院流行病學研究中心的威斯曼(Myrna Weissman)、歐菲雪(Helen Orvaschell)和派丁(N. Padian)。

下面是簡單的指導語，請你解說給孩子聽：

「我最近在看一本有關兒童心裡感覺的書，我很想知道你最近心裡在想什麼。有的時候小孩子很難找到合適的話來描述他心中的感覺，所以我想給你看一些表達心中感覺的方法。你看下面每個句子有四個選擇，我想要你仔細讀一下這些句子，然後從四個答案中選出最能代表你上個禮拜心情的選項。選完就繼續看下一題。這些選擇是沒有對和錯的。」

在上一個星期中

1. 有些平常我不會在意的事情現在開始煩惱我了。

一點都沒有____有一些____很多時候____非常多時候____

2. 我不想吃東西，我不覺得餓。

一點都不會____有一點____很多時候____非常多時候____

3. 我沒有辦法使自己快樂起來，即使家人和朋友都在幫我忙，我還是快樂不起來。

一點都不會____有一點____很多時候____非常多時候____

4. 我覺得我比不上其他的同學。

一點都不會____有一點____很多時候____非常多時候____

5. 我覺得我沒有辦法專心去做我正在做的事情。

一點都不會____有一點____很多時候____非常多時候____

6. 我覺得心情落寞。

一點都不會____有一點____很多時候____非常多時候____

7. 我覺得我太累了，什麼事都不想做。

一點都不會____有一點____很多時候____非常多時候____

8. 我覺得有一件不好的事快要發生了。

一點都不會＿＿ 有一點＿＿ 很多時候＿＿ 非常多時候＿＿

9. 我覺得現在跟以前一樣，仍然不會成功。

一點都不會＿＿ 有一點＿＿ 很多時候＿＿ 非常多時候＿＿

10. 我感到很害怕。

一點都不會＿＿ 有一點＿＿ 很多時候＿＿ 非常多時候＿＿

11. 我最近晚上睡得沒有像以前那樣安穩。

一點都不會＿＿ 有一點＿＿ 很多時候＿＿ 非常多時候＿＿

12. 我很不快樂。

一點都不會＿＿ 有一點＿＿ 很多時候＿＿ 非常多時候＿＿

13. 我比以前沉默。

一點都不會＿＿ 有一點＿＿ 很多時候＿＿ 非常多時候＿＿

14. 我覺得寂寞，就好像我沒有任何朋友似的。

一點都不會＿＿ 有一點＿＿ 很多時候＿＿ 非常多時候＿＿

15. 我覺得我的朋友對我不再友善，他們不想再跟我一起玩。

一點都不會＿＿ 有一點＿＿ 很多時候＿＿ 非常多時候＿＿

16. 我玩得很不痛快。

一點都不會＿＿有一點＿＿很多時候＿＿非常多時候＿＿

17. 我覺得我很想哭。

一點都不會＿＿有一點＿＿很多時候＿＿非常多時候＿＿

18. 我覺得很悲哀。

一點都不會＿＿有一點＿＿很多時候＿＿非常多時候＿＿

19. 我覺得人家都不喜歡我。

一點都不會＿＿有一點＿＿很多時候＿＿非常多時候＿＿

20. 要我自己起頭去做一件事很困難。

一點都不會＿＿有一點＿＿很多時候＿＿非常多時候＿＿

計分很簡單，每一個「一點都不會」是0分，「有一點」是1分，「很多時候」是2分，「非常多時候」是3分。把全部的分數加起來；假如你的孩子選了兩項，取分數高的那一項。

下面是分數的意義：假如你的孩子分數在0到9之間，那麼他是沒有沮喪的；假如他的分數在10到15之間，他有輕微的沮喪；假如他的分數在15以上，他有相當程度的沮喪；16到24分使他落在中度憂鬱症的範圍；而24分以上則是嚴重的憂鬱沮喪。不過沒有任何紙筆測驗能等同於醫生的診斷，因爲紙筆測驗最容易犯兩個錯誤，你應該要小心避開它。第一是很多小孩隱藏他們心中眞正的感情不說出來，尤其是不願在他們父母面前透露；所以雖然有些小孩分數在10分以下，他其實是有沮喪的。第二，有些分數高的孩子問題可能不是來自沮喪。

假如你的孩子分數在10以上，而他在學校的成績很不好的話，他功課不好的原因很可能是因爲心情不好，而不是因爲功課不好引起心情不佳。我們發現四年級的兒童中，沮喪分數越高的兒童在解決字謎的難題和智力測驗上的表現都越差，而且成績也越差。這種情形在很聰明、很有能力的孩子身上也可看到。

所以，假如你的孩子連續兩個禮拜，分數在15分以上的話，你應該要帶他去看醫生。假如你的孩子分數在9以上，但是他說他要自殺，你也應該要帶他去看醫生，求診於一個「認知—行爲」派的治療師應該會很有效。假如你找不到兒童的認知治療師或行爲治療師，寫個短信給我寄到賓州大學，或是寄到國家心理衛生院憂鬱症之察覺、認定、治療組(Depression Awareness, Recognition, Treatment Program [DART], National Institute of Mental Health, 5600 Fishers Lane, Rockville, Maryland, 20857, U.S.A.)，我們一定會幫你找到一個在你住家附近的、理想的治療師。

普林斯頓—賓州大學的長期研究

兒童悲觀的解釋形態會不會像大人一樣，成爲沮喪和低成就的主要原因？在一九八一年，這個問題出現在我的研究中時，我想到喬。過去十年來我們一直保持聯絡，我知道她的研究重點在兒童視覺知覺的成長，我同時也知道她在紐約市立大學時對學生的低成就非常地關心，我覺得她會是一位理想的研究伙伴。

當我們見面時，我對她說：「我不認爲大多數的成績差是因爲學生程度不好的關係，我們新的實驗數據顯示當學生心情沮喪時，他的學業表現也因此受損。」

我告訴喬有關德威克的最新發現，即悲觀的解釋形態是學業成績不好的重要原因：「我最近剛聽說德威克把小學生依照他們的解釋形態分成『無助組』(helpless)和『精熟組』(mastery-oriented)，然後給這兩組小學生一連串的挫折，像無解的字謎，再接著給他們一些有解的字謎。」❷

「在挫折之前，這兩組小學生沒有任何的差別，但是一旦挫折開始了，兩組驚人的差異也就顯現出來了。無助組的兒童的困難解決策略退步到一年級的程度，他們開始討厭這個作業，不願意做，大談他們的棒球技術很好，或是他們在班上的話劇演得很好。但是精熟組的學生遇到挫折時，他們停留在四年級的策略程度，他們承認他們在某處一定有犯錯，才會解不出來，但是他們還是做下去。有一個精熟組的女孩還捲起她的袖子說，『我喜歡挑戰』，他們都對自己遲早會解出答案有信心，而且繼續地試。」

「此外，」我繼續說：「當所有的小學生受試者在實驗結束前都被給予可解的謎時，無助組的兒童仍然對他們的成功打了折扣。他們預估將來只能解到百分之五十的難題，雖然他們明知現在這類的難題，他解得很好，百分之百解出，但是他們對自己仍然沒有信心，認爲即使再做同樣類型的難題他們也只可能解出百分之五十而已。但是精熟組的孩子卻預估他們可以解到百分之九十。」

「對我來說，」我下結論說：「我覺得很多孩子的學校功課不好，心情沮喪，其基本的問題就是在悲觀。當一個小孩子認爲他無能爲力時，他就不再試了，他的成績就會退步。我希望妳能跟我一起來研究這個問題。」

喬沒有馬上答應我的邀請，她問了更多的問題，思考了一下，然後說：「我同意你的說法，學業優良跟樂觀和能馬上爬起來、不被挫折擊敗有密切關係。但是我認爲我們不應該看大學生，甚至不應該看高中學生，我們應該看小學生和初中生，應該看他們習慣還沒有固定成型的時候。應該在青春期之前，不是在青春期之後。」

「我也在思考要如何改變我的研究方向，使它跟我做院長時所看到的現象更有關聯。探究兒童的沮喪、學業成績以及解釋形態似乎很合乎我的理想。」

很幸運的是在這個時候諾蘭—霍克斯曼正好進入賓州大學念研究所，她就變成了這個計畫的實際負責人。

諾蘭雖然才二十一歲，卻是個很有決心的耶魯大學畢業生，她的指導教授來信說她是他十年來所見到最優秀的大學生，他很羨慕我有這麼好的學生，因爲她決心要去念兒童的無助這個領域。

他同時警告我不要把她的嫻靜舉止誤認爲是害羞或是心智平凡。

我把與喬的談話轉述給諾蘭聽，她聽了立即說「這就是我一生要做的事」。

接下去的兩年就是懇求普林斯頓附近學區的督學、小學校長、老師、家長、兒童，請求他們讓我們做這個大型計畫來預測誰會變得沮喪，誰又會在學校成績不好。我們希望找出憂鬱症的根源，憂鬱症已經殘害了許多小孩的生活而且影響了他們的學業。當然我們也懇求國家心理衛生院的支持。一九八五年的秋天，普林斯頓—賓州大學的一個長期追蹤研究開始了。❸四百名三年級的小學生、老師和家長開始接受訪問，這個計畫要追蹤他們一直到初一，即研究他們五年。

我們預測兒童的憂鬱症和低成就主要有兩個原因：

- 悲觀的解釋形態。把壞事情看成是永久性、普遍性及個別性的孩子，時間久後容易得到憂鬱症，學業成績會低落。
- 不幸的遭遇。有最多不幸遭遇的兒童——父母離婚、親人死亡、家人失業——情況會最糟。

這個五年計畫的頭四年資料已經有了。不出我們所料，最可能引起後來的憂鬱症的因素是早年的沮喪。曾經得過一次憂鬱症的兒童，最可能復發，在三年級時沒有憂鬱症的兒童，到四年級、五年級時也不會有。我們不需要花五十萬美元來發現這個結果，但最主要的是我們確定了解釋形態和不幸遭遇，是促發憂鬱症的重要因素。

□解釋形態

有悲觀解釋形態的兒童是非常不利的。假如你的孩子在三年級的時候就有悲觀的CASQ分數，那他以後得憂鬱症的機率就很大。我們將兒童區分爲沮喪隨著時間的過去變輕和變重的兩組，解釋形態又將這兩組兒童分爲下列的四種傾向：

- ●假如你在三年級時有悲觀的解釋形態，但是你沒有沮喪，你會隨著時間的流逝變得沮喪。
- ●假如你在三年級時有悲觀的解釋形態，你同時也有沮喪，那麼你會一直沮喪下去。
- ●假如你開始時是樂觀的解釋形態，但是你有沮喪，你的沮喪會減輕，你會變得比較好。
- ●假如你開始時是樂觀的，你也沒有沮喪，那你就一直不會變得沮喪。

哪個先？是悲觀還是沮喪？很可能是悲觀使你變得沮喪，但是也有可能是沮喪使你對這個世界覺得很悲觀。結果這兩者都不對。在三年級時沮喪會使你在四年級時更悲觀，而在三年級時悲觀會使你在四年級時更沮喪——這兩個因素形成了一個惡性循環。

我們看到一個小孩，辛蒂，就被捲入這個惡性循環中。在辛蒂三年級的冬天，她父母分居了，她父親搬出去住。在這事件之前，她的解釋形態就已經比一般的平均悲觀一點，但是她現在變得無精打采、漠不關心，成天以淚洗面。她的憂鬱症分數直衝上天，她的學校功課一落千丈，她開始像憂鬱症的孩子一樣退縮，不再與她的朋友來往。然後她開始想她自己是沒有人愛的，很笨的，這種想法使她的解釋形態又變得更悲觀。這個悲觀的解釋形態使她變得更不能忍受失望，她把一點點挫折都解釋成「沒有人喜歡我」或是「我很差」，所以她就變得更沮喪了。

做父母很重要的一點是要能認出你的孩子陷入這個惡性循環中，學習去打破這個循環。第十三章會教你如何去破解它。

□不幸遭遇

越多不幸降臨到孩子身上，他就越沮喪。樂觀的孩子比悲觀的孩子更能去抵抗不幸的遭遇，人緣好的孩子抵抗得比人際關係不好的孩子來得有力，不過這個並不保證這些孩子不會有憂鬱症的效應出現。

下面是一些我們要事先提防的不幸事件，若是這些事件發生了，你要儘可能給孩子所有的時間和幫助與支持。你也可以趁此機會練習一下第十三章教你的方法。

- 兄姊出遠門去讀大學或就業。
- 寵物死亡——你可能認爲是小事一樁，但是對孩子的打擊卻非常大。
- 跟孩子很親密的祖父母過世。

●父母吵架。
●父母離婚或分居——這是是殺傷力最強的一個。

離婚與父母失和

因爲離婚和父母失和是兒童最感到沮喪的事件，卻又是最平常、最常見的，所以普林斯頓—賓州大學的長期研究就專門著重在有這種經驗的孩子身上。❹

當我們開始這個研究時，大約有六十個孩子，約百分之十五，告訴我們他們的父母是離婚或是分居的。我們在過去的三年內，仔細地觀察這些孩子，將他們與其他的孩子對比。這些發現讓我們看到它背後社會現象的涵意，也讓你知道萬一離婚降臨到你身上時，你該如何去安撫你的孩子。

第一，也是最重要的，你的孩子受傷很大。我們一年測驗孩子兩次，這些孩子遠比幸福家庭裡的小孩沮喪得多。我們原先希望這個差距會隨著時間而縮短，結果並沒有。三年以後，這些離婚家庭的孩子還是比其他的孩子沮喪得多。我們的發現可以應用到憂鬱症所有的症狀中：這些離婚家庭的孩子比較悲哀，在教室裡比較不守秩序，不聽話，他們比較沒有熱忱，自我評價很低，身體常東痛西痛的，小毛病一大堆，他們也比較憂心。

很重要的一點是這些是一般的現象，有些小孩並不會變得沮喪，有些沮喪的孩子很快就恢復。

離婚並不會使小孩子一輩子都沮喪，離婚只會使沮喪變得更容易侵犯孩子而已。

第二，許多不幸的遭遇不斷地發生在離婚家庭的孩子身上，這些不斷發生的事可能是爲什麼離婚家庭的孩子憂鬱症這麼高的原因。這些事件可以分成三種。第一是離婚所引起的，或是說因爲離婚所帶來的沮喪所引起的。下面這些事情多半發生在離婚家庭的孩子身上：

- 他們的媽媽開始去外面上班。
- 他們的同學比較不友善。
- 父母親再婚。
- 父母親加入新的教會。
- 父母親住院。
- 孩子考試不及格。

離婚家庭的孩子也可能經驗到更多正在發生的事件，這些事件很可能就是離婚的原因：

- 父母時常吵架。
- 父母時常出差。
- 父親或母親失業。

到這裡為止，這些發現都沒什麼了不起，但是我們很驚訝的是離婚家庭的孩子對不幸事件最後一項的受害，比一般孩子來得大。我們還不知道為何會這個樣子，但是我想你應該要知道下面這些事實：

- 離婚家庭的孩子他的兄弟姊妹住院的比例是一般家庭孩子的三倍半。
- 離婚家庭的孩子他自己住院的機率也是別的孩子的三倍半。
- 此孩童的朋友死亡的機率是別的孩子朋友的二倍。
- 此孩童的祖父母死亡的機率也是別的孩子的二倍。

上面這些有的是離婚的原因，有的是離婚的後果。但是離婚家庭似乎比別的家庭有著更多的不幸事件，很多時候，這些事件跟離婚的前因或後果都沒關係，但是就是發生在他們家。我們實在不能想像孩子的好朋友的死亡或是祖父母的死亡會是離婚的後果，或是它們導致孩子父母的離婚，但是統計數字擺在那裡，是不可否認的。

這些加起來構成一幅很陰暗的圖畫。曾經有人說寧可兩個不快樂的父母離婚而不要孩子跟兩個相互仇恨的父母住在一起，但是我們的研究發現並非如此。這些離婚家庭孩子的世界是陰冷淒涼的：有著延續很長而無法擺脫的沮喪，半途而廢的比例比別人高很多，而且很奇怪的，有更多看起來毫不相干的不幸事件會落到他頭上。假如你正想要離婚的話，我必須要提醒你上面這些陰冷的數據，我有責任一定要告訴你這些事實。

但是這個問題的根源可能不在於離婚這件事，而是在父母吵架。在普林斯頓—賓州大學的追蹤研究中，有七十五名父母並沒有離婚，但是吵架吵得很厲害的孩子。這些家庭的孩子看起來跟離婚家庭的孩子一樣糟，他們也很沮喪，而且沮喪拖延到父母停止吵架後仍然繼續下去，同時也承受比別的孩子更多的生活上的不幸事件。

父母吵架有兩種可能性會引起孩子長久性的傷害。一個是父母長久以來相互不滿，吵架後分居；這些吵架和分居直接騷擾到孩子，引起長期的憂鬱。第二種可能性是會吵架吵到分居的父母是一對非常不快樂的夫妻，吵架和分居雖然沒有直接影響到孩子，但是孩子可以感覺到父母非常不快樂，而這種感覺嚴重影響到孩子，引起他長期的憂鬱。我們的資料沒有辦法告訴我們哪一個理論是對的。

這對你有什麼意義呢？

很多人的婚姻都不美滿，大多數的婚姻是像下面這種情況：很多人在結婚幾年後不再愛他的配偶了（這就是吵架的溫牀），但是他們顧慮到孩子的幸福，勉強維持著一個家。也許不夠戲劇化，但卻是很普遍的人生。

所以看起來——至少從統計上——分居或吵架的不快樂婚姻，都會帶給孩子長久性的傷害。假如後來的研究發現是父母的不快樂而不是外顯的吵架導致孩子沮喪的話，我會建議父母倆都去看婚姻諮詢專家來克服婚姻上的缺陷，使夫妻兩人能相處下去。

但是假如父母吵架和分居是孩子沮喪的原因，而且你是把孩子的利益放在第一位而不是你自己的滿足放第一位的話，我會給你非常不同的建議：你是否願意放棄分居？或是更艱難的挑戰——你是否願意克制自己，不去吵架？

我還不至於天眞到勸你永遠不要吵架。吵架有時也有用：問題解決了，情況改善了。但是很多婚姻中的吵架是沒有任何收穫的。我無法忠告你如何吵有收穫的架，因爲我不是這方面的專家。我所知道的唯一研究是如何吵架以解決問題。孩子看一般大人吵架的影片，假如這個架吵完後大人得到協議，有一個清楚的結果，小孩比較不那麼震驚不安。這表示當你吵架時，你應該盡力解決吵架的原因，在孩子面前讓他看到這個吵架得到一個清楚的協議。❺

此外，在你決定要吵架之前，你自己心中要明白這個吵架可能會傷害到你的孩子，我認爲這也是很重要的。你可能覺得吵架是你的權利，畢竟，我們現在是生活在一個「只要我喜歡，有什麼不可以」的時代，很多人都認爲有話就講出來才是健康之道，講話是上天賦予你的權利不是嗎？假如你很憤怒，你就一直吵、吵、吵，吵到你勝利或吵到你筋疲力竭，說不出話來爲止。這種看法來自佛洛伊德派對於忍藏在胸中的憤怒會帶來負面後果的觀點。不知道持這種看法的人對「打不還手」又該如何解釋？當然未發洩的憤怒是會引起血壓的暫時升高，如果常常這樣的話，會引起心理生理的毛病。但是把你的脾氣發出來，常會引起夫妻關係變質，一個未解決、一直上升的

憤怒，久了會變得不可收拾。到最後，夫妻天天反目，相互指控，鷄犬不寧。❻

但是這個不吵架的後果會影響你和你的配偶。父母吵架對小孩是百害而無一利，所以我選擇去對抗現在普遍的說法而要勸告你，假如你是把孩子放在第一位的話，在吵架之前，你退後一步，二思或三思再決定要不要吵。憤怒和吵架並不是人類的權利，你可以吞下你的憤怒，犧牲你的尊嚴，忍受你的配偶，吵架是你的選擇。在你激怒你的配偶或被你的配偶激怒之前，想一下，因爲更受威脅的是你孩子的幸福而不是你自己的。

我們的研究顯示下列這種循環是很平常的：父母吵架或分居導致孩子沮喪的顯著增加，這個沮喪又引起孩子在學校的問題的增加，而他的解釋形態又變得更悲觀。學校的問題加上新出爐的悲觀使他停留在沮喪裡，於是一個惡性循環開始了。

父母吵架次數的上升和決定分居的時候，正是你的孩子需要特別關心和幫助的時候，他們這個時候需要特別地注意來防止憂鬱症發生，防止他們的解釋形態轉變到悲觀去，而且防止學校問題的發生。就是這個時候他們需要你和老師的特別關心，你對他的特別關愛可以平衡掉父母吵架的傷害。這個時候你也可以考慮找專家來輔導或幫忙，接受婚姻輔導可以幫助你和你的配偶少吵一點，或是吵得比較有成果一點。這個時期對你孩子的輔導治療可能可以防止他終生的沮喪。

男孩VS女孩

離婚的長期傷害效應並不是使我們驚訝的唯一資料。我們一直對性別差異有興趣，我們一直以為某一個性別會比較沮喪，比較悲觀。但是當我們看到資料時，我們發現正好相反，而且這個相反的現象一再地出現。

你在前面第四章和第五章曾讀到女性得到憂鬱症的比例比男性高很多，女性比男性多兩倍；不管是醫療上的統計，或是挨家挨戶的訪談，或是症狀的數目，女性都比男性多。我們以為這一定開始於兒童期，所以我們預期女孩比男孩更容易沮喪，並且悲觀的解釋形態亦較多。❼

但是結果並不是這樣，在我們研究的每一個點上我們都發現男生比女生沮喪。一般來說，男生要比女生有更多的憂鬱症症狀，也遭受到更多的憂鬱症折磨。在三年級和四年級的小學生中，有百分之三十五的男孩曾經有過一次憂鬱症的紀錄，而女孩只有百分之二十一。這個差別在兩套症狀上可以看出：男孩子比較多行為上的困擾（如「我總是有麻煩」），比較多的「快感缺失」(anhedonia［不快樂，沒有朋友，退縮］)。在悲哀、自貶和身體的症狀上，男生和女生一樣。

在解釋形態方面也是一樣。我們很驚奇地發現女孩比男孩樂觀，不管在哪一個方面都如此。女生在好的事件上比男生樂觀，在壞的事件上比男生少一點悲觀。

所以普林斯頓—賓州大學的長期性研究得到另一個意外的結果：**男孩比女孩悲觀和容易沮喪**。男孩在不好的事件上（包括離婚）比較脆弱。這表示不管是什麼原因使女性比男性憂鬱症多兩倍，它的根源不在兒童期。在青春期或青春期剛過的時候，一定有什麼特殊的事情發生，而使這個比例反過來——使女性嚴重受傷害。我們現在只能猜測原因，但是這些受試者現在才正要進入青春期，所以也許這個研究做完時，我們可以知道在青春期發生了什麼事，使憂鬱症這個重擔從男性轉到了女性身上。

大學甄試

一九八三年春季的某一天，我聽賓州大學註册主任史坦森(Willis Stetson)談論註册組所遇到的困難——事實上，是他們所犯的錯誤。我會注意到是因爲我是賓州大學某個學院的導師，我親眼見到篩選學生方式所產生的不良結果。我自願讓註册組試用我的測驗，看能不能比現行的方式更好，更能預測出誰會在學術上成功，順利地畢業。

「畢竟，」註册主任史坦森抱怨說：「這只是統計上的一個猜測，我們必須要接受某些程度上的錯誤。」

我問他賓州大學如何篩選新生。

「我們考慮三個學術上的因素，」他說：「高中的成績、大學入學性向測驗(SAT)和成就測驗分數(achievement-test scores)，我們有一個迴歸的公式——感謝上帝我不必對你解釋這個公式(統計是心理系的基本必修課之一)。我們把這三個分數套入這個公式，得出一個分數，例如三・一，這就是我們預期他大一那一年的學業總平均。我們把他叫做PI(predictive index〔預測指數〕)，假如這個分數很高的話，你就可以進入賓州大學就讀。」

我的確知道這個迴歸公式是什麼，而且知道它有多麼容易犯錯。一個迴歸公式把過去的因素放進來考慮，例如你的ＳＡＴ分數和你的高中成績，把它和你未來的表現，例如你大學的成績，求相關。它求出過去因素加權的比例，然後再套回公式去算你大學的預測表現。例如，你想從父母的體重中去預測出生嬰兒的體重，你可以找出某個醫院過去一千個嬰兒的體重，再找出他們父母的體重，你可能會發現假如你把媽媽的體重除以二一・七，爸爸的體重除以四三・四，再把這兩個數字平均起來，你可能會得到一個嬰兒出生時的重量。這個二一・七和四三・四之間並無任何的關係，這個體重也不符合任何自然界的定律，它只是一個統計上的「意外」。迴歸公式是你在你不知道還可以再做什麼的情況下用的。

這就是註册組的人在弄的勾當。他們把好幾班大一學生的ＳＡＴ分數和高中成績，拿來和這些大一學生的總平均數求相關。他們看到ＳＡＴ分數越高，大學的總平均也越高，但是這只是大致上如此，並非每一個人都如此。當然，高中的成績越好，大學的成績也越好。

但是，也有可能ＳＡＴ比高中成績的預測力高兩倍，比成就測驗的預測力高一倍半，所以他們可能發現五・六六乘以高中成績，加上三・二二乘上成就測驗成績，再加上二・四乘上ＳＡＴ成績最能預測大一學生的學業表現。這個加權指數是非常武斷的，沒有任何道理可言。會選取它，因爲它「適用」。基於這個原因，大學生成績的預測眞是統計上的一個猜測；大部分是正確的，但是也有小部分是錯誤的。而這些錯誤帶來的就是父母的失望與抱怨，教授的負擔，和大學部學生的不能適應。

「我們犯了兩種錯誤，」註册主任史坦森說：「第一是，我很高興地說，只有少數學生大一的表現比預估的差。第二，大多數人表現得比預測指數來得好。即便如此，我還是想減少我們的誤差。告訴我你的測驗是做什麼的。」

我解釋ＡＳＱ和它背後的理論基礎，我告訴他在測驗中被認爲是樂觀的人，表現得比預期的還好，因爲他們在遇到挑戰時，更努力去試。而悲觀的人當他失敗時，他就放棄了。我跟他談ＡＳＱ怎麼有用，談了一個多小時，我告訴他我們跟紐約大都會人壽保險公司的合作，以及若是賓州大學採取ＡＳＱ的話，它的後果會是怎樣：可以減少誤收不適合念賓州大學的學生，以及比ＰＩ更好、更準確地預測大一學生的成績。「你的方式漏掉了一些好學生，」我說：「收了一些後來念不下去的學生，不管是哪一個，對學生來說都是悲劇，而對學校則是損失。」

最後，註册主任說：「讓我們試一次吧！讓我們試用在一九八七年入學的那一屆學生身上。」

所以，當一九八七年的新生入學時，三百多人做了ＡＳＱ的測驗，然後我們就等待著，等他們考期中考，以及最後兩個禮拜的大考。我們等著這些學生去發現全國有名的好大學的競爭力是怎麼回事，他們之中大多是全美高中的高材生。我們等待看什麼人沉下去，而什麼人會浮出水面來。❽

在第一學期終了時，我們看到註冊主任所擔心的錯誤了。三分之一的學生比他們SAT、高中成績和成就測驗所預測的更好或更壞；而這一百名新生中，二十人比預測的差而八十人比預測的好。

我們看到了我們所要看的——跟我們在保險公司業務員和小學四年級學生身上看到的一模一樣，當大一新生進來時所測驗的分數是樂觀的時候，他們比他們的「能力」所允許的表現得更好，即他們超越了預估的潛力；而進來時是悲觀的人，表現得比應有的水準還更差。

西點軍校野獸營

期中考不及格跟沒能選上啦啦隊隊長對整個人生的挫折來說，太微不足道了。不過有一個學校，它所製造的挫折是跟人生實際的挫折不相上下的，那就是西點軍校的野獸營(Beast Barracks)。

當一個十八歲的新生，在七月初到西點軍校報到時，等著接待他的是高年級的學長。他們的任務是讓新生在暑假期間學會什麼叫做鐵的紀律—在太陽下立正很久，清晨的十哩路急行軍，擦亮銅扣、銅鈕及任何銅器，記住一行又一行兄弟會無意義的規章，以及服從、服從、服從。他們的目的是塑造美國未來軍官所必備的個性。西點軍校認為這樣做很好，因為過去的一百五十年都是這樣做，效果很好。

雖然這些大一的新生在此備受凌虐，他們倒是從全美的學校中篩選出來的精英，他們必須要有領袖的才能和學術上的潛能才可能進入西點軍校。西點軍校是美國最傑出的大學之一，新生的SAT分數要很高，他們的體育能力要是頂尖，他們高中的成績，特別是工科方面的成績必須是出類拔萃。最重要的是，他們必須要是他們社區中最優秀的份子——童子軍。西點軍校的教育費一個人大約是二十五萬美元，若是有人讀不下去，半途而廢，納稅人的損失就是這個數字。但是還是有很多學生中途輟學。

我是在一九八七年的二月，第一次聽到這些訊息。西點軍校的人事主任巴特勒(Richard Butler)打電話來。他的聲音簡短有力，習慣於發號施令：「塞利格曼博士，我想山姆叔叔需要你幫忙，關於我們的退學問題想請教你看看有無更好的方法。我們每年收一千二百名學生，他們七月一日到野獸營報到，第一天就有六個人退學，等到八月底的時候，我們就失去了一百名，而學校那時還沒開學呢！你可不可以幫助我們預測一下哪些人會退學？」

我很高興地同意了，這聽起來像是測試我的樂觀理論最有力的地點，看什麼樣的人可以在全國最嚴厲的學術環境下生存。就原則上來說，悲觀者應該是打退堂鼓的人，就像紐約大都會人壽和賓州大學大一的學生一樣。

所以七月二日，我帶著特別助理和我十四歲的兒子大衛開車北上，去給新生做測驗。高年級生把全部的新生帶進全新的艾森豪禮堂，一千二百名全美的精英立正站著，等我允許才坐下來考試。他們告訴我野獸營是幾十年來第一次放鬆了一點，過久的立正站立、不給水或食物的事情已經被禁止了。無論如何，這種壯觀的情景還是很令我感動，而大衛簡直是敬畏得說不出話來了。

巴特勒的統計證明是對的。第一天果然有六名新生退學，有一名就在做測驗的當時，他站起來，嘔吐，然後跑出大禮堂，等到八月底的候時果然有一百名學生退學。

我們現在已經追蹤一九九一年入學的這一屆學生兩年了，什麼人會打退堂鼓？依舊是悲觀的人。那些把不好的事情解釋爲「都是我，永遠都會這麼糟，會使我所有的努力都白費」的新生，是最可能退學的人。誰的成績會比SAT預測的還更好？樂觀的人。而悲觀的人的成績比SAT預測的要更低。

我現在還不敢叫一個有悠久歷史、傳統的學校，就像西點軍校，去改變它的入學和訓練的政策，但是我認爲選擇樂觀的人可能更會爲我們國家製造出好的軍事領袖人才。另一個激起我強烈興趣的是，我可能可以用本書後面討論到的技巧去使一個悲觀者變成樂觀。這樣我不但可以救一些本來要退學的人使他們繼續下去，我還可以給他們一個機會使他們變成一個好的軍官，一個足以發揮他的潛能的好軍官。[9]

傳統對於在校成績優異的看法

過去的一百年來，性向和才能一直是學業優異的關鍵詞。在美國，如果你的IQ、SAT或你的醫學院入學測驗(Medical College Admission Test, MCAT)分數不夠高的話，你連田徑隊都選不上，而歐洲的情況更糟。

我覺得傳統太看重「才能」(talent)了，這些所謂的才能並沒有一個正確的測量方法，它也不是未來成功與否的好的預測者，這種傳統說法根本就是錯的。傳統的看法完全忽略了一個重要的因素，這個因素可以彌補低分數，它也可以使一些高天才的人的成就瓦解：解釋形態。

哪一個先？樂觀還是成績優秀？常識告訴我們有才幹的人因為他的才幹所以樂觀，因為他做得好。但是我們在教室中的研究清楚地指出相反的因果走向。在我們的研究中，我們使SAT分數、IQ、人壽保險業務員資格測驗等所謂的「才能」保持不變，然後看這些高才幹組的人中樂觀的人和悲觀的人的差別。我們一再地發現樂觀的人表現得比他的「潛能」更好，而悲觀的人表現在他能力之下(記住這裡SAT等的分數是維持固定不變的)。

我認為所謂的潛能，若是沒有樂觀的界定，這個名詞是沒有意義的。

〈註釋〉

❶小孩子的憂鬱症計分方式我是修改CES-DC(Center for Epidemiological Studies-Depression Children)的測驗而來的。這個測驗是M. Weissman, H. Orvaschell和N. Padian設計出來的。請見他們的論文Children's Sympton and Social Functioning: Self-Report Scales, *Journal of Nervous and Mental*

Disease, 168 (1980), 736-40。

❷有關更多 Carol Dweck 的研究請見 C.S. Dweck 和 B. Licht, Learned Helplessness and Intellectual Achievement 的論文，這篇被收在 J. Garber 和 M. Seligman 主編的 *Human Helplessness: Theory and Applications* (New York: Academic Press, 1980), 197-222。

❸有關普林斯頓大學和賓州大學長期合作的代表作請見 S. Nolen-Hoeksema, J. Girgus, M. Seligman 合著之 Learned Helplessness in Children: A Longitudinal Study of Depression Achicvement, and Explanatory Style, *Journal of Personality and Social Psychology*, 51 (1986), 435-442。

❹最近有好幾個研究都得到相同的結論，即離婚、分居、父母吵架對孩子有意想不到的巨大傷害。有三篇重要的論文可供你參考：J. Wallerstein 和 S. Blakeslee 合寫之 *Second Chance: Men, Women and Children a Decade After Divorce* (New York: Ticknor & Fields, 1989)；第二篇為 E.M. Hetherington, M. Cox 和 C. Roger 合寫的 Effects of Divorce in Parents and Children，收在 M.E. Lamb 主編之 *Non-traditional Families* (Hillsdale N. J.: Erlbaum 1982), 233-288；第三篇為 E.M. Cummings, D. Vogel, J.S. Cummings 和 M. El-Sheikh 合寫的 Children's Responses to Different Forms of Expression of Anger Between Adults, *Child Development*, 60 (1989), 1392-1404。

❺有關大人吵架解決方式的實驗請參閱 E.M. Cummings 等所寫之 Children's Responses to Different Forms of Expression of Anger Between Adults。

❻憤怒的毀滅性效果以及它的建設性的一面請參閱 Carol Tavris 的那本大膽的書 *Anger: The Misunderstood Emotion* (New York: Simon and Schuster, 1982)。

❼關於性別在憂鬱症上的差異，請見一篇精彩的文章：S. Nolen-Hoeksema 寫的 Sex Differences in Depression: Theory and Evidence, *Psychological Bulletin,* 101(1987), 259-282‧‧以及她的那本重要的書‧‧*Sex Differences in Depression*(Stanford: Stanford University Press, 1990)。

❽這部分的研究是與Leslio Kamen合作的，但是Peterson和Barrett同時也在另外一個大學做著同樣的研究，他們的論文比我們早了一步發表，請見C. Peterson和L. Barrett、Explanatory Style and Academic Performance Among University Freshmen, *Journal of Personality and Social Psychology,* 53(1987), 603-607。

❾西點軍校的研究是與西點軍校之Dick Butler, Bob Priest和William Burke以及Peter Schulman合作的。但是最主要的人物是西點軍校一九九一年的那一千二百名學生，他們已經合作了三年。

第九章　運動的表現

樂觀可以預測球場上的贏。悲觀可以預測球場上的輸。解釋形態是在一個球隊面臨壓力，在輸掉上一場球，或在最後的幾局時，發揮它的作用。它使樂觀的運動員在壓力下表現得更好，使他們更努力去試，使他們立刻從失敗中站起來。

我沒有辦法忍受晚間十一點的新聞。不止是念新聞的人死板，主要是他們念的內容和放的新聞都只是影片片段。昨夜北費城的大火是頭條新聞——三十秒大火從窗口冒出，一分鐘訪問生還者，這些人多半在痛惜他被燒掉的家當；一分鐘訪問被煙嗆昏的救火員太太，涕泗縱橫地在螢幕上出現。不要誤會我的意思，這是個悲劇，應該被報導，但是夜間新聞的製作人似乎認爲美國的觀衆都是大白癡，只會欣賞眼淚鼻涕的故事，不可能了解統計和分析。所以這場大火眞正值得報導的部分都沒有報導：每到冬天要開暖氣時，貧民窟的失火率就直線上升；救火員被煙嗆的比率降低；保險公司賠償全額火險的比率很低等等——也就是說，某一個戲劇化事件背後原因的統計數字從來沒有提過。

羅素(Bertrand Russell)曾經說過，一個文明人的特徵是他能在讀了一長串數字後哭泣。這些新聞的製作者是否認爲美國人都是「不文明」的？我們眞的不能了解統計數字的意義嗎？還是我們只能了解那些動人的小故事？

你只要花一個下午到棒球場去，你就知道美國的大衆是多麼地喜歡統計，他們的水準又有多高。任何一個六歲的小孩都知道打擊率三成是什麼意思，葛溫(Tony Gwynn)比山姆(Juan Samuel)更有可能擊出安打。每一個握著啤酒罐的大人都知道投手的防禦率(earned run average)是什麼，而這個計算可能比保險公司計算火險的統計數字還更複雜。

美國人非常喜歡運動的統計。我們絕絕對對地爲機率瘋狂，不管這個機率是坎塞柯(José Canseco)、古登(Dwight Gooden)或是柏德(Larry Bird)。它是運動賭注的靈魂，這個球類的賭額已可媲美全國工業的總毛額。詹姆斯(Bill James)和伊里亞斯運動社(Elias Sports Bureau)出版了很多有關棒球統計的東西，銷路奇佳。它也很值得有科學頭腦的人讀，因爲職業球隊現在是世界上紀錄最完整的活動。凡是預測人類能力的理論都可以利用這個紀錄眞實的運動年鑑，來驗證一下理論的可行性。

我們決定用這個統計來驗證解釋形態的理論。我的學生和我花了幾千個小時閱讀體育版，用球類統計來驗證我的理論。我的樂觀理論對球場上的表現會如何預測呢？

球員的預測有三個基本的方式：第一，假如所有其他的因素都維持不變的話，有樂觀解釋形態的球員比較可能贏。他會贏是因爲他會比較努力去嘗試，特別是在打輸之後或對手很強勁時，他會更加盡力去做。

第二，以上所述也可應用到整個球隊上。假如一個隊可以顯示出樂觀的性格的話，越樂觀的隊就越會贏——假如大家有一樣的才能，越樂觀的越會贏，尤其在強大壓力之下更是顯著。

第三，更令人興奮的是，假如一個運動員的解釋形態可以從悲觀轉換爲樂觀的話，他也比較會贏，尤其是在有壓力的時候。

美國職棒

先來看看美國人最喜歡的消遣——棒球。我承認起初是因爲我最喜歡這種科學：不管花多少小時瞇著眼查微縮膠卷，不管多少子夜不眠不休地查詢一行又一行的平均打擊率，不管多少次想發明新的統計方法，結果發現要不是已經有人想過了、做出來了，不然就是不及原有的好用。這一行的研究比任何一行都有趣，不僅僅因爲我本人是個棒球迷（只要費城隊回到費城來打球，你都可以在本壘後面第三排上找到我），主要是這種研究把我們帶到人類成功和失敗的核心去觀察，它告訴我們「失敗的痛苦」和「勝利的喜悅」爲什麼有用。

不過寫下理論的預測遠比驗證理論的正確來得容易。我們有三個問題：

第一，一個隊——一群個體所組成的隊——有它自己的解釋形態嗎？我們過去的研究都指出悲觀者表現比較差，但是有悲觀隊這種事嗎？悲觀隊會表現得比較差嗎？要回答這個問題，我們用了口頭解釋內容分析法(CAVE)，研究整個球季每一天體育版裡面所登載每一個球員所說的有關因果關係的話。因爲體育新聞偏重於不好的事件，所以每一天每一家報紙的體育版都充滿了這種話。我們請完全不知情(不知道這句話是哪一隊的誰說的)的人來評分，然後我們替每一個球員算出他的輪廓圖(profile)。我們也研究球隊的教練。最後我們把所有人的得分平均起來，得出球隊的解釋形態。然後我們再比較整個聯盟中的所有球隊。

第二個問題是有關體育版中所刊登的話。我們沒有辦法去面談所有大聯盟的球員，所以我們只好依賴報紙以及電視上的體育新聞。但是從球員對記者說，再經過記者的筆轉載出來，是非常不科學的東西，所刊載球員的話可能不正確，記者可能替他誇大、渲染了。球員講的話可能並不眞的是這個意思，他很可能只是想把責任推到別人身上去，他也可能想塑造新的形象，所以過度謙虛或過分誇張，因此我們不知道報紙上登的是否正確地反映出球員的解釋形態。唯一的方法就是看看這個理論是否正確地預測出了這個球隊的表現，假如是，那麼報紙上那些話就有效度；假如不是，那麼，理論或是報上那些話就有問題。

不過這不是僅有的困難，另一個問題是材料太豐富。在我們針對美國職棒大聯盟的國家聯盟(National League)所進行的研究中，我們收集了關於這個聯盟的十二個隊伍，一九八五年球季，四月到十月所有球隊所在地當地的報紙。那眞是堆積如山的資料！後來因爲這些資料太有趣了，我們又重複一次這個研究，所以一九八六年我們又收集了一萬五千張報紙。

第三個問題是如何證明這個因果關係是因樂觀而勝利，而不是因勝利才樂觀。紐約大都會隊(Mets)在一九八五年是個非常樂觀的隊，也是打得很好的隊，直到國家聯盟東區冠軍賽才輸給聖路易紅雀隊(Cardinals)。大都會打得好是因爲他們很樂觀，還是因爲他們打得很好所以樂觀程度上升？要解開這個難題，我們必須要能從這個球季的樂觀預測到下個球季的勝利，當然在過程中必須把個人改變的因素考慮進去，離隊球員的資料就會被剔除。

但是即使如此還是不夠，我們也必須要考慮這個球隊在第一季的成績。以大都會爲例，在一九八五年時，它是國家聯盟中最樂觀的一隊，它同時也有第二強的紀錄(贏98場，輸64場)。我們預測它一九八六年會打得更好，這是因爲它很樂觀(如一九八五年所測量的)，還是因爲它的球員都很有才幹(如一九八五年的輸贏紀錄)？所以我們必須把它先前的輸贏紀錄也考慮進去，即讓這個變項保持不變，所謂「統計上的不變」(statistically constant)。然後來看樂觀的態度是否能使球隊超越以前的紀錄所能預測的成功。

我們也想知道樂觀的魔力是否在於能夠領導它的成員度過壓力的難關。我的兒子，大衛，從國家聯盟的九百七十二場球賽中記下每一場的分數，然後我們找出每一場壓力的統計。在這樣做後，我們發現伊里亞斯——棒球的統計年鑑之一——已經將棒球每一局的壓力算得比我們更好，所以我們就把我們所做的丟棄而用伊里亞斯的統計。伊里亞斯告訴我們每一個隊的打擊手在最後三局的打擊率，所以我們預測在一九八五年是樂觀的隊，在一九八六年球季時，在最後幾局的壓力下，會有比較高的打擊率（比較的對象爲一九八五年悲觀隊的表現）。在這裡，我們也同樣需要把他們不在壓力下時的打擊率放進去考慮，我們必須要能說這個預測是超越他們總體的平均打擊率。❶

一九八五年的大都會隊和一九八六年的紅雀隊

兩個超級強隊爲一九八五年國家聯盟的東區冠軍爭得你死我活。我們摘錄並且請不知情者替這一季所有有關大都會和紅雀每一個球員的因果關係話語做評分，當這個球季結束時，我們就來計算總分。

下面是大都會球員在球季裡說的話。我把每一句話的CAVE分數附上，從3（非常暫時、特定和外在）到21分（完全永久性、普遍性和個別性）；3到8分是很樂觀，13分以上則是悲觀。

我們從這個球隊的總教練強森(Davey Johnson)開始，下面是記者問他爲什麼大都會輸了。

「我們輸是因爲今晚的對手打得很好。」（外在——因爲「對手」；暫時——「今晚」；特定——「今晚的對手」。7分）

左外野手強棒福斯特(George Foster)：「一個觀衆對我怒死了」因爲「這眞是個爛日子」（7分）。

右外野手斯特貝利(Darryl Strawberry)被問到爲什麼沒有接到高飛球時，他答道：「這球飛得好快，我的手套就差那麼一點點。」（6分）

問斯特貝利爲什麼大都會打得這麼爛時，他說：「有的時候你就是會碰上這種什麼都不對勁

的日子。」（8分）

當記者問一壘手賀蘭德茲(Keith Hernandez)，爲什麼大都會在客場只贏了兩場，賀蘭德茲說：「在客場打球負擔總是比較大。」（8分）

記者又問他爲什麼大都會只領先了半場時,他答道：「對方明明很爛,但是打到最後卻贏了。」（3分）

明星投手古登，解釋爲什麼讓對方打了一個全壘打時說：「他今晚打得很好。」（7分）

記者問古登爲什麼輸時，他答道：「人一生一定有些運氣不好的日子，今天就是那幾個日子之一。」（8分）又說：「今天太熱了。」（8分）

古登投了一記暴投，他說：「濕氣太重，水氣跑到球上去了。」（3分）

你可以看到大都會的分數加起來會是什麼樣。當大都會球打得不好時，那只是今天打不好，那是對手太強的關係，反正不是我們的錯，所以大都會變成典型的運動的樂觀解釋形態。以一個團體來講，大都會比國家聯盟中任何一隊都樂觀。他們對壞事件的平均分數是九‧三九分，這個分數樂觀得足以成爲成功的保險推銷員。

現在來看聖路易紅雀隊，此隊強得足以打敗大都會，並贏得國家聯盟總冠軍，但是在世界盃冠軍賽中因爲裁判不公而輸給堪薩斯市(Kansas City)。紅雀隊隊員的球技比大都會還要好，大都會這一年的平均打擊率是‧二五七，紅雀隊是‧二六四，而紅雀隊投手的防禦率亦比大都會稍微好一點。

紅雀隊的總教練賀州格(Whitey Herzog：有人認為他是棒球界中最厲害的一個人)對紅雀隊輸球的解釋是：「讓我們面對現實，我們打不中。」(永久性、普遍性及個別性：20分)

賀州格對新聞記者比較喜歡訪問辛辛那提紅人隊(Cincinnati Reds)的總教練羅斯(Pete Rose)的看法是：「你期望什麼？他比我多了三千八百支安打。」(永久性、普遍性及個別性：14分)

賀州格對於球員在休假完出賽時都打得不好的解釋：「我們太放鬆了，這是心理的原因。」(14分)

一九八五年國家聯盟的打擊王麥基(Willie McGee)說他應該可以盜更多次壘的，但他並沒有做到，因為：「我盜壘盜得不好。」(16分)

麥基一九八四年打得很不好：「在心理上我已經出局了，因為我不知道如何去接受挑戰。」(15分)

強打者克拉克(Jack Clark)解釋為何他漏接一個高飛球：「這是一個應該可以接到的球，只是我沒有接到。」(12分)

二壘手赫爾(Tom Herr)解釋為什麼他的打擊率掉了二成一，因為：「我無法集中注意力，無法專心。」(17分)

在這裡我們看到的是一隊球技非常好，但是有著悲觀解釋形態的球隊。這就是教練說某個運動員「態度不好」的意思。的確，這可能是紅雀隊會輸的唯一原因。統計上來講，紅雀隊對不好事件的解釋形態是在平均以下，一一・〇九分，在十二隊中排名第九。我們的理論顯示這樣的隊伍能打進準決賽實在是他們的球技太高超，以實力彌補了他們心態上的缺陷。

所以理論預測下一個球季應該是：大都會應該比一九八五年的表現好，而紅雀要比一九八五年的表現差。

果然他們的表現就是如此。在一九八六年，大都會是最神奇的一隊，所向無敵。他們的勝率從・六〇五升到・六六七，他們贏得東區冠軍及國家聯盟總冠軍，並後來居上將世界盃冠軍從波士頓紅襪隊(Red Sox)手中搶了過來。他們的平均打擊率是・二六三，在後半場幾局的壓力下表現是超強的・二七七打擊率。

紅雀在一九八六年垮掉了，他們的勝率只有・四九。雖然他們的球技很高超，但是他們的平均打擊率只有・二三六，而在壓力下只有・二三一。

用這種方法我們計算了國家聯盟的十二個球隊的解釋形態。從統計上來講，一九八六年的棒球季中，樂觀的隊比他們一九八五年的紀錄好；而悲觀的隊表現得比他們一九八五年差。而樂觀的隊在壓力下也表現得比較好；而悲觀的隊在壓力下就垮掉了(這是和他們平常的打擊率比)。

一般來說，我會重複一次實驗並得到同樣結果後，才會相信它的效度。所以我們又重複一次這個實驗，以一九八六年的報紙上的話來預測國家聯盟一九八七年的表現。這個結果基本上跟一九八六年的一樣，樂觀的隊打得比他們前一年輸贏紀錄所預測的好，而悲觀的隊比較差。在壓力下，樂觀的隊打擊率比較強，而悲觀的隊則差很多。

美國職籃

分析籃球賽比棒球賽多兩個好處：第一，籃球隊的球員比較少，所以CAVE不像棒球時那麼辛苦。第二，也是比較重要的，籃球是絕對憑球技的，每一場比賽不但可以預測誰會贏，而且可以預測贏多少分。這個贏多少分叫做勝分差(point spread)。在一九八〇年代中期，新澤西的籃網隊(Nets)如果跟波士頓的塞爾蒂克隊(Celtics)打的話，大家都認爲波士頓會贏，但是你不能只賭塞爾蒂克贏，因爲它太可能贏，沒有人會賭它輸，所以你必須，比如說，賭塞爾蒂克贏九分以上。假如塞爾蒂克眞的贏了九分以上，那你可以贏二倍的賭金；但是假如塞爾蒂克沒有贏到九分以上，你就輸掉賭金。

我不賭球賽，事實上，我這一生只賭過一次(你在後面第十一章會讀到)，所以不是賭注使我有興趣，而是這「贏多少分」是一個非常好的科學研究。因爲它把兩隊所有的因素，例如球技、在主場打、士氣上的因素、誰受傷、誰最近怎樣，都放進去考慮後，得出一個哪一隊應該要贏多少分的數字來。解釋形態的理論會認爲還有一個重要的因素沒有被考慮進去，即球隊的樂觀性應該會決定他們在壓力下的表現——這個表現是超越已經知道的那些因素之上的。越樂觀的隊會比預測的表現得更好，越悲觀的隊則會表現得更差，而這只有在不利的情況下才會如此。例如，輸掉上一場球賽後，樂觀的隊打得會比預估的兩隊分數差距還要好，而悲觀的隊在輸掉上一場後，下一場會打得更差，無法超越預估的勝分差。

波士頓塞爾蒂克隊和新澤西籃網隊

我做的第二個勞心勞力的研究，就是收集美國NBA大西洋區一九八二—八三年球季，每一個球隊所在地當地報紙的體育版，收集報上刊登球員們所說有關輸球因果關係的話，用球員們的解釋形態來預估他們八三—八四年的表現。然後我們再重複一次這個實驗，用八三—八四年的解釋形態來預估他們八四—八五年的表現。整個來說，我們讀了一萬張體育版，自每一隊收集到一百多個解釋事件的報導。

讓我們來看兩個極端，第一個是波士頓塞爾蒂克隊對不好事件解釋的抽樣：

輸球：（在客場）「他們的球迷實在是NBA所有球賽中最吵鬧、最不像話的球迷。」（9分）

又輸一場球：「在客場打球，總是有奇怪的事發生。」（8分）

得分低的一節：「觀衆太死氣沉沉。」（6分）

季後賽輸球：「對方投籃太準，超球太快，防不勝防。」（6分）

輸了決賽的第一場球：「這是我所看過他們打得最好的一場。」（8分）「對方守得太好了。」

（4分）

對方某一位球員得了四十分：「他今晚打得太好了，不管誰去防守他，他都會得四十分。我們包圍他，我們拉住他，我們架拐子，把他絆倒，他還是得分。這傢伙太神奇了，簡直不是人。」（5分）

塞爾蒂克聽起來像精神病中狂躁症的病人，把所有的輸球都解釋成暫時的、特定的，絕對不是他們的錯。塞爾蒂克在一九八三—八四年輸掉前一場球後，次一場超越預估的勝分差的比率有六八・四％，而八四—八五年更是打到八一・三％，超過勝分差（一般來說每一隊有五〇％的機會超過勝分差；塞爾蒂克在八三—八四年球季贏了一場球後超越勝分差的比率只有百分之五一・八，而八四—八五年才百分之四七・三）。他們簡直是個怪誕的不倒翁隊。

現在來看一九八二—八三年球季新澤西籃網隊的輸球解釋形態：

季後賽輸球：「我們大家投籃都沒有中。」（18分）「我們自己把機會拱手讓人。」（16分）

其他的輸球：「這是我所訓練過的隊中體能最差的一隊。」（18分）「我們的智力是有史以來最低的。」（15分）「我們該投籃而沒有投，因爲我們沒有信心會射得準。」（17分）

籃網隊並非是體能差的球隊，他們在一九八三—八四年贏了五一・八％的球賽。但是在心態上他們的確是沉船型的。你在前面看到，他們對輸球的解釋都是永久性、普遍性和他們自己的錯，他們在八三—八四年球季中，輸掉一場後，第二場只有三一・八％超越勝分差，但是在贏了上一場後，他們超越勝分差的機率是四八・七%。籃網隊的解釋形態在八三—八四年那一季改善了很多，主要是因爲球員的換血。在八四—八五年時，他們輸掉上一場後，第二場可以打到六二・二%，超越勝分差。

整個來說，下面是我們的發現。一個球隊的解釋形態很強烈地影響它在輸掉上一場後，第二場的表現：樂觀的球隊會比悲觀的球隊超越更多的勝分差。樂觀的效應會超越兩隊的隊質。我們敢這樣說，因爲勝分差在計算時已經取出兩隊的水準常數了，所以每一隊，不論強或弱，都應該有五〇%的機會超越勝分差；同時也因爲我們將前一年的輸贏紀錄和他們在贏球後，下一場球賽中超越勝分差的這些因素，統統以統計的方法去除了。

我們也觀察到跟國家聯盟棒球隊一模一樣的趨勢：一個球隊下一季輸贏的情況，可以以他們在上一季中的解釋形態來預測。

將棒球和籃球的研究綜合在一起，我們得到：

- 一個球隊，不只是他的球員，都有一個可以測量、有意義的解釋形態。
- 解釋形態可以超越這一球隊的實力而預測他們的表現。
- 樂觀可以預測球場上的贏。
- 悲觀可以預測球場上的輸。

●解釋形態是在一個球隊面臨壓力，在輸掉上一場球，或在最後的幾局時，發揮它的作用。

柏克萊的游泳隊

報章雜誌拿柏克萊的游泳明星白歐迪(Matt Biondi)一九八八年在漢城奧運可以拿多少面金牌大做文章。他參加七項比賽，美國報紙報導得好像白歐迪會拿七面金牌似的，重現史畢茲(Mark Spitz)在一九七二年慕尼黑奧運所締造，至今無人能破的紀錄。

白歐迪的第一項比賽是二百公尺自由式，他得到第三名，很令人失望。第二項比賽是一百公尺蝶式，這並不是他拿手的，他一開始的時候領先，但是在最後二公尺的時候，他不但沒有努力衝向終點，反而放鬆了勁。你可以聽到漢城觀衆的呻吟，你可以想像美國電視機前觀衆的反應。當白歐迪以一臂之差被蘇利南(Surinam)的奈斯提(Anthony Nesty)後來居上，贏得蘇利南的第一面金牌後，訪問他的記者在「失敗的痛苦」下毫不留情地抨擊他，對他只拿到銅牌和銀牌大爲不滿，對他能否回彈，在下面的五項比賽中能否拿到任何一面金牌大表懷疑。

我坐在客廳中對白歐迪深具信心，因爲四個月以前我曾經在柏克萊測驗過白歐迪。測驗的目的就是爲了要看他在壓力下的表現。他跟他的隊友一起做ASQ，而他的成績是在樂觀向度的前二五%，是個非常樂觀的人。我們同時也模擬了游泳池中一個挫折的情境。白歐迪的一百公尺蝶式游了五〇・二秒，但是他的教練桑頓(Nort Thornton)告訴他說是五一・七秒，白歐迪顯露出非常吃驚和失望的表情——因爲他很少游這麼慢。教練叫他休息幾分鐘以後再游一次蝶式。白歐迪又游了一次，這次的時間其實更快了，五〇・〇秒。因爲他的解釋形態是非常樂觀的，他讓我看到他在失敗後是游得更快而不是更慢，所以我有信心他會從漢城拿金牌回來。

在他後來的五項比賽中，他拿了五面金牌。

我們的棒球和籃球研究顯示一個球隊的解解形態，可以預測運動場上的勝利與否。但是運動員個人的解釋形態是否可以預測他自己的表現，特別是在壓力下的表現呢？這個問題白歐迪替我們回答了。

我從來沒有見過桑頓，我只有在電視上看過他，他和他太太卡倫(Karen Moe Thornton)是加州大學柏克萊校區男女游泳隊的教練，也是我重要的合作人。像桑頓這樣的合作人是任何一個科學家所能擁有最珍貴的資產，我只有在電話上與他講過話，那是一九八七年三月的事。

「我讀到你所做的保險公司推銷員的研究，」他說：「我在想，不知道你的測驗對游泳是否有效。讓我告訴你爲什麼我覺得應該會有用。」

我費盡全力才阻止我自己不高聲喊叫：「我願意！我願意！我願意！」出來。教練還在解釋：「我覺得你有測量到一個深藏在內的正面的看法，這是我們教練不太能掌握到的一個東西。我們知道一個運動員的態度很重要，但是孩子可以僞裝他的態度，而在關鍵時刻才眞正顯露出來；而且我們也不知道該如何去更改一個壞的態度。」

一九八八年十月，在訓練季開始之前，五十名男女游泳校隊的成員都參加了ASQ的測試。此外，桑頓夫婦還各自評估了他們的隊員，特別是他們認爲每一位隊員在緊張壓力下的表現應該會如何，以及預估他們在這一季中的表現。我們這樣做是因爲我們想知道ASQ是否能告訴教練一些他們所不知道的東西——教練平常跟運動員生活在一起，對他們可以說是無所不知。❷

我立刻發現我知道了一些教練所不知道的東西。ASQ的樂觀分數跟教練評估的哪一位游泳選手可以在壓力下表現得更好，是完全沒有相關的。那麼這個ASQ分數眞的可以預測游泳賽的輸贏嗎？

爲了驗證這點，桑頓夫婦在這一季每一次比賽之前，對每一位選手作一次評估，看他們會「比預期的好」，或是「比預期的壞」。每一位游泳選手也對自己作同樣的評估，結果我們發現教練和選手的評估可以說是一模一樣的。我只有算這一季「比預期的差」的選手的分數，結果在ASQ上的悲觀者比樂觀者在比賽時失常的人數多了二倍。樂觀者可以達到他們游泳潛能的水準，而悲觀者不能。

解釋形態是否可以預測人們對失敗打擊的反應，就如同它可以預測棒球、籃球和推銷保險一樣呢？

要驗證這一點，我們在控制的情況下，模擬失敗。在游泳季節結束時，我們要每一位選手游他自己最擅長的泳式一次。桑頓夫婦告訴他們，他們的時間是比他們原來的紀錄慢一・五秒或〇・

五秒（依距離而定）。這是爲什麼白歐迪以爲他游了五一·七秒，而實際上他只游了五〇·二秒。我們知道慢個〇·五秒～一·五秒對泳者是個很大的打擊，他們會很失望（有一位游泳隊員聽到後曾經坐在一個角落二十分鐘，哭得像嬰兒一樣）。然後每一位游泳選手必須再游一次，再計時。如我們所預期的，悲觀者在第二次游得比較慢。有二名游泳健將，他們的ASQ分數顯示爲悲觀者，在游第二次時，一百公尺竟然慢了二秒，這二秒在比賽時可以使他們變成最後一名。樂觀者要不就是如常，要不就是像白歐迪一樣，游得更快。許多樂觀者游得比以前快二到五秒，這個差距也足以使他們領先任何競爭者。當然，教練事後有跟他們解釋爲什麼。

所以柏克萊游泳隊的實驗爲這個理論證實了，解釋形態可以在個人的層次上預測成功或失敗，就與團隊的資料顯示的一樣。因此現在我們知道了這個解釋形態對個人和團體都有預測的功能，它使樂觀的運動員在壓力下表現得更好，使他們更努力去試，使他們立刻從失敗中站起來。

教練應該知道些什麼事

假如你是一位教練或是一位很有前途的運動員，你應該要注意下面這幾件事，它對你有立即、實際的效用。

● **樂觀並非你用直覺可以知道的事。ASQ測量的一些東西是你自己所不知道的，它的預測**

力超越有經驗的教練的判斷和優劣平均員(handicappers，編按：優劣懸殊者作比賽時，評定優勢者應承受多少額外負擔以求機會均等的工作人員)。

●樂觀告訴你什麼時候去用哪些球員。假設你有一個接力賽，你有一個跑得很快的運動員，但是他是一個悲觀者，而且才剛輸掉他的個人項目，在這種情況下，換掉他，只有在他已經贏、情況很好的情況下，才用悲觀者。

●樂觀告訴你如何去挑選、篩選運動員，假如兩個運動員體能都很相近時，挑那個樂觀的。長遠看來，他會表現得比較好。

●你可以訓練你的悲觀者變成樂觀者。

桑頓問我是否可以幫他把悲觀的游泳選手改造成樂觀的，我告訴他我還不是很確定可以做到這一點。因爲我們正在發展這個計畫，不過看起來很有成功的希望。但是爲了感謝他們參與這個實驗，我答應我們的訓練計畫一成型就立刻給他們頭一個機會。當我在寫這一章時，我的訓練人員正啓程去柏克萊教他們如何可以變得樂觀，你會在本書的最後一篇看到這些技巧。

〈註釋〉

❶每一年出版的 Elias 棒球統計資料是我們預估在壓力下，投球和打擊的數字來源。請見 S. Siwoff, S. Hirdt 和 T. Hirdt 合著之 *The 1988 Elias Baseball Analyst* (New York: Collier, Macmillan Publishing Company, 1988)，我們同時也參考了 1985, 1986, 1987 年的版本。

❷請見 M. Seligman, S. Nolen-Hoeksema, N. Thornton 以及 K.M. Thornton 合著之 Explanatory Style as a Mechanism of Disappointing Athletic Performance 發表在 *Psychological Science,* I(1990), 143–146。

第十章　健康的良方

每一個人對於不好的事件都會有一段時期的無助感，而有悲觀的解釋形態的人會變得沮喪，沮喪會使兒茶酚胺耗盡，兒茶酚胺過低會引起腦內啡的升高，而腦內啡的增加會減低免疫系統的活動。當免疫系統削弱時，細菌就容易得逞了，因此悲觀的人比較容易生病。

丹尼九歲時，醫生發現他得了一種腹部的癌症叫做波爾凱特氏淋巴瘤(Burkitt's lymphoma)。他現在十歲，雖然他忍受了一年的放射線和化學治療，他的癌細胞仍然在擴散。每一個人，包括他的醫生在內都放棄了，只有丹尼自己不放棄。

丹尼有個計畫，他告訴每一個人，他長大後要做一個研究者，發現治療癌症的方法，使其他的孩子不會再得這個病。即使他的身體已經很虛弱了，丹尼的精神仍然還是很樂觀。

丹尼住在鹽湖城，他最主要的希望集中在一個他叫做「有名的東岸專家身上」——這個醫生是波爾凱特氏淋巴瘤的專家，他對丹尼的病感興趣，所以用長途電話與丹尼的醫生聯絡，做丹尼的顧問。他計畫在飛去美國西岸參加小兒科醫學會議時，在鹽湖城稍做停留，看一下丹尼並與丹尼的醫生談一下丹尼的病情。

丹尼非常地興奮，已經興奮了好幾個禮拜，因爲他有許多話要跟這位專家談。丹尼平常有寫日記的習慣，因爲他希望從日記裡可以找出一些治療的線索，他感到他在參與自己的治療。

在這位專家要來的這一天，機場因爲大霧而關閉了。塔臺將專家乘坐的這架飛機派到丹佛機場去降落，所以這位專家就決定直接飛到舊金山去。當丹尼聽到這個消息時，他偷偷地哭了，他爸媽和護士叫他休息，答應他一聯絡到這位醫生就讓他和丹尼在電話上談話。但是第二天早上，丹尼變得很浮躁不安，他從來沒有如此煩躁不安過。他開始發高燒，併發肺炎，到下午他開始昏迷，第二天下午他就死了。❶

你聽了這個故事有什麼感想？我相信這不是你第一次聽到這種希望破滅後人隨之死亡的故事，或是病人有了希望以後病情立刻好轉的個案。這種故事全世界到處都有，普遍到大家都知道希望是生命的維持者，而絕望是生命的摧毀者。

但是這另外還有一個可能性的解釋，你可能相信第三個因素——例如，一個很好的免疫系統——既可以救命又可以創造希望。或是你可能會相信人類這一種族特別有這種很深的渴望，去相信希望會帶來奇蹟，我們一再重複幾個似乎可以證明希望會帶來奇蹟的個案——其實那只是巧合——而把其他很多相反證據的個案按下不談；人有選擇性相信的傾向。

習得的無助與癌症

在一九七六年的春天，我的桌上放了一件非常奇特的研究所申請入學案。申請者是一位鹽湖城的護士，名叫維辛坦娜(Madelon Visintainer)，她在申請書中講了丹尼的故事，她說她曾經照顧過好幾個像丹尼這樣的小孩，她也照顧過越戰中的美國士兵，她看到的事情使她下決心重新回學校，她希望來賓州大學跟我做研究，看看是否絕望本身就會致命。假如會的話，她希望找出爲什麼會。她希望先用動物做實驗，然後再應用到人類身上。

維辛坦娜的坦白和眞誠的申請書感動了入學委員會的每一位委員。此外，她的成績和研究所入學考試成績(Graduate Record Examination, GRE)的分數都是合乎水準的，但是她的申請書中有一些漏洞，有些時期和地點交代不清楚，好像她每隔一段時期就消失一陣子。

我們試了幾次想澄清這些疑點，都沒成功。最後我們還是收了她。我在一九七六年的秋天，熱切地盼望著她的入學。但是開學日，她沒有來報到。不過她有打電話來說她需要再留在鹽湖城一年，因爲她要主持一個有關癌症的研究計畫，她要求我們保留她的入學許可到第二年的九月。一個「護士」會要去主持一個研究計畫聽起來是很奇怪的事。

我問她是否眞的想來賓州大學做這個冷門的題目，因爲很少心理學家和幾乎沒有任何一個醫學界的人願意相信，心理的狀態(如絕望)眞的會引起身體的病症。她會像是走在學術界的地雷區上，她得先有心理準備，因爲障礙重重。她回答說她並非「昨天才生的」，她閱歷已深，知道自己要的是什麼，已有心理準備了。

她在一九七七年的秋天來報到。跟她的申請書一樣樸實無華，一樣地神秘。她避免談到她的過去或是未來，不過她的「現在」卻是一流的，她有很強的科學心智，第一年的研究計畫就是以實驗證明絕望、無助會導致死亡。

她對耶魯大學兩位年輕研究員蘭傑(Ellen Langer)和羅丁(Judy Rodin)的新發現深感興奮。這兩位在療養院做老人的研究，看看改變老人對他們自己生活的控制，會不會影響他們的生活。❷

她們把老人院依樓層來分組。一樓的老人對他們的生活有額外的控制，也有額外的選擇。管理員對這些老人說：「我要你們知道你們在這裡可以自己決定些什麼。早飯有荷包蛋和炒蛋，不過你要在前一天晚上先選定你要哪一種；禮拜三或禮拜四晚上會放映電影，不過也是要先登記；這裡有一些盆景，選你們自己喜愛的，帶回去放在你的房間，不過你們要自己澆水。」

管理員對二樓的老人說：「我要你們知道在這裡你們有什麼福利。你們的早飯有荷包蛋或炒蛋，每週一、三、五的早上有荷包蛋，二、四、六有炒蛋。禮拜三和禮拜四晚上有電影，左邊廂房的人禮拜三看電影，右邊廂房的人禮拜四看。這裡有一些盆景，護士會替你們送到房間去擺著，護士也會來照顧它。」

所以，一樓和二樓的老人得到的福利是一模一樣的，只是一樓的老人自己有控制權而二樓的人沒有。

十八個月以後，蘭傑和羅丁再回到老人院去，她們發現有主控權的老人比較快樂，比較活潑，這點在各種測量表上都顯示出來。這一組的老人逝世的人數也比較少。這個驚人的事實，強調了自主權和控制權可以延年益壽，或許，絕望和無助就會致命。

維辛坦娜想要在實驗室中研究這個現象，因爲在實驗室中她可以精密地控制所有的變項，這樣她才可以知道爲什麼自主和無助會影響健康。她用三組老鼠：第一組給予輕微電擊，但牠們可以逃走；第二組給予同樣的電擊，但是逃不掉；第三組則沒有任何電擊。但是在開始電擊之前一天，她先移植一些腫瘤細胞到老鼠的肚子裡去，這種腫瘤若是沒有被身體的免疫系統消滅掉而讓它生長的話就會致命。維辛坦娜移植的數量是在正常的情況下，五〇%的老鼠會長癌，五〇%可以抵抗這些細胞而不會生癌。❸

這是一個設計得很完美的實驗，每一變項都控制了：電擊的量和次數、食物、住的環境和腫瘤細胞的數量，唯一不同的只有三組老鼠的心理狀態。一組是有習得的無助的經驗，一組是有主控的經驗，而第三組是心理上無改變的。假如這三組在抗拒腫瘤的能力上有差別的話，這個差距應該是來自心理狀態的不同，因爲其他的變項都被控制了。

在一個月之內，第三組沒有接受任何電擊的老鼠死了一半，剩下的一半抗拒了腫瘤。這是我們所預期的正常現象，表示移植腫瘤細胞的程序和數量是正確的。有主控經驗，能夠按桿去停止電擊的那一組老鼠，七〇%抗拒了腫瘤；但是只有二七%的無助組，不能自我控制的那一組，抗拒了腫瘤。

維辛坦娜變成第一個成功顯示**心理狀態——習得的無助——會導致癌症**的人。

不過，差一點變成第一個，因爲正當她把實驗寫成論文，投到最有名的《科學》(*Science*)期刊去發表時，我打開最近一期的《科學》，赫然發現二位加拿大的研究者斯可拉(Larry Sklar)和安尼斯曼(Hymie Anisman)在渥太華也做了同樣的實驗，只不過他們用的是小老鼠而不是大老鼠。還有就是，他們所測量的是腫瘤生長的速度而不是抗拒腫瘤的能力。他們的結論也是一樣的：**絕望無助會促使腫瘤長得更快**。❹

維辛坦娜另一個發現是有關老鼠的「童年」(斷奶的時期)。在小時候就有過自主控制經驗的老鼠，長大後比較能抗拒腫瘤。她給小老鼠可以逃避的電擊、不可逃避的電擊，以及無電擊，然後等小老鼠長大後，再將腫瘤細胞移植到老鼠身上。她再把原來的每一組老鼠再分成三組，可以逃避電擊的、不可以逃避電擊的，以及沒有電擊的新的三組。大多數在小時候有習得的無助的經驗的老鼠，長大後不能抗拒腫瘤的生長，而大多數在小的時候可以逃避電擊的老鼠，長大後可以抗拒腫瘤。所以兒童期的經驗對長大後腫瘤的抗拒力有很重要的關係。**幼鼠期的主控經驗可以幫助免疫系統的強化，而早期的無助經驗會增加成鼠罹患癌症的機會**。❺

維辛坦娜讀完博士學位後，申請了好幾個學校的助理教授職位。這些學校都堅持要她完整的履歷表，我才驚訝地發現原來她在來我這裡做研究生之前，就已經是耶魯大學護理系的助理教授。我後來又發現她還得過銀星獎章(Silver Star)及其他獎章，因爲在越戰時英勇的表現。在一九七〇年時她曾負責過柬埔寨鸚鵡嘴(Parrot's Beak)的野戰醫院。

我對她的背景所知僅限於此，她守口如瓶，不肯多說。但是至少我了解她一九七六年申請賓州大學時的勇氣和她堅強個性的來源。當她進入她自己所選擇的領域——心理狀態在生理健康上的效應——她要從科學的方法上去證明心理可以影響疾病，而她的這個理念在她從事護理工作時是被她的醫學院同儕所訕笑和不以爲然的。依照醫學界的教條，只有生理條件可以影響疾病，沒有心理條件存在的空間。所以她轉向學術界尋求支持。等她寫完博士論文時，她已經用科學的方法證明了心理狀態的確可以控制病情。現在醫學界也開始相信這個說法了。目前維辛坦娜是耶魯大學醫學院小兒護理系的系主任。

心靈和肉體

心靈怎麼可能影響肉體去抗拒疾病？這個問題是我所知道最難解的哲學問題。

在宇宙裡只有兩種實體：物質實體和精神實體。這是十七世紀理性主義大師笛卡兒(René Descartes)的話。那麼這兩者如何交互作用？我們可以用撞球時，母球打到子球，使子球滑動來解釋。但是你心理的意念如何去移動你的手來造成你的手動的物理現象？笛卡兒有他自己的看法，他認爲心靈是透過松果體(pineal gland)來控制身體的。松果體是大腦裡的一個小組織，它的功能我們到現在還不甚明瞭。笛卡兒這個看法是錯的，從他以後，科學家和哲學家就一直想找出心靈是如何影響肉體的。

笛卡兒是二元論者，他認爲心靈可以影響肉體。後來另一種反對的思想學派成型，它的影響力一直到今天：唯物論。支持唯物論的人相信宇宙間只有一種實體，即物理上的實體，幾乎所有的科學家和物理學家都是唯物論者，他們堅決反對思想和情緒可以影響身體的看法。對他們來說，這種是精神論(spiritualism)，所有認爲情緒和認知狀態會影響健康的想法，都爲唯物論所排斥。

我在過去的二十年裡一直爲三個有關健康和希望的問題所困擾。每一個問題都是爲了要了解身體的疾病，可以說是現代心靈與肉體問題的化身。

第一個問題是有關「原因」(cause)。希望眞的可以維持生命嗎？絕望和無助眞的會致命嗎？

第二個問題是有關「機制」(mechanism)。在這個物質的世界裡，希望和無助是怎麼運作的？是什麼樣的機制使精神上的質量影響到肉體上的質量？

第三個問題是有關「治療」(therapy)。改變你的想法，改變你的解釋形態可以增進你的健康，使你延年益壽嗎？

樂觀和健康

在過去的五年裡，全世界的各個實驗室都陸續發表研究報告說心理特質，尤其是樂觀，可以增進健康。這些證據使得我們以前聽到的許多老生常談，例如笑口常開、心情開朗，或是生存的意志可以幫助健康等，顯得有些道理，有些依據了。

習得的無助理論從四個層面來強調樂觀對健康有益。

第一是來自維辛坦娜的研究報告：有習得的無助的經驗的老鼠比較容易長腫瘤。這個發現很快又被更多更詳細的免疫系統研究所證實。免疫系統是身體對抗疾病的細胞防衛組織系統，它包含了很多種細胞，這些細胞主要的任務就是指認並消滅入侵身體的異物，例如細菌、濾過性病毒及腫瘤細胞。有一種細胞，叫做T細胞，可以辨識入侵者，例如痲疹，然後可以很快地繁殖自己，把這些入侵者消滅掉。另一種天然的殺手細胞NK細胞可以撲殺它們遇見的任何入侵異物。

研究者在無助老鼠身上發現，以前不可逃避的電擊經驗使得老鼠的免疫系統減弱了。無助的老鼠血液裡的T細胞不再很快地繁殖去對抗入侵的細菌，脾臟的NK細胞也失去了它們殺死入侵者的能力。[6]

這些發現顯示習得的無助不只是影響行爲而已，它深入細胞的層次，使得免疫系統變得被動。這表示維辛坦娜的無助組的老鼠沒有辦法抗拒腫瘤，可能是牠們的免疫系統功能已經被無助的經驗減弱了。

這對解釋形態來說又有什麼特殊意義呢？解釋形態是習得的無助的核心。如我們前面所見的，樂觀者可以抗拒無助，當他們失敗時，他們不會很容易就變得沮喪，他們不輕易放棄。在他們的一生經驗中，樂觀者會比悲觀者少很多習得的無助的經驗。這種無助的經驗越少，免疫系統越強健。所以**樂觀可以影響你健康的第一個方式就是防止無助的發生，而這就使得免疫防衛系統強壯有力**。

樂觀可以使你健康的**第二個方式是使你維持良好的健康習慣，尋求醫學的忠告**。一個悲觀的人認為生病是永久的、普遍的和個別性的事。「我怎麼做都沒用」，他這樣認為，「那又何必多此一舉？」這種人比較不會放棄抽菸、去打感冒預防針、節食、運動、生病時去看病，或甚至聽醫生的忠告。在一個三十五年的長期追蹤研究中，一百名哈佛畢業生裡，悲觀者比樂觀者更不會放棄抽菸習慣，更容易生病。樂觀者習慣於掌握自己的命運，比較會採取行動來防止生病，或是一旦生病了會立刻想辦法治療。

樂觀可以促進健康的**第三個方法是減少壞事件發生的次數**。統計上已經顯示一個人在某一段期間內所遇到不好的事情越多，越容易生病。在六個月內遷移、被解僱和離婚的人得病的機率最高，甚至得心臟病和癌症的比例都比一般人高。這是為什麼當你的人生發生重大事件時，你要比平常更小心，更常去做身體檢查。即使你自己覺得很好，沒事，你還是應該在換工作、退休、離婚或親人死亡時，特別注意你的身體。喪偶的人在頭六個月死亡的機率也比平常高好幾倍，所以假如你的母親過世了，你一定要讓你的父親去做一個詳細的身體檢查，這可能可以延長他的壽命。

你可能會想，誰會碰到較多的不幸事件呢？悲觀的人。因為他們比較被動，所以他們比較不會主動採取行動來避免不好的事，而且在事情發生了以後也比較不會採取行動來終止這些事。當你把這些態度加起來，不幸的事件發生在悲觀的人身上的機率就高於一般人了，而如果不幸事件容易導致疾病的話，悲觀的人就比較容易生病。

樂觀可以促進健康的**最後一個原因在於社會支持**。有一份深厚的友誼和愛情似乎對身體健康很重要。一個中年人若是有一個好朋友可以在有問題發生時，半夜打電話去談心，比沒有朋友的人健康情況好許多；而沒結婚的人得憂鬱症的機率比結婚的人高。即使只是一般的朋友也是抵抗疾病的一種防衛；離群獨居的人當他生病時，病得比較嚴重。

我母親在七十幾歲時動了一次手術，有幾個月的時間，她身上必須要掛著尿袋。很多人覺得尿袋很噁心，所以我母親深覺羞愧，她躲避她的朋友，不再打橋牌，不要我們去看她，留在家中一直到尿袋除去後才見客。不幸的是，在她獨居的這段時間，她的肺結核又犯了，她小時候在匈牙利時曾經得過這個病。她經歷了統計上所謂寂寞的代價：較高的得病率，特別是那些不容易根治的病會再復發。

悲觀者也有同樣的問題。遇到挫折時他們比較容易變得被動，他們比較不去尋求社會支持。這種沒有朋友、沒有社會支持跟疾病的關聯，提供了樂觀的解釋形態可以增進健康的第四個理由。

悲觀．不健康．癌症

第一個系統化地去研究悲觀和疾病之間關係的人是彼德森。在一九八〇年代中葉，當他在維吉尼亞理工學院教變態心理學時，他讓班上的一百五十名學生做了ＡＳＱ問卷，他們同時也寫下他們的身體健康狀況，以及在過去的幾個月期間一共去看過幾次醫生。彼德森追蹤他學生的健康情形一年，他發現悲觀的學生比樂觀的學生得傳染病的機率高二倍，而且去看醫生的次數也多二倍。❼

這會不會是悲觀的人比較喜歡抱怨這裡痛，那裡痛，而不是眞的有身體疾病？不是的，彼德森在學生做ＡＳＱ問卷之前和之後都實際調查過學生生病次數和去看醫生的次數。悲觀者生病的次數和看醫生的次數的確比較高。

另一個研究是看得乳癌復發的機率。有一項英國的研究追蹤六十九名乳癌患者五年，沒有復發的婦女多半是有戰鬥意志的婦女，而那些死亡或復發的多半是對一開始時的診斷抱著無助的心情，或是默默忍受的人。❽

另一個研究是對三十四名乳癌復發的婦女在她們到國家癌症研究所(National Cancer Institute)來看病時所做的詳細面談，包括她們的婚姻、孩子、工作，和疾病、手術、放射治療以及化學治療等。我們拿到這些面談的資料後，用ＣＡＶＥ的方式來分析她們的樂觀性。❾

乳癌通常在復發後存活的時間就不會太長，所以在面談後一年，這些婦女開始死亡；有些在幾個月內就死亡，另一些，很少數的，活到今天。誰是活得最長的？是那些最有樂觀解釋形態，覺得人生有趣，最會享受人生的人。

有沒有可能那些樂觀的人正好是病得比較不嚴重，所以她們活得比較長，即她們活得比較長並非樂觀或喜樂，而是根本病情就沒有那麼嚴重。不是的，國家癌症研究所有很珍貴的、詳細的病情資料——NK細胞活動的情形，感染到癌症的淋巴結數目，擴散的情形。這些活得較久的人的確是因爲樂觀的解釋形態和享受生命的關係。

不過這種結論並非沒有被挑戰。一九八五年凱斯蘭斯(Barrie Cassileth)發表了一篇有關罹患絕症病人的研究報告，指出心理變項對病人的存活率沒有任何影響。《新英格蘭醫學期刊》(*New England Journal of Medicine*)的副總編輯安琪爾(Marcia Angell)寫了一篇社論，裡面對這篇文章大爲讚揚，認爲這個研究就是一個證據，告訴我們那些「疾病是直接反映出心理狀態」的說法，其實只是民間傳說而已。安琪爾忽略了一些嚴謹的研究而採信一個最糟的研究，她把整個健康心理學(health psychology)貶成「神話」。這些唯物論者只要能找到任何一點支持心理狀態跟生理健康沒有關係的證據，就大肆宣傳，鑼鼓宣揚，唯恐天下不知。⑩

我們如何解釋凱斯蘭斯的研究和其他認爲心理狀態會影響疾病的研究的不同結果呢?第一，凱斯蘭斯用的心理測驗不恰當，她用了一些廣爲應用的測驗的片段，而不是整個測驗，所以一些需要好多個問題才能測出的概念，她只用了一個或二個問題。第二，凱斯蘭斯的病人全是癌症末期的患者。假如你被砂石車壓過，不管你有多樂觀恐怕都沒什麼用了;但是假如你是被腳踏車撞了，那麼你是否樂觀就有關係了。我認爲當病情已經嚴重到癌症末期時，心理狀態本來就不能發揮什麼作用；但是當腫瘤還小，病情剛剛開始發展時，樂觀的確攸關生死。我們已經看到了喪失親人的悲痛所造成的結果，與樂觀在免疫系統上的作用。

□免疫系統

唯物論者是把免疫系統從它所駐紮的那個人的心理中分離出來。他們認爲樂觀、希望這種心理變項是像精神一樣會蒸發掉、揮發掉的，所以他們不相信樂觀、沮喪和喪失親人對免疫系統的影響。他們忘記免疫系統是連到大腦上的，而心靈的狀態跟大腦有關係，它直接反映一個人的心理情況。這些大腦的狀態是可以影響到身體的，所以情緒和思想會影響到身體的疾病其實並沒有什麼神祕可言。

大腦和免疫系統不是靠神經連接而是靠荷爾蒙傳導。這個化學信差是透過血液流往全身，它可以將情緒狀態從身體的一部分傳到另一部分去。現在已有很多的證據指出當一個人沮喪時，他的大腦也隨之改變。神經傳導物質，這個神經彼此之間傳遞訊息的荷爾蒙，在沮喪時會變得匱乏，有一種神經傳導物質叫做兒茶酚胺(catecholamines)，在沮喪時就變得很稀少。

但是什麼樣的生理事件使免疫系統知道它的主人是處在悲觀、沮喪，或悲哀的狀態呢？當兒茶酚胺變得很少時，另一種化學物質腦內啡(endorphins，即身體自己製造的嗎啡)的活動就增加了。免疫系統有感受器專司腦內啡的水平探測，當兒茶酚胺很低時，腦內啡就高，免疫系統發現腦內啡高，它就把自己的活動調低。

這只是生物學上的幻想呢？還是悲傷、沮喪、悲觀的確可以把免疫系統關掉？

大約在十年前，澳洲有一些研究者找了二十六名剛剛喪妻的男士，他們爲這些受試者抽二次血，第一次是太太過世後的第一個禮拜，第二次抽血是喪妻後第六個禮拜。他們檢查在哀傷期間免疫系統的變化。他們發現悲慟期免疫系統的活動減低了，T細胞並沒有像原來應該的那樣快速地繁殖自己；時間久一點以後，免疫系統又逐漸恢復。美國的學者證實了這項發現，並且把這項發現又往前推進了一些。⓫

沮喪也會影響免疫系統反應的方式。有一個研究檢驗三十七名婦女在經歷人生的大變動後或沮喪時期，血液中的T細胞和NK細胞的活動情形。這些遭受不幸的婦女她們NK細胞活動的程度都比一般婦女來得低。她們沮喪的程度越嚴重，免疫的反應就越糟。⓬

假如沮喪和悲哀是暫時地減低了免疫系統的活動，那麼悲觀這種長期的、慢性的狀態就應該會使免疫活動長久地減低。悲觀的人，就如我們在第五章中所看到的，比較容易而且也比較常得憂鬱症，這表示悲觀的人一般來說，免疫系統都比較差。

爲了要驗證這個假說，賓州大學的一位研究生凱門(Laslie Kamen)和我跟耶魯的羅丁合作，羅丁已經追蹤康乃狄克州紐海文市一群老人的健康情形很久了。這些老人的平均年齡是七十一歲，研究者每一年好幾次去詳細詢問他們營養情形、健康狀態，以及他們孫兒的情況，每年這些老人要抽一次血，檢查他們的免疫系統。我們把這些面談的資料拿來分析悲觀程度，然後看驗血的結果，是否能預測免疫的活動強弱。這些結果正如我們所預期的，樂觀者有比較強的免疫活動力。此外，我們還發現在面談時他們的健康情形和他們的沮喪程度都不能預測他們的免疫系統反應。悲觀會使免疫系統活動比較低，與健康狀態和沮喪情形無關。⓭

綜合上述，這些證據很清楚地指出心理狀態可以改變你的免疫反應。喪失親人的哀痛、沮喪和悲觀，都可以減低你的免疫系統的活動。至於這些心理因素如何作用在生理上的詳細情形，還未很完善地被描繪出來，不過有一個可能性就如前面所談到的，大腦內有一些神經傳導物質在這種心情狀態下被用光了，或是數量變得很低，這個低的量引起腦內啡數量的上升；人體的免疫系統有專司腦內啡敏感的感受器，因此這個荷爾蒙量的上升會導致免疫系統活動的降低。

假如你的悲觀程度可以耗盡你的免疫系統，那麼悲觀很可能就會影響你一生的健康。

樂觀和健康的人生

樂觀的人有可能比悲觀的人活得長嗎？有沒有這個可能性：你在小時候有一個樂觀的解釋形態，你以後的一生都比較健康？

這個問題從科學的角度上不容易回答。我們不能找一群活得很老的人說他們大多數是樂觀的，他們很可能因為他們活得很長、身體又硬朗所以樂觀，而不是因為他們很樂觀所以活得長。

所以在我們回答這個問題之前，我們必須要先回答幾個其他的問題。第一就是我們需要知道解釋形態是否是一個很穩定的心態，是否在人的一生當中不太會改變。假如你小時候的樂觀會影響你年老時的健康，那麼你的樂觀程度就是可以維持一生不變的。爲了研究這個，我的一個研究生伯恩斯(Melanie Burns)在老人的雜誌上登廣告，尋求任何保留有他十幾歲時日記的老人。三十位老人來應徵，並把他們的日記交給我們，我們用CAVE的方法，替每一個人描繪他們青少年時期的解釋形態輪廓。此外，我們還要求這三十位老人每人寫一篇長的作文，談他現在的生活、他的健康、他的家庭、他的事業，我們也把這篇文章做CAVE分析，得到一個老年的解釋形態輪廓。那麼這兩個輪廓有相似處嗎？[14]

我們發現對好的事件的解釋形態在這五十年間是可以完全改變的，例如，同一個人在生命的某一個階段會認爲好事件的發生完全是由於命運，另一個時期又認爲是因爲他自已能力的關係。但是我們發現不好事件的解釋形態卻是相當穩定的，在這五十年間沒什麼改變。一些在少女時期寫著男孩子對她們沒有興趣是因爲她們「不可愛」的女人，在五十年後，她們還是認爲她們的孫子不來看她們是因爲她們「不可愛」。我們對不幸事件的看法，我們的悲劇理論是一生都不變的。

這個重要的發現使我們更靠近我們想要問的問題了(年輕時的解釋形態是否會影響以後的健康狀況)。在問我們的問題前還有哪些應該要知道的？

我們需要一個有下列特質的大樣本群：[15]

1. 在他們年輕時，他們有留下一堆具有因果關係的話或紀錄可供我們做CAVE分析。

2. 我們必須確定他們在寫這些句子時是身體健康、事業成功的。這點很重要，因爲假如他們那時身體不健康，或已經失敗了，那麼他們可能會是悲觀的，這個悲觀會使他們以後比較不健康。假如是這樣的話，早期的樂觀解釋形態就會與長壽和健康有相關，但是這個相關可能是來自早期的不健康或早期的失敗會造成不健康的生活。這就沒什麼稀奇，不值得寫了。

3. 我們需要的受試者是每年都固定做健康檢查的人，這樣我們才可以畫出他們一生的健康情況圖表來。

4. 最後，我們需要相當老的受試者，這樣他們才有夠長的一生讓我們來預測他們的健康情況。

我們顯然是要求過份了，哪裡可以找得到有這些條件的人呢？

格蘭計畫裡的受試者

維蘭特（George Vaillant）一直是我很尊敬的心理分析學家，一九七八—七九年間我有幸做他的「同學」，我們一起被邀去史丹佛大學的行爲科學研究中心研究一年。維蘭特深信心理分析理論中的防衛理論，他認爲影響我們一生的不是有多少次的不幸事件發生在我們身上，而是我們怎麼樣在心理、精神上去對抗它。他認爲我們對不幸事件的習慣性解釋是我們自我防衛的一種，他曾在一個很特殊的樣本群上驗證過他的這個想法，維蘭特花了十多年追蹤一群很奇特的受試者，在他們從中年進入老年時詳細訪問他們。

在一九三〇年代中期，格蘭基金會(William T. Grant Foundation)曾經研究過一群身體健康的人他們整個成人期的生活。這個研究最原始的設計人是想追蹤一群絕頂聰明的人，看決定一個人成功和健康的因素是什麼。所以他們找了哈佛大學五個年度的大一學生，從裡面挑選出二百名身體狀況絕佳、智力和社交能力都是一流的學生，作爲追蹤的對象，這大約是哈佛大學一九三九年到一九四四年所收學生的五%。追蹤研究他們到現在，這些人都七十歲左右，全力配合這個研究五十年；他們每五年做一次詳細的健康檢查，定期接受訪談，不停地填寫各種問卷。他們提供了研究一個人健康和成功因素的最寶貴資料。

當這個格蘭研究的主持人年紀太大，做不動時，他們想找年輕的人繼續下去，一直到這些受試者過世爲止。那時正好是那群哈佛大學畢業生畢業二十五週年聚會，主持人選擇了年約三十的維蘭特繼續下去。維蘭特那時是美國最有前途的年輕精病神學研究者。

維蘭特在格蘭研究中第一個重要的發現是，二十歲時的財富並不能擔保以後的成功和健康。這些哈佛人中有相當高的失敗率和不健康情況：例如婚姻的失敗、破產、酗酒、年輕就得心臟病、自殺和其他的悲劇，有一個人是被刺殺的。這些哈佛人跟他同時期生在貧民窟的同年齡者所經歷到的傷心事和打擊是一樣的。維蘭特的研究是想找出可以預測這些哈佛人中什麼樣的人會有好的生活、成功的事業，什麼人又會潦倒一生的因素。

我前面說過，維蘭特的主要關心點在他所謂的防衛機制：這些人對抗不幸事件的特殊方式。有些人還在大學時就可以成熟的方式來面對失敗——以幽默、利他主義、昇華等方法來自我排解失敗；其他的人就不行，例如當女朋友移情別戀時，他們就用否認、投射等其他不成熟的防衛方式來解釋這個打擊。那些在二十歲時就已有成熟的防衛方式的人以後會比較成功，比較健康。到他們六十歲時，這些年輕時就有成熟的防衛方式的人都沒有得到像心臟病、高血壓這種慢性病，但是三分之一以上那些年輕時沒有成熟防衛方式的人，到了六十歲健康情形都很差。

這些人就是我們要找的人。他們在年輕時都有留下有關因果關係的句子，他們在寫這些句子時都很健康、成功、如意，他們的健康情形都被密切地追蹤著，他們現在都在中年期的後期。此外，我們還知道很多有關他們人格、生活情況的訊息。那麼，這些人裡面，樂觀的是否會比悲觀的健康些？活得長些？

維蘭特很慷慨地答應與彼德森和我合作。維蘭特認爲他是這批珍貴、特殊的樣本群的保管者，他願意「出借」（爲了保護這些哈佛人的穩私權）這些資料給致力於研究人生健康和成功因素的科學家。

我們決定用「密封」（sealed-envelope）的方式來進行，維蘭特不讓我們知道這些人是誰，他們的健康情形又如何。他先隨機地抽樣出一半的哈佛人（共九十九名），給我們這些人在二次世界大戰結束後回來團聚時所寫的作文。這裡面資料非常豐富，充滿了悲觀和樂觀的解釋形態：

「船沉了，因爲那個海軍上將是個笨蛋。」

「我永遠不可能跟那些人相處得好，因爲他們嫉妒我是哈佛畢業的。」

我們以CAVE分析了所有的作文，替每一個人畫出一個青年期結束時的解釋形態輪廓圖。然後，一個下雪天，彼德森和我飛到達特茅斯，維蘭特在那裡做精神科的教授，三個人共同打開密封的信封，看這個人實際的生活情形與我們替他勾畫出來的之間的關係。我們所看到的是六十歲時的健康情形跟他二十五歲時的樂觀程度有密切的關係。悲觀的人比樂觀的人早開始生病、健康退化，這個健康的差距到四十五歲時已經十分顯著。在四十五歲以前，樂觀對健康沒有影響。在四十五歲以前，男人一般來說，保持著跟二十五歲時一樣的健康情況；但是四十五歲以後，男人的身體開始走下坡。這個坡下得多快、多陡，可以從他二十五歲時的悲觀程度來預測。此外，當我們把其他的因素——他們的防衛方式，二十五歲時的心理和生理健康狀態——放入電腦計算程式中時，樂觀這個因素被分離出來，成爲決定四十五歲以後的二十年健康的主要因素。這些人現在正進入老年期，所以在下面的十年裡，我們可以知道樂觀除了可以預測健康外，是否也能預測長壽。

再談靈肉問題

我們現在已經有許多證據顯示心理的狀態的確會影響身體的健康。沮喪、悲觀、哀痛對我們的健康都有短期和長期的影響，其對心理的影響方式現在已經不再神祕，我們已經知道它的作用程序了。

這個序列從某一個壞的事件開始，例如失敗、喪偶、某一些使你覺得無助的事件。我們前面看到，每一個人對於不好的事件都會有一段時期的無助感，而有悲觀的解釋形態的人會變得沮喪，沮喪會使兒茶酚胺耗盡，兒茶酚胺過低會引起腦內啡的升高，而腦內啡的增加會減低免疫系統的活動。我們的身體無時無刻都是暴露在充滿細菌的大氣中，所以當免疫系統削弱時，細菌就容易得逞了，因此悲觀的人比較容易生病。

這個連帶關係序列的每一個環節都是可以驗證的，從失敗—悲觀—沮喪—兒茶酚胺減少—腦內啡增加—免疫系統被抑制—生病，這裡面每一環我們都有證據來證明它是這樣運作的。這裡面沒有任何神祕，也沒有任何不可測量的過程，此外，假如這個序列眞的是如此的話，治療和防止可以在每一個環節上有貢獻。

心理的預防和治療

「這是一生一次的機會，」羅丁這樣說：「我們不應該提議去做安全沒風險的研究，我們應該要求他們支援我們去做我們一直想做的研究。」這位跟我合作悲觀和免疫系統的耶魯大學教授略顯焦急。這是一個小團體的討論會，全世界有名的健康心理學家都來到紐海文的耶魯大學商討應該要提出一個什麼樣的研究計畫。因爲我們終於有足夠的經費去實現我們的夢想了，但是我們的夢想是什麼？

羅丁是個奇人，在她四十歲以前就做到了耶魯的講座教授，東部心理學會的會長，美國國家醫學院的會員。她在這個寒冷的冬天早晨把我們找到紐海文市來開會的原因，是她認爲時機已經成熟了，應該去向麥克阿瑟基金會(MacArthur Foundation)申請支持來發展這個已具雛型，日益壯大的「心理神經免疫學」(psychoneuroimmunology)——研究心理如何影響健康和免疫系統的領域。「麥克阿瑟基金會在尋找可以改變醫學前途面貌的研究來支持。這些計畫對一般的財援機構，如國家衛生研究院(National Institutes of Health, NIH)來說是太前進、太大膽的。我們以前每三年向ＮＩＨ申請經費做循規蹈矩的研究，年復一年，究竟我們心目中眞正想做什麼？什麼是我們想而又不敢向ＮＩＨ這些機構申請的？」

一位一向害羞，聲音柔軟的匹茲堡心因性腫瘤學(psychological oncology)教授李維(Sandra Levy)開口了。「我一直想做的，」她略帶激動地說：「是去嘗試治療和預防。羅丁和馬汀已經告訴我們悲觀的解釋形態會造成不好的免疫功能和壞的健康，造成這樣的連帶關係的原因我們也有一個非常可能的解釋。現在已有足夠的證據來支持認知治療可以改變解釋形態，以及，記住我的話，可以治療癌症。」

她說完後，有一段長的、令人難堪的沉默，除了這個房間之內的人外，幾乎沒有其他的人相信心理治療會提昇一個功能不好的免疫系統，更少人會相信心理治療可以治療癌症。對其他的心理學家來說這是冒牌的科學家或密醫所說的話，沒有人會相信，一旦被認爲是不學無術的江湖郎中，那麼我們辛苦建立起來的聲譽就毀於一旦了。心理治療可以治療癌症？真是的，誰會相信呢？

我鼓起勇氣打破這個沉默。「我同意李維的話。」我這樣說，不太確定會有什麼樣的後果。「假如羅丁要的是前瞻性，要的是夢想，那很好，讓我們用心理學上的方法來改變免疫系統看看。假如我們錯了，我們不過是浪費了自己幾年的時光而已，但是假如我們是對的，而我們可以說服政府去做更好、更精確的這種實驗的話，我們就替醫學保健系統帶來了革命。」

那天早上，羅丁、李維和我決定去試一下。我們第一件事是要求麥克阿瑟基金會來支持我們做一個小規模的認知治療提昇免疫系統的研究。這個要求很快就被核准了，所以在後來的兩年裡，我們治療了四十名直腸癌和皮膚癌的患者。這些病人照常接受放射治療和化學治療，但是，每週一次，一共十二週，他們另外還接受認知治療。我們設計這些治療的內容不是在於治癒憂鬱症，而是給病人一些新的思考方法來看打擊：認識自己不自覺的思想，當自己鑽牛角尖時，去找方法來使自己分心，去想別的愉快的事，然後與自己的悲觀解釋爭辯，反駁自己的悲觀看法（詳見第十二章）。我們另外還教他們如何放鬆自己，如何應付壓力。當然我們另外有一組控制組來供我們做比較，他們也是癌症病人，也一樣接受放射和化學治療，只是沒有接受認知治療和放鬆的訓練。

「我的天！你應該來看這些數字！」我從來沒有聽過李維這麼興奮過。這是兩年後，一個十一月的早晨，她打電話給我。「有接受認知治療的病人他們的NK細胞活動升高得非常快，但是控制組的病人並沒有，我的天！」

簡單地說，認知治療的確增強了免疫系統的活動，就如我們預期的一樣。

現在斷言是認知治療改變了疾病的方向或是拯救了這些癌症病人的生命還太早，時機還未成熟。這個只有等時間來告訴我們。但是這個小型的研究足以說服麥克阿瑟基金會有冒險精神的理事們，同意支持我們做長期的計畫。從一九九〇年開始，我們給更多的癌症病人認知治療，想辦法提昇他們身體的免疫能力來打敗癌症，甚至延長他們的壽命。

同樣令人興奮的是我們也在進行預防，所謂預防勝於治療，我們給高危險群的人認知治療的練習（你在第十二章中會看到）。這些人包括剛離婚或剛分居的人，駐守在南北極寒冷地方的軍人等。這些人一般來說都比普通人得病率高，改變他們悲觀的解釋形態是否可以增加他們免疫系統的抵抗力，而預防身體上的疾病？

我們很有信心。

〈註釋〉

❶Daniel的故事取自M. Visintainer和M. Seligman的文章The Hope Factor, *American Health*, 2 (1983), 58-61。

❷請參見E.J. Langer和J. Rodin合著之Effects of Choice and Enhanced Personal Responsibility for the Aged: A Field Experiment in an Institutional Setting, *Journal of Personality and Social Psychology*, 34(1976), 191-199。

❸見M. Visintainer, J. Volpicelli和M. Seligman合著之Tumor Rejection in Rats After Inescapable or Escapable Shock, *Science*, 216 (1982), 437-439。

❹見L.S. Sklar and H. Anisman，Stress and Coping Factors Influence Tumor Growth，*Science*, 205 (1979), 513-515。

❺見M. Seligman和M. Visintainer合著之Tumor Rejectian and Early Experience of Uncontrollable Shock in the Rat。此篇文章被收在F.R. Brush和J.B. Overmier主編之*Affect, Conditioning, and Cognition: Essays on the Determinants of Behavior* (Hillsdale,: Erlbaum, 1985), 203-210。

❻要去淺嘗一下這個高科技的領域，請參閱S.F. Maier, M. Laudenslager和S.M. Ryan合著之Stressor Controllability, Immune Function, and Endogenous Opiates，收錄在*Affect, Conditioning and Cognition*一書，但第二〇三—二一〇頁有錯誤。

❼見C. Peterson之Explanatory Style as a Risk Factor for Illness, *Cognitive Therapy and Research*, 12(1988), 117-130。

❽見S. Greer, T. Morris和K. W. Pettingale合著之Psychological Response to Breast Cancer: Effect on Outcome, *The Lancet*, II(1979), 785-787。

❾請參見未發表的手稿，S. Levy, M. Seligman, L. Morrow, C. Bagley和M. Lippman合寫之Survival Hazards Analysis in First Recurrent Breast Cancer Patients··Seven Year Follow-up。

❿請見B.R. Cassileth， E.G. Lusk, D.S. Miller L.L. Brown和C. Miller合著之Psychosocial Correlates of Survival in Malignant Disease, *New England Journal of Medicine*, 312(1985), 1551-1555以及M. Angell所著之Disease as a Reflection of the Psyche, *New England Journal of Medicine,* 1570-1572。

⓫見R. Bartrop, L. Lockhurst, L. Lazarus L. Kiloh和R. Penney合著之Decreased Lymphocyte Function after Bereavement, *Lancet,* I(1979), 834-836。

⓬見M. Irwin, M. Daniels, E.T. Bloom, T.L. Smith和H. Weiner合著之Life Events, Depressive Symptoms and Immune Function, *American Journal of Psychiatry*, 144(1987), 437-441。

⓭見未發表之手稿，L. Kamen, J. Rodin，C. Dwyer和M. Seligman合寫之Pessimism and Cell-mediated Immunity。

⓮見M. Burns和M. Seligman合著之Explanatory Style Across Lifespan: Evidence for Stability over 52 years, *Journal of Personality and Social Psychology,* 56(1989), 471-477。

⓯見C. Peterson, M. Seligman和G. Vaillant合著之Pessimistic Explanatory Style as a Risk for Physical Illness: A Thirty-five year Longitudinal Study, *Journal of Personality and Social Psychology*, 55(1988), 23-7。

第十一章　政治、宗教和文化：新的心理歷史學

在我們的手上，心理歷史學重生了。我們可以預測重大事件的結果，遠在它發生之前我們就做預測。我們預測很大一群人的行為，我們預測選民的投票結果，我們預測移民；我們建立了真實合理有效的心理學原則，而且我們使用恰當有效的統計工具。

我早年時期所讀的佛洛伊德文章，強烈地影響了我後來的研究走向。它使我對「熱門」的心理學——動機、情緒、心理疾病——非常著迷，而對「冷門」的心理學領域——知覺、訊息處理、聽覺和視覺——沒什麼興趣。但是我童年時期另一個著名的科幻小說作者阿西莫夫(Isaac Asimov)雖然不像佛洛伊德那麼有名，對我的影響卻更深。

在阿西莫夫那本令人一看就放不下來的小說《基礎三部曲》(*Foundation Trilogy*；我在青少年期時精力充沛，這本書我花了三十個小時，一口氣看完)，阿西莫夫為有頭腦的、長滿粉刺(青春痘)的孩子創造出一個英雄——塞爾登(Hari Selden)。他是一個心理歷史的科學家，專門預言未來。塞爾登認為個人是不可預測的，但是個人所組成的團體，就像一團原子，變得非常可以預測了。你只需要塞爾登的統計公式和他的行為原則(阿西莫夫從來沒有把這個祕密透露給我們)，你就可以預測歷史的走向，

甚至一個危機的結果。「哇！」這些年輕人佩服得不得了：「可以從心理學的原則來預言未來！」

這個「哇！」到現在一直跟著我。當我還是年輕的教授時，我非常興奮地發現心理歷史學眞的存在。後來，我與我的好朋友，賓州大學歷史系的助理教授寇爾斯(Alan Kors)，合開了一門研究所的課叫做心理歷史學。這門課給我們一個機會去看學術界的阿西莫夫世界。結果發現這是一個多麼令人失望的嘗試。

我們讀了艾瑞克森(Erik Erikson)的嘗試，他企圖把佛洛伊德的心理分析分析原理應用到馬丁・路德(Martin Luther)身上。艾瑞克森說路德反抗天主教的勇氣來自他小時候大小便的訓練——艾瑞克森教授從零星的路德童年史料記載中，得出這個驚人的結論。這種異想天開的假設與推論絕對不是塞爾登的本意。第一，它的原則並不能達到這個目的，它甚至無法幫助治療師解釋他的病人爲什麼有反抗心理，更不要說去解釋已經死了幾百年的人的反抗心理。不要忘記，他對躺在沙發上的病人的童年歷史知道得非常清楚，而他對死了幾百年的人的童年可以說是一無所知。第二，那個時期所謂的心理歷史學指的是個案研究，而阿西莫夫淸楚地指出要做出有效的預言必須要有很多的個案，才能把不可預測的個別變項排除。第三，也是最糟的，這種心理歷史根本沒有預測出什麼東西來；它把一個已經有定論的東西拿來，編一個故事(運用心理分析的後知後覺)去使這個已知之事合理化。❶

當我接受艾爾德一九八一年的挑戰，去發展一個時間機器時，阿西莫夫的理念還是深在我心，所以我預備用內容分析的方法——不管是寫的或是說的有關解釋形態的句子——來找出這些不能或不願接受問卷調查的人的解釋形態：母女兩代、運動明星、面臨被併吞的企業老闆、世界的領袖等。但是還有一大群不能接受問卷調查的人——那些已經死亡，但是他們的行為影響了歷史的人。我告訴艾爾德，CAVE正是他所夢想的方法。我建議不但可以把CAVE用在當代不願接受問卷的人，也可以用在已經死亡，不能接受問卷的人身上。我們所需要的只是他們忠實的口語記載而已。只要有這些句子，我們就可以找出他們的解釋形態。我指出我們可以用的材料非常地廣泛，自傳、遺囑、新聞稿、錄音帶、日記、治療的病歷、從前線戰場寫回來的家書、接受提名的答謝詞。「艾爾德，」我說：「我們可以來做心理歷史。」

畢竟，我們手上有了塞爾登所說三個必要條件。第一，我們有一個很有價值的心理學原理，樂觀的解釋形態預測抗拒憂鬱症的能力，預測高成就，預測堅忍性。第二，我們有一個有效的測量活的或死的人的解釋形態的方法。第三，我們的樣本群已經大到可以讓我們做統計上的預測。

一九八三年春天的一個早上，我發現自己對著一個二十一歲的大學生解釋上面這些。這個大學生叫做祖洛(Harold Zullow)，他的想法、原創性、精力都是一流的。我解釋CAVE的技術給他聽，告訴他這個方法可能可以開創出什麼天地，希望說服他來賓州大學做我的研究生。

「你有想過把這套方法應用到政治上嗎？」他說：「或許我們可以預測選舉。我敢打賭美國人希望有一個樂觀者作領導人，一個告訴他們問題一定可以解決的人，而不是一個扭著手不知該怎麼辦，對什麼都抱著懷疑態度的人。你需要大量的受試者嗎？美國的選民如何？你無法預測每一個選民要怎麼投他的票，但是或許我們可以預測一群選民，當他們成爲一個團體時，會怎麼投。我們可以從候選人的政見發表中找出他們的樂觀輪廓圖，然後預測誰會贏。」

我很高興他用了「我們」，因爲這表示他會來賓州大學就讀。他果然到賓州大學，在這以後的五年，他的成就是驚人的。他變成第一個預測歷史事件的心理學家。

美國總統大選：一九四八—八四年

美國選民所要的總統是個什麼樣的總統？樂觀性在美國選民的心目中有分量嗎？❷政治學是祖洛的嗜好，所以他從他的嗜好開始他的研究生生涯。我們重新閱讀了近代當選總統和落選者的接受提名演講詞。這裡面樂觀和不樂觀的差異立刻就顯現出來了。讓我們來聽聽史帝文生(Adlai Stevenson)在一九五二年第一次接受民主黨提名時的答謝詞（史帝文生競選美國總統二次都失敗）：

「當喧囂和喊叫停止時，當樂隊離去，燈光熄滅時，在這歷史性的時刻，責任，赤裸裸地擺在我們面前。這是一個內憂外患的時刻：對內，唯物論和各種明爭暗鬥的鬼魅陰影纏繞著我們；對外，國際上充滿了不擇手段的權力鬥爭。」

這些可能是不朽的句子，但是也令人沉思。史帝文生不愧是個大學者，他的演講稿中充滿了不好的事件及對這些事件的分析，但是他沒有提出任何改變這不好事件的方法。下面是他的解釋形態：

「二十世紀的磨難——這個自基督降世以來最血腥、最動盪不安的時代還沒有過去。犧牲、耐性和不能改變的目的在未來很多年還肩負在我們身上……

「我不尋求你們的提名作爲總統候選人，因爲坐在那個位子的壓力超越任何人的想像。」

他的解釋形態非常地永久性：磨難要來，會很長久，會引起犧牲。非常地普遍性：這個負擔使他不敢去尋求總統的提名。史帝文生，一個絕頂聰明的人，是在情緒的黑洞裡。他的解釋形態是沮喪的，他的沉思反芻也是。

艾森豪(Dwight D. Eisenhower)的演講詞就和史帝文生的大不相同。艾森豪是史帝文生二度的對手，他的解釋形態反芻很少，樂觀性很高，而且充滿了行動。請聽艾森豪接受共和黨提名(一九五二年)的演說詞(我要去韓國)：

「今天是我們打仗的第一天。

「通往十一月四日的這條路充滿了荊棘，在這場挑戰上，我會全力以赴，毫不保留。

「我參加過很多的戰役，我習慣在攻擊的前夕，去到營地與我的士兵面對面地聊天，談他們所關心的事，談我們肩上的這個重大任務。」

艾森豪的演講詞沒有史帝文生的優雅、含蓄和文采，但是艾森豪贏了一九五二和一九五六年的大選。當然，他是二次世界大戰的英雄，他的對手的資歷跟他比起來的確是小巫見大巫。歷史學家那時就認為沒有人比得上艾森豪的聲望。事實上，共和和民主兩黨都在爭取他做他們的候選人。那麼艾森豪的樂觀和史帝文生的悲觀究竟跟大選的結果有沒有關係呢？我們認為是有的。

一個總統候選人若是比他的對手悲觀，更反覆沉思的話，會有什麼樣的後果呢？我們認為這會有三個負面的效果。

第一，這個陰沉的候選人會比較被動，競選演說的次數比較少，也比較不會立刻反擊對方的攻擊。

第二，選民比較不喜歡他。一個控制良好的實驗曾顯示人比較偏向於避免跟沮喪的人在一起，也比較不喜歡沮喪的人。這並不是說總統候選人是沮喪的，他們通常都不是沮喪的，而是說選民對樂觀這個向度特別地敏感，可以感覺到兩個候選人之間的些微差距。

第三，比較悲觀的候選人也比較不會激起選民的希望。悲觀者對不幸事件所做的永久性和普遍性的評語會使人感到絕望。候選人越常說這類的話，他的絕望意識越會傳播出來。假如一個選民要的總統是一個會使選民相信他可以解決這個國家所面臨的困難的人的話，選民會選擇樂觀的候選人。

這三個後果加起來，我們就可以預測二個候選人中比較悲觀的那一位會輸。

要驗證我們的看法，即候選人的樂觀程度會影響他的大選結果，我們需要找到一個基準點，在這一點上，兩個候選人的演講要是可以相互比較的，而且也可以跟以前的候選人的演講相比較。這裡面唯一的可能性就是兩黨總統提名的接受演說，在這篇接受詞中，候選人必須把他對國家未來的藍圖畫出來。四十年前，這種提名接受的演講只有在現場才能聽到，一般老百姓是聽不見的，但是一九四八年開始電視現場轉播，電視機前面的觀衆都可以接收到這個訊息。所以我們自一九四八年起，收集了過去四十年的十次總統提名致答詞，把裡面凡是有關因果關係的句子都勾出來，把它們隨機排列後，拿去給不知情的人評分，用CAVE來算他們的樂觀分數。此外，我們還評論或分析一個不好的事件，但是沒有把提到如何去解決它的句子都找出來，除以全部的句子數目，得出一個反覆反芻沉思的比例。我們同時也對帶有行動表現的句子做統計，算出全篇演講稿中，候選人提到他曾經做了什麼或是他預備要怎麼做的句子所佔的百分比。我們把解釋形態分數加上反芻分數得到一個總分，我們叫它作「悲芻」(pessrum)：悲芻的分數越高，候選人的解釋形態越糟。

這樣做後，當我們比較一九四八年到一九八四年這四十年間每一次選舉，兩黨候選人的悲芻分數時，我們第一個發現的就是十次中有九次是悲觀分數低的那位候選人當選。我們只看他們演講的內容，竟然估算得比民意調查還準確！

我們沒有算到的是一九六八年尼克森(Richard Nixon)和韓福瑞(Hubert Humphrey)的那次。韓福瑞比尼克森在接受提名的演講詞中稍微樂觀一點，所以我們選了韓福瑞，但是韓福瑞在芝加哥民主黨提名大會演講的時候，會場外發生了暴動，警察打了嬉皮。韓福瑞的聲望立刻掉下來，開始競選時他的聲望落後了十五個百分點。但是他慢慢爬起來，到選舉日時，只差百分之一。假如他的競選可以再長三天的話，民意調查告訴我們，樂觀的韓福瑞會贏得這場總統大選。

那麼輸贏的幅度跟兩個候選人悲觀的差距有關嗎？大有關係。差距大的人贏的幅度也大：艾森豪(兩次)贏史帝文生，詹森贏高華德(Barry M. Goldwater)，尼克森贏麥高文(George S. McGovern)，雷根(Ronald Reagan)贏卡特(Jimmy Carter)。兩個候選人如果樂觀分數只差一點時，輸贏也只差一點：例如卡特贏福特(Gerald R. Ford)。

等一下。哪一個先？樂觀還是領先？是認爲自己會贏的樂觀使得選民投他，還是因爲他已經領先所以樂觀？樂觀是原因呢？還是一個假象，因爲他已經領先了？

要澄清這點最好的方式就是去看後來居上的那些候選人。依照定義來說，他們在開始競選時，民意調查顯示每一個人都落後給對手，有的時候是落後很多，並沒有領先的情況使他們更樂觀。一九四八年，杜魯門(Harry S. Truman)落後杜威(Thomas E. Dewey)一三%，但是他的悲觀分數比杜威樂觀很多，最後杜魯門贏杜威四・六%，跌破所有人的眼鏡。一九六〇年，甘迺迪(John Kennedy)比尼克森落後六・四%，但是甘迺迪的悲觀分數比尼克森低很多，即他比尼克森樂觀得多，結果他贏尼克森〇・二%，是有史以來最接近的選舉，眞正的險勝。一九八〇年，雷根比當時的總統卡特落後一・二%，雷根比較樂觀，所以後來他贏卡特一〇%之多。

我們可以用統計的方式來控制早期民意調查時的領先，以及候選人是在職的現任總統，因爲這兩個因素會使樂觀分數膨脹。當控制了這兩個因素時，我們看到樂觀仍然有其效應存在——事實上，仍然是主要的效應。它決定輸贏的幅度，不過悲觀所預測的比任何一個因素都來得準確。

選民爲什麼喜歡樂觀的候選人有三個可能的原因：樂觀者的競選造勢比較有活力；選民不喜歡悲觀者；樂觀可以帶動希望。我們對第二項和第三項並沒有直接測量的方法，但是在十次的總統選舉中，我們計算了七次大選，每一個候選人競選時每一天所到之處——即他有多投入這項選舉。這就如我們所預測的，比較樂觀的候選人去的地方比較多，他比較熱中，比較投入，也比較賣力競選。

接受提名的演講稿通常是別人捉刀的，而且一再修改。那麼，它到底是反映出候選人的樂觀程度？還是反映出捉刀者的樂觀程度？或是說，候選人認爲選民要聽的話？從某個角度來看，這是沒有關係的。這個樂觀的分析其實預測的是選民基於他們對候選人的印象會怎麼投而已，至於這個印象是眞的還是塑造出來的並沒有關係。但是從另一個角度來看，候選人究竟是怎麼樣就很有關係，很重要。有一個方式是比較記者招待會和公開辯論，這種場合比較不會照本宣科，比較是候選人自己的話。我們分析了有公開辯論的四次總統大選，這四次大選中，悲觀分數比較好的在辯論中的表現也比較好。

然後我替六位世界領導人的演講詞和記者招待會的文稿（我並不知道評的是誰的演講稿）評分，來找出他們的解釋形態。很厲害的是我找出他們的「指紋」(fingerprint)，即從照本宣科的演講稿到記者招待會的即興演出，都有一個相當穩定的特徵，他們的永久性和普遍性分數從事先寫好的演講稿到記者招待會的即席作答都非常地一致，而且每一位領袖都有非常特殊的、與眾不同的輪廓剖析（我想這個方式以後可以用來決定某個書面文件是否眞的是那個人自己寫的，例如是人質自己寫的還是恐怖份子替他寫的）。個別性分數則隨著演講稿到記者招待會而不同，不過變的是一個常數，換句話說，個人的解釋，例如誰負這個責任，在正式的演講中比較含蓄，有所掩飾，而在記者招待會中比較自然流露，比較率性。

我的結論是不管有沒有人捉刀代言，演講稿還是反映出演講者的性格。不論是他自己寫，所以反映出他的樂觀程度，或是他找的人在這一點上與他臭味相投（不然也不會找這個人寫），演講稿都能反映出演講者內在的人格特質。不過有一個例外，那就是杜凱吉斯(Michael Dukakis)。

美國總統大選：一九〇〇—四四年

我們決定驗證一下是否我們十個中有九個對的結果是僥倖的呢？還是這僅是電視時代的一個現象。我們讀了自一九〇〇年麥金利—布賴恩(McKinley-Bryan)以來的競選提名文稿，我們分析他們的解釋形態和反芻。我們又多增加了十二次的總統大選材料。

我們看到同樣的結果，十二次大選中有九次，悲芻分數比較好的候選人贏，而且贏的幅度跟兩人分數的差距有高相關。另外那三個例外，就如尼克森和韓福瑞的例外一樣，是非常有意思的。這三個例外都是羅斯福(Franklin D. Roosevelt)的連任選舉，羅斯福每一次都贏得蠻多的，雖然他比蘭登(Alfred Landon)、威爾基(Wendell Willky)和杜威都悲觀。我們認爲這三次選舉中，選民是投給羅斯福在危機中的表現(正值二次世界大戰)，而不是他對手演講詞中的希望程度。

從一九〇〇年到一九八四年以來的二十二次總統選舉，美國人民選了樂觀的候選人十八次。在所有的選舉中，那些原來不被看好但是後來居上的意外者，都是比較樂觀的候選人。輸贏的幅度與兩位候選人悲芻分數的差距有高相關，樂觀程度比對手越高的人，贏的幅度也越大。

在成功地預測歷史後，祖洛和我決定預測未來的時機已經成熟了。

一九八八年的大選

在學術上的嘗試，心理學史是用來「後測」(postdict)事件——用更早以前的事去預測後來發生的事。因此在艾瑞克森那本《青年路德》(*Young Man Luther*)中，他用路德的大小便訓練來「預測」他日後不屈服於權威的宗教革命。這沒有什麼了不起或驚人之處，假如我們已經知道結果的話，我們就有相當大的空間去尋找導致這個結果的理由。

因此，我們的二十二屆總統競選也可以用「後測」來預知結果。我們已經知道誰贏了，雖然我們儘量做到公正的分析，並且找不知情者來評分，但是一個比較機伶的人很可能就會猜出這是誰講的話。只有能夠如塞爾登所堅持的那樣預測出未來，心理學史才能引起別人的興趣，它的作法才不會使人質疑。

到一九八七年底，祖洛在辛苦了兩年之後，終於完成了一九〇〇—八四年的總統大選分析。

我們終於可以去預測一九八八年的總統大選了。在我們以前，從來沒有任何一位社會科學家去預測過歷史上的大事。經濟學家永遠在預測經濟起飛或蕭條，但是假如事實不是跟他們預測的一樣，或是說事情發生的正好跟他們預測的相反時，他們從來沒有做解釋。我覺得我們過去的發現很可靠，應該可以去冒個險，孤注一擲。

我們決定在三個方面做預測：第一是預選，預測誰會是兩黨的提名人；第二是誰會贏得大選；第三是三十三席的參議員選舉結果。我們立刻開始收集所有候選人的演講。

一九八八年的總統初選

一九八八年一月，十三位角逐總統者開始奔波，發表政見，六位共和黨參選人，其中布希

(George Bush)和杜爾(Robert Dole)在民意調查上比數最接近。很多人認為布希會輸，因為杜爾強悍而布希軟弱。不過佈道家羅伯森(Pat Robertson)，保守派坎普(Jack Kemp)和海格(Alexander Haig)將軍的實力也都不能輕忽。

民主黨更是人人有希望，個個無把握，逐鹿中原者一大堆，不知鹿死誰手。哈特(Gary Hart)似乎已經從上一屆的性醜聞中恢復過來了，在民意調查中又領先。參議員西蒙(Paul Simon)，麻州州長杜凱吉斯，參議員高爾(Albert Gore)，以及衆議員格法德(Richard Gephardt)都被認為有希望，而黑人牧師傑克森(Jesse Jackson)被認為僅能獲得黑人的票。

《紐約時報》把每一位參選者競選演說講稿刊登了出來，即他們每一天發表很多場政見的基本講稿，我們用CAVE的方法把這十三位角逐者的演講稿加以分析、評分，得出我們的預測。在二月愛荷華州初選的前一個週末，祖洛堅持我們應該把我們預測的結果放在密封的信封裡，寄到《紐約時報》去，以及放一份在賓州大學心理系系主任那裡，以免萬一被我們預測中，沒有人會相信。「假如我們是對的，」祖洛肯定地說：「我不要人家說我們是馬後炮。」

我們的預測一點也不含糊。在民主黨參選人中，麻州州長杜凱吉斯是最顯著的領先者，他的悲觀分數比其他人好了一大截。最差的是哈特，這位科羅拉多州的參議員簡直像一個憂鬱症的病人。傑克森的悲觀分數也不錯，顯示他有潛力，會是一匹黑馬。杜凱吉斯果然贏了，而哈特敬陪末座，在連一州都沒有贏的情況下，退出了選舉。傑克森則使人震驚，在愛荷華州脫穎而出。

在共和黨中，布希比杜爾的悲觀分數好很多，事實上，布希比杜凱吉斯樂觀，而杜爾和布希的差距，比杜凱吉斯和哈特之間的差距還大。我們認爲杜爾會很快退出。敬陪末座的是羅伯森和海格，而海格的悲觀分數是最高的（也就是最悲觀的），我們認爲羅伯森不會有什麼進展，而海格則是完全沒有希望。

結果布希輕易地打敗了杜爾，而羅伯森根本不成氣候，頗令「道德大衆」（Moral Majority）失望，而海格是最大的輸家，在連一個代表席位都沒有爭取到後，黯然退出選舉。

在五月初，初選的塵埃落定後，祖洛跟我坐下來，檢驗一下他二月初密封信封裡的預測跟初選結果的比較，我幾乎不能相信我的眼睛：簡直是完全正確！

一九八八年的總統大選選戰

在二十五州的初選結束後，《紐約時報》打電話給我們。祖洛寄交存證密封信封的那位記者（他就是最早建議我們用CAVE的方式去分析基礎演講詞的人）寫了一篇報導，來介紹我們預測得有多麼準確。「我們要把它放在頭版！」他說，並且追問我們誰會贏得大選。我們則儘量想辦法顧左右而言他。從我們的分析裡，我們覺得布希會贏杜凱吉斯六％，因爲布希顯然比杜凱吉斯樂觀得多。但是我不願就此去預測，主要是我們以前的研究是基於接受黨內提名時的演講稿，並不是初選時的演講稿；此外，我們也覺得布希演講詞中有關因果關係的句子不算很多。

祖洛倒是爲了另外的原因擔憂。民主黨和共和黨都有來找我們，希望我們透露計分的方法。祖洛說他不在乎記者包圍他，事實上我看得出來他很高興記者來找他，但是他擔心的是候選人——假如他們用了我們的原則去重寫他們的演講稿，去講選民希望聽的話，怎麼辦呢？這樣一來，我們對大選的預測就無效了。

我告訴他不要擔心（雖然我自己也有點擔心），美國的政客腦筋是太死板了，不會眞的注意我們的研究。我說連我自己都不敢相信這個預測的結果，所以我想競選總部的人不太會爲了我們來重新改寫競選文宣。我建議把研究資料寄給民主黨和共和黨，我們的研究是公開的，屬於大衆的，參選人跟老百姓一樣有知的權利。

後來在七月的一個夜晚，祖洛和我坐在我家客廳聽杜凱吉斯接受提名演講的現場轉播。聽說杜凱吉斯非常地重視這一場演講，他甚至把甘迺迪總統的演講稿代寫人索倫森(Theodore Sorenson)重新徵召出來替他捉刀。我們正襟危坐，手拿著鉛筆，等著計算杜凱吉斯的反芻和解釋形態的句子。我負責解釋形態而祖洛負責反芻句子。

在進行到一半的時候，我悄聲對祖洛說：「這簡直是瘋狂！假如他繼續這樣下去的話，沒有人打得過他。」

「現在是重新點燃美國人發明的精神和勇往直前的精神的時候；我們要將巫毒的經濟調換成有所爲的經濟；把每一個美國人最好的本性發揮出來，來建立一個最好的美利堅合衆國！」

這簡直是發瘋！這是近年來最樂觀的接受提名演說，大概只有一九五二年的艾森豪和一九六八年的韓福瑞比得上。這個比杜凱吉斯以前的演講都樂觀，他的樂觀分數似乎自初選後大大地提高了很多。

美國民衆也非常喜歡這篇演說詞，杜凱吉斯的聲望自民主黨提名大會後領先了很多。那麼布希有無機會表現得比杜凱吉斯更好呢？

我們等不及八月底的到來，來聽共和黨的提名大會演說詞。它果然也是一個超級樂觀的演說詞，布希的解釋形態是非常地暫時性，非常地獨特。

布希的悲觀數字可以說是近年來最好的，但是還是比不上杜凱吉斯七月的演講，布希的演說不及杜凱吉斯的樂觀，而且反芻的句子比較多。我們把悲芻的分數套入我們的公式中（把在職現任的優勢和民意調查的影響放入考慮），然後算他們的優劣。從他們接受提名的演說詞中，我們預測杜凱吉斯會贏，但是贏得不多，約三％。

我一生不曾賭博過，不管是球類也好，其他的也好，都不曾賭過。但是這次看起來像是穩贏，所以我打電話給拉斯維加斯的賭場，他們不肯告訴我輸贏的機率，他們說那是不合法的。在美國賭哪一個人會贏得美國總統大選是不合法的，他們勸我試試看英國。

正巧我九月初在蘇格蘭有一場演講，我留了一些英鎊，預備拿來押杜凱吉斯的寶。一個朋友帶著我一家一家地跑，去找願收賭注的賭場，因爲布希在共和黨提名大會後聲望高過杜凱吉斯，所以我得到的輸贏機率是六比五，於是我下注了。

當我回到費城後，我告訴祖洛我所下的賭注，並且表示願意分他一點，讓他也參加一份在我的賭注裡。祖洛說他可能不會要，他高八度的聲音讓一股涼意一直冷到我的脊椎。他說我們在七月所聽到的並不是眞的杜凱吉斯，他從勞工節以後的演講都不像七月接受提名的演講那樣，他的初選演講也不像他七月的演講那樣樂觀，祖洛開始懷疑杜凱吉斯的接受提名演說可能是索倫森的樂觀成分比杜凱吉斯的成分來得高。或是更糟的，他們故意把它寫得符合低悲芻的形態，祖洛說他要等到第一場公開辯論後才決定要不要冒險犧牲他的研究生獎學金。

在過去四次有公開辯論的美國總統大選中，在提名時悲芻分數好的候選人在公開辯論時的悲芻分數也比較好。但是這一次不一樣。看起來祖洛的擔心是有道理的，杜凱吉斯的悲芻分數從提名大會後急遽下降，掉到跟他初選時的悲芻分數一樣。布希則很穩定，顯示出比杜凱吉斯更樂觀的解釋形態。

在布希—杜凱吉斯第一次電視辯論後，祖洛說他不預備接受我的好意，參加我的賭注。他的預感越來越強烈。布希的競選演講和他的接受提名演說都是眞正的布希，非常地樂觀，但是杜凱吉斯看起來不再那麼樂觀。祖洛是對的，七月份的演講不是眞正的杜凱吉斯。民意調查似乎也是這樣的反映，布希的聲望往上爬，兩人之間的差距越來越大。

第二次的電視辯論，杜凱吉斯的悲芻分數慘不忍睹。問他爲何不能承諾做到收支平衡時，他說：「我認爲我們兩人都做不到這點，我們無法預期未來會發生什麼事。」他就是認爲這個問題是永久性的，不可控制的（至少不是杜凱吉斯自己可以控制的）。這比他九月份的話還悲觀。後來這種形態就一直是杜凱吉斯說話的樣子，而布希則是一路樂觀上去。

接下來的競選大致上就是同樣的悲觀差距，布希的基本演講稿很一致地比杜凱吉斯的樂觀。我們一路緊盯著這兩人的競選，到十月初時，我們好像感到杜凱吉斯在心裡已經放棄了。到十月底時，我們將辯論的評分及整個秋季的競選演講分數套入我們的計算公式中，而得出最後的預測：布希贏九・二％。

十一月大選時，布希贏杜凱吉斯八・二％。

一九八八年參議員選舉

一九八八年有三十三席的參議員要改選，我們收集了二十九位兩黨候選人的演說詞，大多數的演說詞是在他們宣布參選時發表的，因爲這個時候離眞正投票日還很久，所以悲觀分數的差距跟民意調查中領先或落後沒什麼關係。在大選的前一天，祖洛對這二十九位候選人做了最後的悲觀分析，放入密封的信封中，寄給好幾位社會公正人士。

總統大選的結果很早就傳進來了，但是對我們來講，整個心是懸到半夜的。我們不但正確地預測了二十五席的參議員選舉，當所有的選票都開出來時，我們還正確地預測了所有的黑馬，以及選票的差距，只有一個人。

我們預測康乃狄克州的李伯曼(Joe Lieberman)會險勝在位者威克(Lowell Weicker)，結果李伯曼以〇．五%的差距贏了威克。

我們預測佛羅里達州的麥克(Connie Mack)會反敗爲勝贏麥凱(Buddy MacKay)，麥克在解釋爲什麼要加稅時說：「齊爾斯(Lawton Chiles，前任參議員)拚命地花錢，而且給自己加薪。」祖洛認爲這是外在、暫時、特定原因的，所以給他四分。麥克的對手麥凱則認爲佛羅里達發展的問題在於佛羅里達人的自我知覺，祖洛認爲這是永久的、普遍的而且是個別性的解釋，所以給他十四分。麥克開始時雖然落後很多，但是他後來居上，贏一點點，少於一%的選票。

但是我們沒有預測到蒙大拿州的現任參議員梅爾喬(John Melcher)，會被黑馬伯恩斯(Conrad Burns)趕下寶座。

所以，我們僅用了演講稿的解釋形態，他們反芻過去事件的程度，我們預測了總統初選的結果、總統大選，以及二十九席的參議員選舉。我們在初選的預測上完全成功，正確地預測了兩黨的贏家和輸家。總統大選則是一半一半，我輸掉了我在英國的賭注，但是祖洛認爲杜凱吉斯在提名時的演講詞並非眞正的杜凱吉斯，而秋季的演講詞預測了布希的勝利；不過每一個人都是這麼認爲，所以就沒什麼了不起了。參議員的選舉我們對了八六%，除了一個例外，我們正確地預測出每一個險勝和黑馬，沒有人比我們厲害。

這是我所知道社會科學家能夠在事件發生之前，正確地預測出重要歷史事件唯一的一次。

超越國界的解釋形態

一九八三年我去慕尼黑參加國際行為發展協會的年會，會議的第二天，有一位年輕的德國研究生來自我介紹說她叫依蕾(Ele)，「讓我告訴你我在聽你演講CAVE的技術時的想法，」她說：「不過讓我先問你一個問題，你認為樂觀的益處、悲觀的危險以及無助和被動是反映出人性的通則，還是說只有在西方社會中才是如此？」❸

這是一個好問題，我告訴她說我自己有的時候也在想，不知道我們對於自主控制的重視以及樂觀的喜愛，是否來自廣告的制約以及清教徒的遺傳。我跟她說憂鬱症在非西方文化中似乎沒有像西方社會那樣變成一個流行的瘟疫，或許一個不那麼強調成就的文化對於無助和悲觀的痛苦，也不會像我們這麼大。

或許，我在想，動物的實驗會有相關，因為不只是西方社會的人在經驗到喪偶、喪子之痛或無助時會有憂鬱症的現象出現，實驗室裡和自然界的動物對無助的反應也跟西方社會的人類很相似。黑猩猩對其他黑猩猩的死亡，老鼠對於不可逃避電擊的反應，金魚、狗甚至蟑螂的反應，都跟我們在遭受到失敗時的反應很相似。我認為只有在極端貧窮，幾千年來，三個小孩有二個夭折的社會文化裡，人性對死亡和無助才不會以沮喪的方式來反應。

「我不認為西方社會的人是被洗腦成一定要自主控制，或被宣傳成憂鬱症，」我說：「但是要說控制的欲望和無助的大難臨頭反應是人性，也許並不能泛稱樂觀對所有人、所有的文化都有效。」以事業和政治來說，樂觀對美國的人壽保險推銷員和總統候選人很有用。但是很難想像一個英國人在一個永不放棄的推銷員糾纏下還能保持風度，或是一個執拗的瑞典選民選一個像艾森豪型的總統，或是一個日本人可以忍受一個永遠把過錯推給別人的人。

我想習得的樂觀可能可以使某些文化下的人從憂鬱症的折磨中得到一些解放，不過這個樂觀可能要修正成那個文化可以接受的形態才行。問題是目前沒有任何研究探討不同文化下樂觀要怎樣才能有效。

「不過，先告訴我，」我問道：「你在聽我演講CAVE技術時，想到了什麼好主意？」

「我想我找出了一個方法，」依蕾說：「來看希望和絕望在不同的文化、不同的歷史時代是怎麼一個情形。例如，是否有國家的解釋形態這回事？它是否可以預測一個國家或國民在危機的狀態下會如何反應？有沒有可能某種形態的政府帶給人民比較多的希望？」

依蕾的問題眞是好極了，但是簡直無法回答。假設我們用CAVE的方法得出保加利亞人比印第安人的解釋形態好，但是這個結果仍然是不可解釋的。這兩種人住在不同氣候的地方，有著不同的歷史，不同的基因，住在不同的洲，任何解釋形態上的不同都可以有一千種可能性來解釋它，不一定是因為希望或絕望的不同。

「不過我所想的並不是比較保加利亞人與印第安人，我想的是文化上非常相似的東、西柏林。這兩個地方的人住在同樣的地理環境，有著同樣的氣候，說著同樣的語言，有著同樣的文字、同樣的手勢、姿態來表達情緒，一直到一九四五年以前，他們有著同樣的歷史。唯一的不同是政治系統。他們就像一個同卵雙生子在不同的環境中長大。他們提供了絕佳的研究環境——每一項因素都相同，除了政治系統不同，我們可以比較絕望在不同政治系統下是否會有不同現象。」

第二天在會場，我向一位蘇黎世來的教授描述我昨天碰到的這位有創意的研究生時，他告訴我她是位貴族公主，是巴伐利亞最有前途的年輕科學家，名叫嘉布里蕾(Gabriele zu Oettingen-Oettingen und Oettingen-Spielberg)。

我第二天繼續與嘉布里蕾談。我說我同意假如我們的確找到東西柏林解釋形態上的不同，我們可以把它解釋成共產主義與資本主義不同的關係。但是我問她，她如何去收集資料來比較呢？她不可能穿越柏林圍牆，隨機去訪談東柏林的市民，叫他們做樂觀的問卷。

「在目前的政治情況下是不可能，」她同意：「但是我只需要找到這兩個城市對發生在同一時間的同一事件的書面文字的報導來比較就可以了。當然這一定要是個中立的事件——沒有政治、經濟或心理衛生的成分在內。我已經想到了這樣的事件，再過四個月，冬季奧林匹克運動會要在南斯拉夫舉行，東、西柏林的報紙都會大肆報導。就如所有的體育新聞一樣，它會充滿了因果關係的句子，我想用CAVE的方法來看哪一種文化比較悲觀，這樣我就可以比較不同文化裡，

『希望』的份量有何不同。」

我問她她的預測會是什麼。她預期東柏林（或說東德）在解釋形態上會比較樂觀，因爲東德在體育上，一直是奧運比賽成績最優秀的國家之一，而報紙的責任有一部分是鼓舞全國的士氣。

「但是我不會這樣想。」我在心中對自己說，不過我沒有說出聲。

在以後的三個月裡，我跟嘉布里蕾通了七次越洋長途電話，也接到她的很多信。她在擔心如何取得東柏林的報紙，因爲有時候印刷品不得穿越柏林圍牆，所以她安排了一位朋友寄給她一些無用的廚具，打破的杯子、彎曲的叉子等，統統用報紙的體育版包裝。不過後來發現這個擔心是多餘的，在奧運期間，她可以帶很多報紙穿越柏林圍牆檢查站而不會被沒收。

接下來就是辛苦的事了，我們要從三種東柏林報紙和三種西柏林報紙中，找出奧運期間所有有關因果關係的句子，請人評分。嘉布里蕾找出了三百八十一個句子，下面是一些運動員和記者的樂觀解釋形態。

一位滑冰選手不能維持速度，因爲：「今天早上太陽沒有出來，使冰上沒有罩著像鏡子般的冰罩。」——負面事件（4分）。

一位滑雪者摔跤了，因爲：「旁邊樹葉上的雪崩下來，蓋住了她的安全帽。」——負面事件（4分）。

運動員不怯場，因爲：「我們本來就知道我們比對手強。」——正面事件（16分）。

下面是悲觀的解釋：她發生意外，因爲：「她根本體力就不行。」——負面事件（17分）；「他必須要忍住眼淚才行，他的金牌希望泡湯了。」——負面事件（17分）；一個運動員贏了，因爲：「對手前晚整夜在渴酒。」——正面事件（3分）。

但是是誰在說這些樂觀的話，又是誰在說這些悲觀的話呢？這個答案令嘉布里蕾大感吃驚。東德的句子比西德的悲觀很多。但是更令人驚奇的是東德贏了二十四面獎牌而西德只有四面，所以照說東德的報紙有許多好的消息可以報導。的確，六一％的東德解釋形態是有關好的事件，而西德只有四七％，即使如此，東德報導的口氣還是比西德陰冷很多。

「我對我的發現深感驚訝，」嘉布里蕾告訴我：「不過我要等到有另一個方法再一次證實東德的人比西德的人悲觀和沮喪，我才要相信。我曾經想過比較東西德自殺率和住院率，但是東德不肯給我這個統計數字。」

嘉布里蕾的博士學位並不是在心理學而是在人類生態學，這是一門新的生物學的分支，主要是在自然的環境中觀察人的行爲，這是從勞倫斯（Konrad Lorenz）觀察鴨子的「銘印作用」（imprinting）開始的。勞倫斯發現剛孵出的小鴨會認定他是牠們的媽媽，而跟隨著他到處走，勞倫斯對自然的密切觀察很快就分支成爲對人類行爲的密切觀察，嘉布里蕾的指導教授就是勞倫斯的兩位學生。我知道嘉布里蕾曾經花很多時間觀察學童在教室中的行爲，但是當她告訴我她要去東西柏林的酒吧觀察時，我還是覺得很不放心。

她寫信告訴我說：「我所能想到唯一可以支持我CAVE發現的方法，就是去東柏林觀察絕望的種種跡象，把它跟西柏林同樣環境中絕望的跡象做比較。我不想引起警察的注意，所以我想去酒吧觀察。」

在一九八五年的冬天，她去了工業區三十一個酒吧，十四個在西柏林，十七個在東柏林，這些小酒館是工人收工後去喝酒的地方，它們都很靠近，只被柏林圍牆隔開而已。她每週只花了五天去觀察，週末不去。

她通常是進了酒吧，找一個不顯眼的角落坐下來，計算某一群人在五分鐘時間之內所做的事，她計算文獻上所載有關沮喪與否的所有外在可見的表徵：微笑、大笑、姿態、手的舞動以及細微的動作，例如咬手指甲。

用這種方式測量，嘉布里蕾發現東柏林人果然是比西柏林人沮喪。六九%的西柏林人微笑而只有二三%東柏林人微笑；五〇%的西柏林人坐直或站直，而只有四%東柏林人如此；八〇%西柏林工人身體的姿勢是開放式的，即轉向他人，而只有七%東柏林工人是如此；西柏林人大笑的次數是東柏林人的二倍半！

這些數據顯示東柏林人在用字和在身體語言上都比西柏林人沮喪，但是這個數據不能告訴我們爲什麼會有這個差距。因爲在一九四五年以前，東西柏林是一個城市，是一個文化，所以這個發現說明了這二種不同政治系統所引發的希望程度不同。不過我們不知道這兩個系統中的哪一個部分或層面是導致這個結果的原因，它可能是生活水準的差異，或是言論自由、居住遷徙自由的差異，它甚至可能是因爲食物、音樂，或是書本上的不同。

這個發現也不能告訴我們是東柏林的人在共產黨來了以後、柏林圍牆建立了以後變得比較沒有希望呢？還是西柏林人自一九四五年以後變得比較有希望。我們只知道兩個城市的人有差異，東柏林人比西柏林人的希望少。不過我們現在收集了自二次世界大戰以後的每一屆冬季奧運會的報導，這可以讓我們知道東西柏林人希望的變遷是怎麼樣的情況。

這些發現同時也告訴我們有一種新的測量方法，可以計算不同文化中希望和絕望的量。這個方法使嘉布里蕾做到了別的科學家認爲不可能比較的比較。

宗教和樂觀

我們一般都認爲宗教使人產生希望，使遭受不幸的人比較能面對這個世界。有組織的宗教讓人相信生命比我們實際經驗的要好。個人的失敗有一個緩衝的地方可去，它有時被認爲是上帝的意志，或是演化的一個必然過程，或是爲了下一世積福。英國的社會學家布朗(George Brown)花了一生的時光訪談沮喪的家庭主婦，他發現忠誠地上教堂者比不上教堂者得憂鬱症的比例低。

但是有沒有說哪一種宗教帶給它的信徒更多的希望？這個問題是一九八六年，嘉布里蕾來賓州大學做麥克阿瑟基金會博士後研究員時提出的。比較兩種宗教理論應該與比較兩種文化是一樣的。嘉布里蕾認爲這個問題的關鍵是找出兩個宗教，他們像東、西柏林一樣在時間和地方上是非常接近的。

這個問題一直懸在那裡，直到我們碰到一位年輕的社會歷史學家莫洛斯卡(Eva Morawska)。我邀請她來演講，討論十九世紀蘇俄的猶太人和斯拉夫人的無助。莫洛斯卡舉證猶太人在面臨壓迫時比斯拉夫人少有無助的感覺，她說當環境變得不可忍受時，猶太人會集體出走，而斯拉夫人不會。「這兩種民族都備受欺凌壓迫，」莫洛斯卡說：「斯拉夫的農民過著比窮苦更窮苦，是這個國家所不能想像的窮苦生活，猶太人也過著窮苦的生活，還加上宗教的迫害，以及屠殺的威脅——但是猶太人移民而斯拉夫人留下。」

「或許信仰東正教的斯拉夫人感到比猶太人更無助和無望，或許這兩種宗教激勵的是兩種不同的樂觀程度，有可能俄國東正教徒比猶太教徒更悲觀嗎？」莫洛斯卡說。

在俄國許多村落這兩種文化是緊鄰共存的，所以才可能去比較這兩個宗教的神話、故事以及信徒的解釋形態。斯拉夫人和猶太人每一天所接觸到的東西有樂觀程度上的不同嗎？

嘉布里蕾和莫洛斯卡開始合作，藉著俄國東正教神父的幫忙，莫洛斯卡找到有關兩個文化宗教和非宗教的許多資料：每天的禮拜式，特別宗教日的禮拜式，宗教故事，民間故事和民歌，以及格言，它應該是塑造解釋形態的重要來源。嘉布里蕾用ＣＡＶＥ分析所有的材料，發現非宗教的資料在這兩個宗教中並無區別，但是宗教的資料就有差別。俄國猶太教的宗教資料比俄國東正教的有顯著的樂觀程度差異，尤其是在永久性這一向度上，猶太教更是比東正教樂觀。在猶太教的教義中，正向的、好的事件是持久的，而負面的則是短暫的。

莫洛斯卡和嘉布里蕾表示，俄國的猶太教在它的故事和祈禱文上比俄國的東正教樂觀。當然要說猶太人的移民和斯拉夫人的留下，是由於他們每一天一點一滴地吸收宗教信息的關係，目前還屬臆測，因爲每個人移民的原因都是很複雜的。但是猶太教的高樂觀度是一個很可能的原因，要驗證這個理論需要非常聰明的歷史學和心理學的研究，但是至少在她們的研究過程中，莫洛斯卡和嘉布里蕾提供了一個新的方式，來比較兩種宗教在提供信徒希望上的程度差別。

再談心理歷史學

以前所謂的心理歷史學與塞爾登所想像的相差甚遠。它不能「預測」，它只能「後測」，而且還偷看作弊；它重建一個人的生活，而不是一群人的行爲。它所用的心理學原理是很有問題的，而且它沒有應用任何統計。

在我們的手上，心理歷史學重生了。我們可以預測重大事件的結果，遠在它發生之前我們就做預測。而當我們「後測」時，我們沒有偷看作假。我們預測很大一群人的行爲，我們預測選民的投票結果，我們預測移民；我們建立了眞實合理有效的心理學原則，而且我們使用恰當有效的統計工具。

但是這只是一個開始，它使以後的心理學家不必再限制在有問題的實驗室研究或昂貴的群體研究，來驗證他們的理論。歷史文件變成一個肥沃的驗證土地，預測未來可以成爲驗證理論的更好方法。

我們希望塞爾登會感到驕傲。

〈註釋〉

❶見 E. Erikson 所著之 *Young Man Luther* (New York: Norton, 1957)。

❷有關這一方面的文獻請參考 H.M. Zullow, G. Oettingen, C. Peterson 和 M. Seligman 合著之 Pessimistic Explanatory Style in the Historical Record: CAVEing LBJ, Presidential Candidates and East versus West Berlin, *American Psychologist* 43(1988), 673-682‥以及 H.M. Zullow 和 M. Seligman 合寫的 Pessimistic Rumination Predicts Defeat of Presidential Candidates: 1900-1984, *Psychological Inquiry*, I (1990)。

❸見 Zullow 等人寫的 Pessimistic Explanatory Style in the Historical Record 以及 G. Oettingen 和 M. Seligman 之 Pessimism and Behavioural Signs of Depression in East versus West Berlin, *European Journal of Social Psychology* 20(1990), 207-220。

提要

第3篇 改變：從悲觀到樂觀

如果你是個悲觀主義者，或者你正籠罩在一片愁雲慘霧之中，跳脫不出來，試試 ABCDE 法則。

記錄你的不愉快事件，反駁它；或轉移你的注意力。你可以學習與自己辯論或請朋友、親人幫助你反駁你的沮喪想法。想一些可以激勵自己的話，依照這些具有激勵性的想法，付諸行動。

一旦你學會了這個技術，而且能很習慣地運用它，當你碰到挫折、失敗時，你可以祭出反駁的法寶來打退以前盤據你心的大禍臨頭思想，阻止憂鬱的進攻。

如果你的孩子有憂鬱症的傾向，利用ABCDE法則，幫助他遠離悲觀。從小養成樂觀的解釋形態，或者說，讓孩子儘早有效地管理自己的情緒，將使他更能掌握自己的生活。

第十二章　樂觀的生活❶

在你發現自己的解釋形態是悲觀的以後，有二種方法去改變它。第一是想辦法轉移你自己的注意力，去想些別的事；第二個方法是去反駁它。長期來說，反駁比較有效，因爲有效的反駁後，以前那個念頭就比較不會再出現，遇到同樣的情境時就不會再沮喪。

樂觀者的生活跟悲觀者的一樣，也是有挫折、悲劇等不如意的事，只是樂觀者處理得比較好而已。我們曾在前面看到，樂觀者在遭受打擊後很快可以反彈回來，他的生活可能是窮困一點了，但是他可以鼓起勇氣重新來過。悲觀者則是放棄希望而陷入沮喪的深淵。因爲他的回彈，樂觀者在事業上、在學校裡、在球場上表現得更好；樂觀者的身體比較健康，壽命也比較長。美國人希望由樂觀者來領導他們。對悲觀者而言，即使事情都順他的意，他還是會爲了前面不可預知的災難而憂心。

現在對悲觀者有一個好消息就是他們可以學習變成樂觀，永遠地改進他們生活的品質。幾乎所有的樂觀者也會有一段時間是覺得低沉、心情不好的，學習這個改變悲觀者的技術，樂觀者也可以在心情低落時拿來幫助自己。

對某些人來講，他或許不願意放棄悲觀而變得較為樂觀，因為很多人心目中的樂觀者是討人厭的誇大者，是把責任都推給別人，從來不為他自己的過失負責的人。但是無論身為悲觀或樂觀的人，都不必是個無禮貌、沒教養的人。你在這章的後面會看到，習得的樂觀並不是要學習自私、自大，使別人不能忍受，主要是學在失敗挫折時如何對自己講話的技術：你要學如何在受到打擊時，對自己有更鼓勵性的看法。

還有另一個理由可能令你不想去學習樂觀的技巧。在第六章中，我們看過樂觀和悲觀的好處和壞處，雖然在該章的一開頭列舉了許多樂觀的好處，但是悲觀也有一個美德：就是它使你不會跟真實脫節。那麼學習樂觀的技術時會不會犧牲掉真實性？

這是一個一針見血的問題，是本書第三篇「改變」的各個章節的重點。它們並不是叫你盲目地、無條件地將樂觀應用到所有的情境中，它們給你的是一個有彈性的樂觀，它增加你對不利環境的控制力。假如你有個負面的解釋形態，你也不是一定要生活在悲觀的魔掌下。當不幸的事情發生時，你不是一定要以永久性、普遍性以及個別性的眼光來看待它。本章提供你一個看待你的不幸事件的選擇，這個選擇並不要求你變成盲目樂觀的奴隸。

使用樂觀解釋形態的守則

你在第三章的測驗分數，是決定你要不要學習這些技術的準則。假如你的 G－B 分數（即你的總分）小於8，那麼以下三章對你會有用。你的分數越低，你從這三章中獲益越多。假如你的分數在8分以上，那麼你應該問你自己一些問題，假如有任何一個問題的答案是肯定的，你也會從這些章節中學到好處。

- 我是否很容易氣餒？
- 我是否比我該有的樣子更沮喪？
- 我是否比我該做到的更常失敗？

在什麼樣的情況下你應該使用這些章節教你改變解釋形態的技術？首先，問你自己你想做到什麼。

- 假如你是在一個想升等、賣產品、寫一份困難的報告、贏一場球等這種成就競爭的情境下的話，用樂觀技術。
- 假如你是在關心你的感覺，例如拋脫沮喪，提高士氣的話，用樂觀技術。
- 假如情況是遲滯無進展，而你的健康已有問題的話，用樂觀技術。
- 假如你想領導別人，假如你想激勵別人，假如你想別人投你一票，用樂觀技術。

但是另一方面來講，有的時候也不該用樂觀技術。

●假如你的目標是去計畫一個有危險且不確定的前途的話，不要用樂觀技術。

●假如你的目的是去策劃一個前途很黯淡的人的未來的話，不要用樂觀技術。

●假如你想要看起來對別人的困難表示同情的話，一開始不要用樂觀技術，在信賴與同理心已經建立後，再用樂觀技術是比較有用的。

使用樂觀技術的基本原則就是先問在某一個特定情況下，失敗的代價是什麼。假如失敗的代價很高，那麼就不應該用樂觀。在飛機駕駛艙裡的駕駛員在決定要不要再除一次冰時、在酒會中喝了酒的人決定要不要酒醉開車時、一個受挫的配偶決定要不要去搞外遇時，都不應該用樂觀。因為這時失敗的代價是死亡、車禍和離婚。反過來說，**如果失敗的代價很低，你就應該用樂觀。**推銷員在決定是否再打一通電話時，失敗的代價只是他的時間；一個害羞的人決定要不要上前去與人談話時，失敗的代價只是被拒絕的難堪而已；青少年去學一項新的運動時，失敗的代價僅是挫折罷了；一位未被升遷而心中不滿的主管，假如他悄悄地去找新的工作，失敗的代價不過是被拒絕而已——在這些情況下都應該用樂觀。

本章教你在日常生活中將悲觀改變為樂觀的基本原則。它不像其他的自助公式——那些是一加侖的臨牀故事，卻只有一茶匙的研究——而這些是經過謹慎嚴密的研究，幾千個人已經用過它而永遠地改變他們的解釋形態了。

我把以下關於改變的章節寫得使它們可以各自獨立出來。這一章是可以應用到辦公室以外的所有的成人生活的層面；第二章是給你的小孩；第三章是給你的工作和事業。每一章都是應用同樣的習得的樂觀，只是適用的環境不同而已。所以這三章有些部分會使你感覺到好像在重複。因此，假如你只對某一項有興趣，你不需要去讀其他兩章。

ABC模式

凱蒂已經節食二個禮拜了。今天下班以後，她與同事出去喝酒，吃了一些別人點的下酒的炸洋芋片和鷄翅膀，吃了以後，她立刻感到她破壞了節食計畫，前功盡棄了。

她對自己說：「幹得好，凱蒂，妳今晚眞是使妳的節食努力報銷了。妳眞是不可思議的軟弱，妳只要與朋友上酒吧就會受不了誘惑而大吃大喝。他們一定認爲妳是個笨蛋，唉！既然過去二個禮拜的節食都毀了，妳乾脆把冰箱中的蛋糕拿出來，痛快地大吃一頓算了。」

凱蒂打開一盒巧克力蛋糕把它吃得精光。她的節食計畫眞正是前功盡棄了。

其實凱蒂吃一些炸洋芋片和鷄翅膀和後來的大吃並沒有必然的關係，眞正把這兩件事聯接起來的是她對自己爲什麼吃洋芋片的解釋。她的解釋形態非常悲觀，「我這麼軟弱」，還有就是她所下的結論「我所有的節食工夫都完了」。事實上她的節食並沒有前功盡棄，但是她的永久性、普遍性及個別性的解釋使她放棄了。

這件事可以有個完全不同的結論，如果凱蒂可以反駁她自己的自動化解釋想法的話。

她可以對自己說：「等一下，凱蒂，第一，我在酒吧並沒有大吃大喝，我喝了二杯淡啤酒，吃了二個鷄翅膀，吃了一些洋芋片，可是我並沒有吃晚餐，所以平均起來，我可能只比食譜允許的份量多吃了一點。只有一個晚上多吃一點並不表示我很軟弱，想想看，我能堅持二個禮拜，就證明我是很堅強的。此外，沒有人會認爲我是笨蛋，我不認爲有誰在注意計算我吃了什麼，事實上，好幾個人都說我看起來瘦了一點。最重要的是，即使我吃了我不應該吃的東西，也不表示我就應該繼續去破壞我的節食計畫，讓我受更多的損害，這樣做是沒有意義的。最好的方式是不要再去想這一次的犯錯，繼續努力節食，像我上二個禮拜那樣地堅持下去」。

這就是所謂的ＡＢＣ。在這三章中，我引用了心理學家埃利斯所發展出來的ＡＢＣ模式：當我們碰到不愉快的事件(adversity)時，我們自然的反應是去思索它，我們的思想很快地凝聚成念頭(belief)，這些念頭會變得很習慣，使我們根本就不自覺我們會這樣想，除非我們停下來去專注它。這些念頭並不是呆呆地停留在那裡，它們會引起後果(consequence)，我們的所作所爲就是這些念頭直接的後果。它是我們放棄、頹喪或是振作、再嘗試的主要關鍵。

我們在本書的前面幾章中看到了某些念頭會引發放棄的反應。我現在要教你如何去中斷這個惡性循環：第一步是認出這個不愉快事件、念頭和後果之間的關係；第二步是看這個ＡＢＣ如何在你每天的生活中運作。這部分的技術是由世界著名的兩位認知治療師，霍隆博士(Dr. Steven Hollon，范德比爾特〔Vanderbilt〕大學心理系教授和這個領域期刊的主編）和夫利曼博士（Dr. Arthur Freeman，紐澤西醫學和牙科大學的精神科教授）以及我本人共同發展出來的，其目的是爲了改變一般正常人的解釋形態。

我現在要你先辨認一些你生活中的ABC，使你了解它是怎樣運作的。我提供你厄運，再提供你念頭或是後果，而由你自己填補上空白的地方。

確認ABC

1、A　一個人搶先停進你正要去停的停車位。

B　你想＿＿＿＿＿＿＿＿。

C　你生氣了，搖下車窗，對那個人破口大罵。

2、A　你罵你的孩子因爲他們沒有做功課。

B　你想「我是個很差勁的母親」。

C　你覺得（或你做了）＿＿＿＿＿＿＿＿。

3、A　你最好的朋友沒有回你的電話。

B　你想＿＿＿＿＿＿＿＿。

C　你整天心情低落。

4、A　你最好的朋友沒有回你的電話。

B　你想＿＿＿＿＿＿＿＿。

C　你不爲此事覺得不快，繼續過你今天的日子。

5、A　你跟你的配偶吵架。

B　你想「我總是做不對」。

C　你覺得(或你做了)＿＿＿＿＿＿＿＿。

6、A　你跟你的配偶吵架。

B　你想「他今天脾氣眞壞」。

C　你覺得(或你做了)＿＿＿＿＿＿＿＿。

7、A　你跟你的配偶吵架。

B　你想「我一向可以化解誤會」。

C　你覺得(或你做了)＿＿＿＿＿＿＿＿。

現在讓我們來看一下這七個情境，看一下這些元素如何相互影響作用。

1.在第一個例子中，受侵犯的思想使你憤怒，「那個傢伙搶了我的位子」「這眞是個既自私又粗魯的行爲」。

2.當你把你對孩子的態度解釋成「我是個差勁的母親」時，你會覺得悲哀，不想再去叫他們做功課。當我們把一個不快的事件解釋成永久性、普遍性和個別性的特質，例如差勁的母親時，頹喪和放棄就緊接著而來了。這種人格特質越長久，你的頹喪也越久。

3.和4.你最好的朋友不回你電話時，假如你是像第三個例子那樣有永久性和普遍性的想法的話（例如我總是自私，不替別人想），那你就會沮喪；但是假如你是像第四個例子那樣，你會想「她這兩天加班」，或是「她最近心情不好」，你的解釋形態會是暫時性、特定性以及外在化的，所以你就不會心情不好了。

5.6.和7.當你和你的配偶吵架時又是怎樣的情形？假如你像是第五個例子「我總是做不對，什麼事都做不好」（永久性、普遍性及個別性），那你就會沮喪，不會想辦法去彌補裂痕。假如你是像第六個例子，你想「他今天脾氣不好」，你會覺得有些憤怒，有些頹喪，但是這只是暫時性的，當這種心情不再後，你可能會去做一些彌補的工作。假如你是像第七個例子，你想「我一向可以化解誤會」，你可能馬上去和好，很快你就會覺得心情愉快，充滿了精力。

你的ABC紀錄

要找出這些ABC如何在你日常生活中運作，最好的方法是寫日記，把每天發生的事記錄下來。這個日記不必長，只要一、二天即可，記錄五個ABC的案例就可以了。

要做到這點，第一就是要去注意你平常沒有發現的、你對你自己講的話。你注意一下一些小事情跟它所引起的感覺，例如你在電話中跟朋友聊天，她好像等不及要掛掉（一種不愉快的小經驗），你發現你自己後來心情很不好（引起感覺的後果），這種小事情就是一個你要登記的ＡＢＣ事件。

你的紀錄會有三個部分。

第一個部分「不愉快事件」，幾乎可以是任何事情——水管漏了、朋友皺眉頭、一直哭的孩子、大數額的帳單、配偶對你的忽視。儘量保持客觀地記錄下實際的情況，而不是你對這個情況的評估。所以假如你跟你的配偶吵架，你應該寫下他對你說的或做的事感到不愉快，而不是記錄「他不公平」，因爲這是一個推論，你可以把它登錄在第二部分「念頭」中，但是不應該登錄在「不愉快事件」這一項下。

你的「念頭」是你對不愉快事件的解釋。請注意要把你的想法跟你的感覺分開（感覺屬於第三部分「後果」）。「我剛剛毀了我的節食」以及「我覺自己很無能」是念頭，這些念頭是否正確我們可以來評估。但是「我覺得很悲哀」是一個感覺，你不能去體驗你的感覺是否正確——假如你覺得悲哀，你就是悲哀。

「後果」這個部分是記錄你的感覺和你的行爲。你覺得悲哀、焦慮、快樂、罪惡感，或是什麼？大多數時候你的感覺會不只一種，寫下你所有的感覺以及你的所作所爲。你後來覺得怎樣？「我覺得很疲倦，沒有力氣」「我計畫要讓他向我道歉」「我又回去睡覺」等，都是後果的行爲。

在你正式開始以前，下面有些例子來幫助你作分類。

不愉快的事件：我先生本來應該幫小孩洗澡，帶他們上牀去睡覺，但是當我開完會回家卻發現他們全都在看電視。

念頭：他爲什麼連這一點小事都做不好？難道給孩子洗澡、把他們帶上牀有這麼困難嗎？現在要我做惡人，強迫他們立刻關掉電視去洗澡睡覺。

後果：我非常地氣他，所以一回來看到這個情形就立刻對他大叫，沒有先給他一個解釋的機會。我連招呼都沒打就直接走到電視前面把它關掉，我看起來像個兇婆子。

不愉快的事件：我提早下班回來發現我的孩子和他的朋友躲在車庫裡偷抽大麻菸。

念頭：他在幹什麼？我眞想掐死他！他就是這樣不負責任，我一點都不能相信他。他一開口就是謊話，一個接一個，我這次一定不要聽他的解釋。

後果：我非常、非常地憤怒，我甚至拒絕討論這件事。我罵他是個「不値得信賴的小罪犯」整個晚上都在生氣。

不愉快的事件：我打電話給一個我對他有點意思的男生，請他一起去看表演，他說他最近不行，因爲他要準備開會的文件，要我下次再找他。

念頭：鬼相信他的話，全是藉口，他只是不想傷我的心，他根本不想跟我一起出去。我眞是活該！我以為他也對我有意思，我以後再也不要邀請任何人出去了。

後果：我覺得很難堪、很愚笨、很醜，我決定把票送給別人，不再找人跟我一道去了。

不愉快的事件：我決定去參加一個健身俱樂部，但是當我走進去時，我所看到的全是堅硬的肌肉，健美的身材。

念頭：我來這兒是幹麼呀！眞是丟人現眼，我看起來像隻跑到沙灘上來的大鯨魚，我應該趁別人還沒注意到我時趕快離開。

後果：我覺得非常地不自在，結果進去不到十五分鐘就出來了。

現在輪到你了，在明天和後天請登記發生在你生活中的五件ＡＢＣ：

不愉快的事件：

念頭：

後果：

不愉快的事件：

念頭：

後果：

不愉快的事件：

念頭：

後果：

不愉快的事件：

念頭：

後果：

不愉快的事件：

念頭：

後果：

在你記錄完後，請仔細再讀一遍，找出你的念頭和後果之間的關係。你會看到：悲觀的解釋形態會導致被動和頹喪，而樂觀的解釋形態會使你有精神。

下一個步驟要做的就是：假如你改變了你平常習慣性的想法，你對不愉快事件的反應就會改變，下面教你如何去改變它。

反駁和轉移注意

在你發現自己的解釋形態是悲觀的以後，有二種方法去改變它。第一是想辦法轉移你自己的注意力，去想些別的事；第二個方法是去反駁它。長期來說，反駁比較有效，因爲有效的反駁後，以前那個念頭就比較不會再出現，遇到同樣的情境時就不會再沮喪。

人類對於吸引我們注意力的事情，本來就會一再去思索它，不論這件事是好是壞，只要吸引了我們的注意力，我們自然而然就會去思考它。這個在演化上是有它的意義的，因爲假如我們不能辨識危險而且立刻思索出應付它的方法，我們就不能存活到現在。習慣性的悲觀想法不過是把這個有用的方法往前更推進了一步：它不但吸引了你的注意力，它也纏繞在你心頭，使你久久不能忘懷。它是需求和危險的一種原始的、生物上的痕跡。當演化使青春期之前的孩子非常地樂觀，它也必須要使大人變得謹慎小心，使他們可以存活下去，有第二代，使第二代再有第二代，一直存活下去。但是在現代，這些提醒我們小心的原始機制會阻礙我們的發展，會降低我們的表現，會破壞我們情緒生活的質量。

讓我們來看一下轉移注意和反駁的不同。

□轉移注意

我現在要你去想像一片蘋果派，上面有香草冰淇淋。派是熱的，所以它和冰淇淋形成一個美味的對比。

你可能發現你幾乎沒有辦法阻止你自己去想像這個派，但是你可以有能力轉移你的注意力。再想一次那個蘋果派，想到了嗎？流口水了嗎？現在站起來，把手掌用力地擊打牆壁並且大聲說「停止！」

那個派的影像消失掉了，不是嗎？

這是簡單而有效的停止思想方式，許多人都是用這個方法停止或中斷他們習慣性的思考形態。有的人搖一個很大聲的鈴，有的人隨身帶一張卡片，上面用紅筆寫著四個大字母「STOP」，有的人在手腕上戴一條橡皮筋，當他們開始悲觀地胡思亂想時，就把橡皮筋拉起來用力彈回去，他們發現這對中斷他們的「反芻」很有效。

假如你採用這種方式加上注意力的移轉方法，你就會有一個效力很長的結果。當你用橡皮筋或其他的方法中斷你的負面念頭後，為了防止這個負面思想再回來，你要把你的注意力轉移到別的地方去。演員在需要把情緒突然移轉到另一種情緒上去時，也是用這種方法。試試看下面這個方法：拿一個小物件起來，仔細地研究它幾秒鐘，把玩它，把它放在嘴裡嘗嘗看、聞聞看、彈指聽聽它的聲音，你會發現注意這個物件的方法會加強你注意力的移轉。

最後你可以利用反芻壞思想的本質來對付它。這種壞思想的本質是縈繞你的心靈，使你不會忘記它，使你依它的意思去做。當不愉快事件來時，安排一個時間去仔細思考它，比如說，今天晚上六點鐘。現在當一個念頭一直在你心中翻來覆去，陰魂不散時，你可以對自己說，「停住，我現在不要想它，我要等到今晚六點才去想它」。

還有就是一有這種不安的念頭出現時，立刻把它寫下來。寫本身是一種發洩的方法，「寫」加上「以後再去想」合起來會很有效。它利用反覆思慮的特性（提醒你它們的存在）去解除它的魔力；假如你把它寫下來，以後再去想它，它的目的就不能達到（因爲你暫時不去想，它就失去縈繞你心的目的），而一個沒有目的的東西是沒有威力的。

□反駁

躲避令我們不安的念頭是一個好的急救方法，但是長遠、根本之計是去反駁它，跟它爭辯，跟它打鬥。只有有效地反駁不好的念頭，你才可以改變你習慣的想法，使你不再頹喪。

不愉快的事件：我最近晚上去修課，想念一個碩士學位。當我拿到我的試卷，發現考得非常地不理想。

念頭：朱蒂，妳考得眞爛，絕對是全班考得最差的。我眞是笨死了。我實在應該面對問題承認自己不夠聰明的。我年紀也已經太大不能跟那些年輕人拚，即使我念出頭，誰會放著一個二十三歲的年輕人不僱，而去僱用一個四十歲的女人？我在註册時是發瘋了，還是怎麼了？怎麼會想到重回學校去念書？對我來講實在太晚了。

後果：我感到非常的頹喪和無用。我對自己不自量力想去念碩士覺得很難堪，丟面子，我決定休學不再念，安於我現在的工作。

反駁：我太小題大作了。我希望全拿A，結果拿了一個B，一個B^+和一個B^-，這並沒有太差。我可能不是班上念得最好的，但是我也不是念得最爛的。我去查了別人的成績，坐我旁邊的傢伙拿了二個C，一個D^+。我沒有理想中的好並不是因爲我的年紀，我是四十歲了，但這並沒有使我比其他人笨。我考不好是因爲我有太多事要做，沒有時間讀書。我要上班，又要持家，我想在我的情況下，拿這個成績算是不錯了。現在我知道我必須要花多少時間才能得到好的成績，下次我就會考得好。我目前先不要去想誰會僱用我，從這個學校畢業的人都找到很理想的工作。我現在要想的是好好學，趕快畢業。等我拿到學位時，我再來找理想的工作。

結果：我對自己和成績都很滿意。我會繼續念下去，我不會讓我的年齡成爲我的絆腳石，我知道我的年齡對我不利，但是船到橋頭自然直，到那個時候再來煩惱還不遲。

朱蒂成功地反駁了她對成績的不好念頭。因爲她反駁了負面的想法，她的感覺從絕望變成希望，她的行爲從休學變成奮力向前。茱蒂所用的就是下面你要學的。

□保持距離

有一點很重要，就是知道你的念頭只是你的想法，它有可能是事實也有可能不是事實。假如一個嫉妒你的人對著你憤怒地尖叫「你是一個差勁的母親，你很自私、愚笨，不會替別人著想」，你會如何反應？你可能根本不會理他，更不會去想他指責你的話。萬一這些話鑽進了你的耳朵，你也會去反駁它（當他的面反駁或對你自己說）「我的孩子很愛我」，你可能會這樣說：「我在他們身上花了無數的時間和精神，我教他們代數、足球，如何適應這個複雜的社會。他只是嫉妒我，因爲他的孩子都不成材。」

我們大都可以將自己和別人這些無理的指責保持一個距離。但是我們對保持自己的指責就很有困難，因爲我們會認爲若是這個指責來自自己內心，這個指責一定是眞的。

大錯特錯！

我們在挫折時對自己說的話可以和嫉妒的仇人所說的一樣毫無根據，完全無理。我們自我反省的解釋常常是扭曲的，它們是我們童年不愉快的經驗（例如童年的衝突、很嚴厲的父母、要求過分的棒球教練、姊姊的嫉妒）所造成的一種壞習慣的想法。就因爲它來自我們自己，我們就以爲它一定是對的。

它們不過是想法、念頭而已。你相信一件事並不會使這件事成眞；一個人害怕他自己是無人愛、無人會僱用他、一無是處的，這並不表示他眞的是如此。所以很重要的一點是退後一步，將自己與自己的悲觀解釋保持一個距離，給自己一點時間來驗證一下自己的想法是否正確。反駁最大的功用就是去檢查一下你反射反應的自然想法是否正確。

所以第一步是知道你的念頭是否應該要加以反駁；第二步是實際去反駁它。

學習與自己辯論

很幸運地，你已經有很多反駁的經驗，你每次跟人辯論時都有用到這個技術。一旦你開始對你自己無理的指責提出反駁時，你以前學會的技術會自然派上用場。

下面有四個重要的方法來使你的反駁令人信服。

- 證據？
- 其他可能性？
- 潛在的含意是什麼？
- 用處？

□證據

反駁一個負面的念頭最有效的方法就是去舉證說它是不正確的，不符事實的。大多數時候，事實是站在你這一邊的，因爲對一件不愉快事情的悲觀反應往往是反應過度。所以你就以一個偵探的姿態出現，問你自己：「這種想法的證據在哪裡？」

朱蒂就是這樣做。她認爲她的成績是全班最爛的，她去求證這個想法，而坐在她旁邊的人考得比她差。

凱蒂，這位認爲自己節食前功盡棄的人，其實可以去算洋芋片、雞翅膀和啤酒的卡路里，她會發現這些加起來只比她的晚餐熱量多一點而已，既然她沒吃晚餐，兩兩相抵，其實沒多大關係。

區分這種方法跟所謂的「正面想法的力量」(power of positive thinking)是很重要的。正面的想法通常意謂著嘗試去相信一句樂觀的話，例如「每一天，在每一方面，我都越來越好」。這些話沒有證據，有時還跟事實相反。假如你眞的可以去相信這種話，那你眞厲害，祝你的能力越來越大！但是大多數受過教育的人，有過懷疑態度訓練的人無法相信這種胡說八道、毫無證據的提高信心作法。習得的樂觀，相反的，是有關正確性的。

我們發現只是對自己重複這些正面的句子並不能提高你的心情或增加你的表現成就，心情的改善和表現的改良是來自應付負面理由的成效。通常挫折後的負面念頭是不正確的，大多數人會選擇最壞的可能性，把一點小事看成大災難。反駁最有效的技術就是去搜尋證據來證明你扭曲事實，通常你都能輕易找到，因爲眞相就在你身邊。

習得的樂觀會有效不是因爲對這個世界的不正確的正面想法，而是來自「非負面」(non-negative)的想法的力量。❷

□其他的可能性

通常一件事情的發生不會只有一個原因，大多數事情都是好幾個原因造成的。假如你考試沒考好，下面幾項都可能是你沒考好的原因之一：試題有多難，你花了多少時間準備，你的天資有多好，教授有多公平，其他同學考得怎樣，你考試那天身體、精神的狀態等等。悲觀者每次都能找出最永久性、最普遍性、最個別性的原因來解釋：朱蒂選了「我年紀太大不能跟這些年輕小伙子拚」。

這裡，反駁通常也能得到眞相的幫忙。既然有很多原因，爲什麼偏挑一個殺傷力最強的？問你自己「有沒有其他的方式來看這件事情？」朱蒂，是一位很有經驗的反駁者，很容易就找到了「我要上班，又要持家」。凱蒂在變成自我反駁者後，也可以從「軟弱」改變成「看我有多堅強，我竟然連續堅持了二個禮拜」。

要反駁你自己的念頭，先去搜尋一下所有可能的原因，把重點放在可以改變的原因(花在準備考試的時間不夠)、特別的原因(這次考試是不像話的難)，以及非個人化的原因(這位教授給分不公平)。你可能需要花點心思去找尋其他可能的原因。記住，悲觀的想法常是去找最糟、最有殺傷力的理由，並不是它有證據支持這個理由，而是這個理由最陰暗、最恐怖、最讓你絕望。你的工作就是去打破這種殺傷力的習慣想法，訓練自己找尋可能導致這個事件的各種原因出來。

□含意

但是這個世界上的事，很多時候，事實並不在你的旁邊支持你。有的時候，你對你自己負面的念頭是對的。在這種情況下，應該用的技術是簡化災難法(decatastrophizing)。

你要對自己說，即使我的想法是對的，這個想法的含意是什麼？朱蒂是比班上其他的人年紀大，但是又怎樣？這並不表示朱蒂比年輕人不聰明，也不表示就沒有人願意僱用她。凱蒂打破了她的節食戒律並不表示她就是貪吃的人，也不意含她是個傻瓜，更不表示她應該就此破戒，大吃大喝下去。

你應該問你自己，我的負面想法會有多壞的影響？三個B就表示沒有人會僱用朱蒂了嗎？二個鷄翅膀、一些洋芋片就表示凱蒂是個貪吃的人嗎？一旦你問你自己，你的想法會帶來多壞的後果時，要重複求證的過程，去搜尋證據。凱蒂記得她曾經遵守節食的嚴格規定兩個禮拜，所以她根本不是一個貪吃的人。朱蒂記得幾乎每一個拿到這個學校碩士學位的人都找到理想的工作。

□用處

有的時候，維持這個念頭的後果比這個念頭是否是對的還要重要。這個念頭是否深具破壞性？凱蒂相信她自己是個貪吃的人，這個念頭深具破壞性，是她放棄節食的主要原因。

有些人因爲這個世界是不公平的，感到非常痛苦。我可以同情這些人，但是相信世界是公平的可能會引起更多的痛苦，堅持這種理念對我有什麼好處？有的時候，不要去管你的念頭是否正確，去反駁它甚至乾脆不理它，繼續過日子比較有用。例如一位爆破專家在拆炸彈時，可能會對自己說：「假如現在炸彈爆炸我就沒命了！」這樣一想，他的手就會開始發抖。在這種情況下，我建議轉移注意勝過反駁。當你現在必須要做一件事時，你會發現轉移注意是你的選擇，這個時候問你自己的問題不是「這個念頭是對的嗎？」而是「現在想這個對我有利嗎？」假如答案是否定的，選用轉移注意的方法（停住！定一個時間來想它，把這個念頭想法找支筆寫下來）。

另外一個方法是詳細列出你將來可以改變這個情境的方法。即使這個念頭是眞的，這個情境是可以改變的嗎？你如何來改變它？

你的反駁紀錄

現在我要你練習ABCDE模式。你已經知道ABC代表什麼了，D是反駁(disputation)的意思，E是激勵(energization)的意思。

在下面你要記錄的五個不愉快事件中，仔細聽你自己的念頭想法，觀察這個想法帶來的後果，再猛烈地攻擊你的想法，然後觀察自己成功的處理悲觀的念頭所獲得的激勵，把這些都登記下來。這五件不愉快事件可以是很微不足道的事：郵差來晚了，別人沒有回你的電話，加油站的人只替你加汽油，沒替你洗窗戶。在每一個事件中，用四種有效的自我反駁技術。在你開始前，先讀一下這些例子。

不愉快事件：我向朋友借了一副昂貴的耳環去約會，結果丟掉一隻。

念頭：我眞是個不負責任的人，這是凱最心愛的耳環，我偏偏搞丟了一隻，她一定會氣死，以後不理我了。假如我是她，我也會氣死，我簡直不能相信自己怎麼會這麼差勁。假如她說從今以後不要與我有任何瓜葛的話，我也不會吃驚。

後果：我覺得非常的難過，感到羞恥、難堪，我不敢打電話告訴她這件事，我只是坐在那裡，罵自己笨，想辦法鼓起勇氣去打電話。

反駁：唉！眞是很不幸，我丟掉了凱最心愛的耳環（找證據），她可能會非常失望（引申的意含）。不過，她會了解這是一個意外（其他的可能性），我不認爲她會因此而恨我（引申的意含），就因爲我丟掉一隻耳環就說自己是不負責任的人也是不公平的（引申的意含）。

激勵：我還是覺得很難過，弄丟了別人的耳環。但是我沒有像以前那樣覺得見不得人，很羞恥。我想她不會因此而與我絕交，所以我可以放鬆一下心情，拿起電話跟她解釋。

下面是你曾經看過的例子。

不愉快事件：我提早下班回家，發現我的兒子跟他的朋友躲在車房裡偷抽大麻菸。

念頭：他在幹什麼？我眞想掐死他！他就是這樣不負責任，我一點都不能相信他。他只要一開口，出來的全是謊話，一個接一個。我這次一定不要聽他的解釋。

後果：我非常、非常地憤怒，我甚至拒絕討論這件事。我告訴他他是個「不值得信賴的小罪犯」，我整個晚上都在生氣。

但是下面是一個反駁高手會對自己說的話：

反駁：好！毫無疑問的，約瑟在抽大麻這件事上是不完全可信賴的，但這並不表示他是完全不負責任，完全不可信賴（意含）。他從來沒有逃學或深夜不歸而沒有先打電話回來說一聲的，他有幫忙做家事（證據）。今天這件事的確很嚴重，但是假設他說的每一句話都是謊話卻是於事無補的（用處）。我們過去的溝通還算可以，我想假如我現在冷靜下來，事情可能會比較好（用處），假如我不願意跟他討論這件事情，事情還是不會解決（用處）。

激勵：我終於可以安靜下來，處理這個問題。我先道歉，因爲叫他作「不可信任的人」，我告訴他我們需要談他抽大麻的事。我們的談話有一部分的確很火爆，但是至少我們在談話、溝通。

不愉快事件：我辛苦做菜，請一群朋友來家中晚餐，但是我發現我的主客幾乎沒有吃任何菜。

念頭：菜很難吃，我根本不會燒菜。我本來想藉此機會多認識一下主客，讓她對我有好印象，現在全泡湯了。她沒有飯吃到一半就站起來離席算是給我面子了。

後果：我覺得非常地失望，而且對我自己很憤怒。我對自己燒出來的東西覺得非常丟臉，使我一個晚上都在躲避她，顯然，事情並沒有如我預期的那樣進行。

反駁：這眞是胡說！我知道晚飯沒這麼難吃（證據）。她可能沒吃什麼，但是別人吃了很多（證據），她可能有一百種理由不愛吃我的菜（其他的原因）。她可能在節食，她可能身體有點不舒服，她也很可能胃口很小（其他的原因）。即使她沒吃什麼，她看起來似乎很愉快，很高興（證據）。她說了一些笑話。她看起來很輕鬆愉快（證據）。她甚至說要幫我洗碗筷（證據）。假如她眞的是對我很厭惡的話，她就不會如此說了（其他的理由）。

激勵：我沒有像剛剛那樣生氣或難堪，我了解假如我躲避她，我才眞的會喪失一個認識她的機會。基本上，我可以放鬆自己，不要讓我的想像力破壞我的宴會。

現在你來做做看，在下一週的生活中登錄下五件事情來。不要特別去找不愉快的事件，當它自己來臨時，特別注意去聽你對自己說的話。當你聽到負面的念頭時，反駁它，把它踩扁，不讓它再發。然後記錄下ABCDE。

不愉快事件：

念頭：

後果：

反駁：

激勵：

不愉快事件：

念頭：

後果：

反駁：

激勵：

不愉快事件：

念頭：

後果：

反駁：

激勵：

不愉快事件：

念頭：

後果：

反駁：

激勵：

不愉快事件：

念頭：

後果：

反駁：

激勵：

聲音的外化

你不需要等不愉快事件發生後才去練習反駁，你可以請一位朋友幫你把負面的想法大聲說出，你也大聲地反駁他的指責。這種練習法叫做「聲音的外化」(externalization of voices)。要做這個練習時，先選一位朋友(配偶也行)，撥出二十分鐘的空檔。你的朋友的任務是批評你，因爲這個原因，你必須仔細地挑選你的朋友。選一個你可以信賴而且不會因他的批評而不舒服的朋友。

告訴你的朋友在這種情況下他可以批評你，你不會在意，因爲這是練習強化你以後反駁自己念頭的技巧。把你所登記的ABC給他看，幫他選擇最適合你的批評，指出是哪一類的負面想法一直出現在你腦海中，影響你的心情和決策。當你和朋友了解全部情形後，你會發現你不但不會在意朋友對你的批評，這個練習還會使友情更鞏固，因爲他更了解你、同情你。

你的工作是大聲地反駁批評，盡力去找所有可以支持你的證據，列出所有的其他可能原因，簡化災難，強調事情沒有你朋友講的那麼糟。假如你相信對你的指責是成立的，那麼詳細列出你可以改變情境的各種方法。你的朋友可以反駁你的反駁，你再反駁他。

在你們開始前，你們應該先讀下面的例子，每一個例子中朋友都非常嚴厲地指責你（你的朋友一定要對你嚴厲才行，因爲在你自己的解釋形態中，你對你自己很嚴厲）。

情境：當卡蘿替她十五歲的女兒收拾房間時，她發現一包避孕藥藏在衣服底下。

指責（朋友）：這種事情怎麼可能在妳眼睛底下發生而妳不知道？她才十五歲，妳在她這個年齡時連男朋友都不曾交過，妳怎麼可能這麼瞎連妳女兒在搞什麼都不知道？妳跟女兒之間的溝通一定是很差的，因爲妳竟然不知道蘇珊已經是性活躍的女生了。妳是什麼樣的爛母親？

反駁：比較我做青少年時的行爲是於事無補的（用處），時代不一樣了。這年頭小孩子什麼都敢做（其他的理由），我的確是不知道蘇珊已經跟人上牀了（證據），但這並不表示我們母女之間的關係很糟（引申的意含），至少我跟她做的避孕談話有進入她的耳朵，不然她不會有避孕藥（證據）。至少這是一個好的跡象。

朋友打斷你：妳全心在搞妳的事業，在忙妳的生活，你根本不知道妳的女兒心中在想什麼，妳眞是一個爛母親。

反駁：我最近工作是很忙，或許我沒有像以前那樣與她談心（其他的原因），但是我可以改變這個情況（用處），與其暴跳如雷或怪罪自己，我可以利用這個機會來與她談避孕或有關性的事情，重新開始我們母女的談心（用處）。一開始時可能不容易，我想她會抗拒，但是我會使她了解。

情境：道格和女朋友芭芭拉一起去朋友家赴晚宴，席間芭芭拉花很多時間跟一個他不曾見過的陌生人尼克聊天。回程時，在汽車中，道格忍不住酸溜溜地說：「妳跟那個傢伙似乎非常投機，我很久沒有看到妳這麼興奮了，我希望妳有抄他的電話號碼，這麼好的友誼沒有繼續下去不是太可惜了嗎？」芭芭拉很吃驚道格的反應，笑著說他不必這麼小心眼，沒安全感，尼克不過是辦公室的同事而已。

指責（朋友）：芭芭拉花那麼多時間與別人談笑眞是非常地沒有禮貌，那些都是她的朋友，她知道你是這群人中唯一的陌生人，她應該多花點時間陪你。

反駁：我想我是反應過度了，她並沒有花整個晚上與尼克談天，我們的宴會有四個小時，她大約與尼克談了四十五分鐘（證據）。我不認得宴會中的其他客人並不表示芭芭拉就要一直守在我的旁邊陪伴我（其他的原因）。她有花頭一個小時介紹我與她的朋友認識，她是在晚飯後才與尼克單獨聊天的（證據）。我想她對我跟她之間的關係覺得很放心，覺得她不需要一直黏在我身旁（其他的原因），她知道我會主動去找別人交談，認識新朋友（證據）。

朋友打斷：假如她眞的對你有意，她不該再去勾引別人。顯然你對她比她對你好，假如她對你是這樣地無情，你們還不如趁早分手算了。

反駁：我知道芭芭拉愛我（證據），我們交往很多年了。她從來沒有提議分手或另外與別人交往（證據）。她是對的，我很可能是對遇到這麼多陌生人有些緊張（其他的原因），我應該向她道歉，不應該說話那麼尖酸刻薄，我會向她解釋爲什麼我會有這樣的反應（用處）。

情境：安卓的太太蘿瑞曾經是個酗酒者，不過三年來她沒有喝半滴，但是最近她又開始喝了。安卓試了所有的方法想阻止她再喝，但是都沒效。他試著跟她說理，威脅她、懇求她，都沒用，每天下班回家都發現蘿瑞爛醉如泥。

指責（朋友）：這眞是太糟糕了，你應該有辦法讓蘿瑞停止喝才對。你應該曉得蘿瑞心中一定有什麼痛苦才會使她依賴酒瓶來解決，你怎麼可能眼睛這麼瞎？你怎麼看不出蘿瑞在殘害她自己？你怎麼沒有在事情惡化之前就想辦法阻止，弄到現在這個樣子。

反駁：假如我可以使蘿瑞停止喝酒當然很好，但是這是不實際的事（證據）。上一次我與她談時，我發現我是完全無能爲力（證據），除非她自己下決心不喝酒，不然我一點辦法都沒有。我無法使她看她不想看的東西（其他的理由），這並不表示在處理我自己的感覺上我是無助的（意含）。我可以開始去參加酗酒者家屬支援會，這樣我就不會掉入責怪我自己的陷阱中（用處）。

朋友打斷：你以爲你跟你太太之間關係很好，你欺騙了你自己三年，你們的婚姻對她一定是一文不值。

反駁：就算蘿瑞又開始喝酒，這並不能代表過去的三年婚姻不好（其他的原因）。我們之間的關係很好（證據），而且以後會更好。喝酒是她的問題（其他的可能性原因），我一定要不斷地告訴我自己這是她個人的問題（用處），她喝酒並不是我做了什麼或我沒有做什麼。我現在能替我們兩人做的就是找一個人談酗酒如何影響我以及我的憂慮和關心是什麼（用處），要熬過來非常不容易，但是我願意試試看。

情境：布蘭達和她的妹妹安德莉一向非常地親密，她們上同樣的學校，交往的都是同一圈的人，最後也在同一個社區內定居。安德莉的兒子是大學一年級的新生，安德莉和布蘭達兩人都很熱衷幫助布蘭達的兒子喬依申請理想的大學。在高三開學時，喬依告訴他父母他不想上大學，他想從事建築業，修房子。當安德莉問布蘭達爲什麼喬依不想上大學時，布蘭達失去控制，反唇相譏道，「這不關妳的事！並不是每一個人都要像妳的兒子一樣，走他走過的路。」

指責（朋友）：妳應該會對妳的這種完全沒有隱私的生活感到厭倦吧！妳的什麼事安德莉都知道。她有她自己的家庭，她不應該天天過來管你的閒事。

反駁：我想你反應過度了。安德莉只是問爲什麼喬依不去上大學（證據），這是一個理所當然的問題（其他可能的原因），若是情況反過來，是她的兒子而不是我的兒子決定不去上大學，我也會問同樣的問題（證據）。

朋友打斷：她認為她比妳高一等因為她的兒子去念大學而妳的兒子沒有。妳不需要受妳姊姊這種氣，她儘可以滾得遠遠的。

反駁：她並沒有自認高我一等來羞辱我，她只是很關心喬依所以才問（其他的可能原因），我想我是對喬依的決定感到很傷心，不喜歡別人問，又很羨慕安德莉的兒子在大學裡（其他的可能原因）。其實，我很為安德莉和我的感情親密而感到驕傲。當然，有的時候我們也會相互比較、競爭，但是就是拿世界上所有財富來跟我換我們之間的親密，我也不換（用處）。

情境：唐諾是大四的學生，他的父親長年臥病，最後在四年前過世了。今年唐諾回家去過聖誕節時，他母親告訴他說她要與基爾夫結婚。唐諾知道他母親幾個月以前認識了基爾夫，但是他完全沒有想到他母親會想和基爾夫結婚。當唐諾對他母親的宣布沒有反應時，他母親問他覺得怎樣。唐諾爆發了：「你要去跟那個下賤的人結婚真是噁心死了！」說完大步地離開了家。

指責（朋友）：我簡直不能相信你媽媽竟然要跟那個傢伙結婚。她根本不認得他，他年紀那麼大，跟她根本不配，她怎麼可以對你這樣？

反駁：等一下，事情真的有這麼糟嗎？我不知道她對基爾夫認識有多深（證據），我這一年都在學校裡（證據）。他們的確才認識幾個月，但是據我所知，他們每一分鐘都在一起（其他的可能原因）。

至於他太老這個荒誕的想法是有點意氣用事，他比我媽大十歲，但是我爸比我媽大十三歲（證據）。

朋友打斷：她怎麼能對你爸爸如此？你爸爸才死，她就已經找了別人來替代你爸爸。這眞讓我生氣，她是什麼樣的女人做得出這種事來？

反駁：母親最近看起來的確快樂很多（證據）。我想我眞正覺得不高興的地方是我還非常懷念我爸爸，我不能了解母親怎麼能夠把他忘記了，還可以去愛上別人（其他的可能原因）。或許我應該跟她談談，事實上，父親已經死了四年（證據）。不管我喜不喜歡，母親還是要繼續生活下去（其他的可能性原因），我不願看她孤單一個人。從某一個方面說，這未嘗不是一種解脫（引申的意含），至少這樣我不必擔心她一個人過日子。我想她並不是找別人來替代父親，她只是找到一個可以使她快樂的人罷了（其他的可能性），我敢打賭爸一定會高興的（證據），他一定不會要媽不再感到愛（證據）。這實在是因爲對我來說太意外了（其他的可能性），我想假如我認識基爾夫多一點後，我可能會感覺好一點（用處）。我眞的希望他是個好人。

好了，現在輪到你了。

練習再練習

你現在應該很會用這個習得的樂觀的主要技術——反駁——了吧！你看到ABC的連接——

某一個特定的想法、念頭會導致頹喪和被動。其實情緒和行動並不一定直接跟隨著不愉快的事件，它們是直接來自你對不愉快事件的想法。這表示如果你改變你對不愉快事件的心理反應，你應付挫折時就會好一點。

改變你對不愉快事件的解釋的最主要工具是反駁。從現在起，練習反駁你自動化的解釋。任何時候你發現你心情不好、很焦慮或生氣，你就問你對自己說了些什麼。有的時候你的想法是對的，在這種情況時，專心去思考你如何可以改變情境，並且防止不愉快事件惡化成災難。但是通常你的負面想法是扭曲、不正確的，這時要對它挑戰，不要讓它控制了你的情緒生活。習得的樂觀不像節食，它一旦開始了，很容易維持下去。一旦你養成對你的負面念頭反駁的習慣，你每天的生活會過得好很多，而你也會覺得快樂很多。

〈註釋〉

❶第十二章到十四章的練習是源自 Aaron Beck 和 Albert Ellis 兩人的研究，即第四章和第五章所談到的那些研究。他們爲了減輕病人的憂鬱而設計了這些練習。一九八七年，美國大都會保險公司請遠見公司將這些練習改編爲正常人可以用，而且是傾向於預防性的，使他們的保險推銷員也可以用（原先只爲病人使用）。我請求 Steve Hollon（Vanderbilt 大學的教授，也是 *Cognitive Researck and Therapy* 期刊的主編）和 Art Freeman(新澤西區醫學院和牙醫學院的教授，世界最有名的認知治療學家)來幫忙改變我所提過的兩種基本認知治療技術。這個研習會是由遠見公司的 Dan Oran 和大都會保險公司的 Dick Calogero 所策劃的，Karen Reivich 是使用手冊的主編。本書最後的三章就是來自那個研討會。

❷我相信賓州 Temple 大學的心理學教授 Phillip Kendall 是第一個使用這樣的句子：「非負面思想的能力」(the power of non-negative thinking)來描述認知治療運作的背後機制。

第十三章　幫助你的孩子遠離悲觀

反駁自己的負面思想是每一個孩子都可以學會的一個終生技術。越早學會這種技術，越能躲避掉不必要的煩惱和憂愁。它會像衛生習慣和良好風度一樣，變成一個基本的人格特質，它本身就帶給你很多報酬，使得這麼做成爲一個自動化的行爲而不是一個負擔。

我們都很希望童年是個快樂的、無憂無慮的時光，是一段被保護的年紀。但是從前面幾章看來，童年並不能保護我們不受到悲觀以及憂鬱症的侵犯。很多孩子遭受到悲觀的痛苦，悲觀摧毀他們的教育和謀生之計，破壞他們的快樂。小學生跟大人有著同樣的憂鬱症比例和強度。最糟的是悲觀變成孩子看世界的一個方法，而兒童期的悲觀就是成人悲觀的來源。

我們前面看到，兒童的悲觀是學習自他們的母親，他們也從大人對他們的批評中學得悲觀的想法。但是如果小孩子可以學得會，他們也可以學會捨棄(unlearn)。他們的作法跟大人一樣：發展一個比較健康樂觀的方式，來對自己解釋生命中的挫折。雖然這個ABC技術是經過徹底的研究並且有幾千個成人都試過了，但是對兒童的研究卻不多，不過目前已有足夠的研究可以讓我來推薦它去適用到你的孩子身上。我敢說教你的孩子樂觀就跟教他們苦幹、誠實一樣重要，因爲它對孩子後來的生活也有同樣的影響力。你的孩子需要學習樂觀的技術嗎？

有些父母不願干涉孩子情緒的自然發展。你的孩子可能會從這些技術中受益，但是你可以用下面的三個準則來決定這些技術對你孩子是不是特別地重要。

第一，你孩子在第七章中ＣＡＳＱ的分數是多少？假如你的女兒分數少於7分，或是你的兒子分數少於5分，他們比樂觀的孩子多二倍的機會得到憂鬱症。他們會從本章中得到很多的益處；你孩子的分數越低，他越能從本章中得到好處。

第二，你的孩子在第八章的憂鬱測驗中分數是多少？

假如他的分數是10分以上，他可以用得到這些技術；假如他的分數是16分以上，我認爲他一定要學習這些技術。

最後，你跟你的配偶有沒有在吵架？或是在想分居或離婚？假如有，你的孩子就是迫切地需要學習這些技術。我們發現孩子在這種期間總是變得非常地沮喪，而且會沮喪很長一段時間，導致課業成績一落千丈，並且會養成永久性的悲觀解釋形態。現在來干預是極必要、極重要的。

你可以帶著你的孩子一起來學ＡＢＣ系統，就像你在前一章中學的一樣。假如你還沒有讀過那一章，你應該先讀，對教材的熟悉會使你成爲一個好老師。

孩子的ＡＢＣ模式

讓你的孩子看到不愉快事件、想法和後果之間的連結關係，這是教他習得的樂觀的第一步。下面的練習就是要教他這個連結的關係。這是專門爲八到十四歲的孩子設計的，太小的孩子可能會對這些覺得困難，但是假如你可以很耐心地跟他一起做，假如你的孩子夠聰明的話，七歲的孩子也可以做。超過十四歲的青少年應該去做成人版的，他們會覺得兒童版的例子對他們來說太幼稚了。

教你的孩子樂觀對你也有利。對你孩子的好處是很明顯的，但是教學相長，它也是使你精熟這個技術的最好方法。

接下來就是如何開始。一旦你讀過前面一章，做完了成人的練習，你可以撥出半個小時來。你先解釋ABC模式給孩子聽，你要強調他的感覺並非空穴來風，無中生有的。讓他了解在他碰到不愉快事件時，他的想法事實上是會改變他對這個事件的感覺的。當他突然之間覺得悲哀、憤怒、害怕或窘迫時，一定有一個念頭在那裡引起這些感覺，假如他可以學會去找出這些想法來，他就可以改變它。

孩子有了一個概念後，跟他一起做下面的三個例題。做完每一個例題後，要他用他自己的話講一遍給你聽，要他特別注意念頭和後果之間的連結關係。在他用他的話解釋過後，再做一遍每個例子後面的問題。

不愉快事件：我的老師，米勒先生，在全班同學的面前罵我，全班每一個人都在笑。

念頭：他恨我，現在全班每一個人都認爲我是討厭鬼。

後果：我覺得非常地難過，我眞希望我能從我的座位上消失。

問你的孩子爲什麼這個男孩覺得難過、傷心？爲什麼他想消失？假如他和米勒先生的想法不一樣，比如說，假如他想的是「全班的人都知道米勒先生是位不公平的老師」，你覺得這個後果會不一樣嗎？全班同學還會覺得這個孩子是個討厭鬼嗎？

念頭是你的感覺後果中最重要、最關鍵性的一環；當念頭改變時，後果也隨之改變了。

不愉快事件：我最好的朋友蘇珊，告訴我喬妮是她新的最好的朋友了。從現在起，她要與喬妮坐在一起吃午餐，不再跟我一起吃了。

念頭：蘇珊不再喜歡我了，因爲我不夠「酷」。喬妮很會講笑話，而每次我講笑話時，都沒有人笑。喬妮有許多很酷的衣服，而我的衣服都很土。我敢打賭，假如我比較有人緣，比較討人喜歡的話，蘇珊也一定會要做我的最好朋友。現在再也沒有人願意跟我坐在一起吃午餐了，每一個人都會知道喬妮是蘇珊新的最好朋友了。

後果：我很害怕，不敢去吃午餐，因爲我不要一個人吃午餐，這會被人恥笑。所以我假裝肚子痛，請老師，弗蘭克小姐，送我去醫務室。我覺得自己很醜，我想轉學。

爲什麼這個女孩想轉學？是因爲蘇珊要跟喬妮坐在一起的緣故嗎？還是因爲她認爲沒有人會願意跟她一起坐了？爲什麼她覺得自己很醜？她對她的衣服的看法在這裡扮演了什麼角色？假如這個孩子認爲蘇珊是個善變的、愛嘲笑人的同學的話，這個後果會怎樣？

不愉快事件：當我與我的朋友在等公共汽車時，有一群高年級生走過來，在我的朋友面前叫我「胖子」、「肥豬」。

念頭：我無法反唇相譏，因爲他們是對的，我的確是個胖子。現在所有同學都會笑我，沒有人願意在公共汽車上跟我坐了。每一個人都會開始捉弄我，叫我這些外號，我沒有別的辦法，只有忍受了。

後果：我覺得非常窘迫，難堪得要死。我想逃離我的朋友，但是我不能，因爲這是最末一班車，所以我只好把頭低下來，決定去坐在駕駛員旁邊的第一個位子上。

爲什麼這個男孩想逃離他的朋友？是因爲他被叫做胖子嗎？還是因爲他認爲從現在起他的朋友都會不理他了？他可不可以有其他的、比較有建設性的想法，例如，「我的朋友是很忠心的」或是「我的朋友都認爲高年級生是討厭鬼」？假如他這樣想的話，那後果會是怎樣？

一旦你的孩子了解ABC的概念後，你就可以下課了。但是你明天要預留半個小時來教你的

孩子如何在他的日常生活中練習ＡＢＣ。

在下一堂課開始時，先溫習一下不愉快事件—念頭—後果的連結關係，如果必要的話，再做一題例題。然後要你的孩子舉一個他生活中的例子，把它寫下來。假如他需要提示的話，用一、兩個你自己紀錄中的ＡＢＣ去提示他。

現在告訴他，輪到他去找出他生活中的ＡＢＣ了。他下面幾天的功課是每天放學以後，舉一個例子跟你討論。強調悲哀、憤怒、害怕、放棄這些都來自他自己的念頭、他自己的想法，強力暗示這些念頭並非一定要如此或一定不能改變的。他很可能在第一天放學回來就給你五個例子。當他找滿五個例子後，你就可以進入下一個步驟，反駁。

孩子的ＡＢＣ紀錄

不愉快事件：＿＿＿＿＿＿

念頭：＿＿＿＿＿＿

後果：＿＿＿＿＿＿

不愉快事件：

念頭：

後果：

不愉快事件：

念頭：

後果：

不愉快事件：

念頭：

後果：

不愉快事件：

念頭：

後果：

孩子的ABCDE

孩子的反駁過程與成人一樣。一旦孩子了解了ABC的連結後，你就可以解釋反駁和激勵的連結。預留四十分鐘的時間，開始時，先複習一下ABC連結，用你孩子自己的ABC紀錄爲例子來複習。解釋給孩子聽，告訴他有這個想法並不表示這個想法就一定是對的，它們可以被駁倒；就像是恨你、討厭你的小孩對你說這些話，你就不會相信它，你會反駁它，一樣的道理。

舉一個他自己的例子，叫他想像他最壞的敵人對他講這些話時，他該怎麼反應？當他給自己一個好的回答時，叫他再想一個，再想一個，直到他想不出來爲止。現在跟他解釋他可以反駁他自己的話、他自己的負面念頭，就如同他反駁別人對他的指責一樣，但是效果會更好。當他對自己說的負面的話被反駁後，他就不再會去相信它們，他就會變得比較快活，可以做更多的事了。

現在你需要用一些例子詳細地跟你的孩子解釋。下面有四個例子，二個新的，二個舊的。

不愉快事件：我的老師，米勒先生，在全班同學的面前罵我，全班每一個人都在笑。

念頭：他恨我，現在全班每一個人都認爲我是討厭鬼。

後果：我覺得非常地難過，我眞希望我能從我的座位上消失。

反駁：米勒先生罵我並不代表他恨我，米勒先生幾乎對所有人都罵，他還說我們班是他喜歡的班。我想我上課是有一點摸魚，我不怪他會生氣。全班每一個人，幾乎每一個人，除了琳達——她是模範生——以外，每一個人至少都被米勒先生罵過一次。所以我不認爲同學會認爲我是討厭鬼。

激勵：我還是對被老師罵這件事覺得有點難過，但是不像以前那麼厲害，我不再想從我座位上消失了。

重新讀一次念頭給你的孩子聽，請他用他自己的話來反駁。要你的孩子解釋他反駁的每一個說法爲什麼有用：爲什麼了解了「米勒先生罵過每一個人」可以平衡掉「米勒先生恨我」？

不愉快事件：我最好的朋友蘇珊，告訴我喬妮是她新的最好的朋友了。從現在起，她要與喬妮一起吃午餐，不再跟我一起吃了。

念頭：蘇珊不再喜歡我了，因爲我不夠「酷」。喬妮很會講笑話，而每次我講笑話時，都沒有人笑。喬妮有很多很酷的衣服，而我的衣服都很土。我敢打賭，假如我比較有人緣，比較討人喜歡的話，蘇珊也一定會要做我的最好朋友。現在再也沒有人願意跟我坐在一起吃午餐了，每一個人都會知道喬妮是蘇珊新的最好朋友了。

後果：我很害怕，不敢去吃午餐，因爲我不要一個人吃午餐，這會被人恥笑。所以我假裝肚子痛，請老師，弗蘭克小姐，送我去醫務室。我覺得自己很醜，我想轉學。

反駁：蘇珊是很好，但是這不是第一次她告訴我她有了新的最好朋友，我記得不久以前，她也告訴我柯妮是她的最好朋友，在這之前她又告訴我潔柯琳是她的最好朋友。我不認爲我的笑話不好笑有任何關係，我也不認爲是我的衣服的關係，因爲上次我跟蘇珊去逛街時，我跟她買了一模一樣的衣服。我想她只是喜歡一直換朋友。反正她也不是我唯一的朋友，我可以跟潔西卡和拉坦雅一起吃午餐。

激勵：我不再擔憂要跟誰一起吃午餐，我也不再覺得自己很醜。

請把念頭和後果大聲再念一遍，要你的孩子用他自己的話來反駁，必要時可以提示他，要他解釋他如何反駁每一點。例如蘇珊每隔幾個禮拜就換一個新的最好朋友如何可以拿來作爲對抗「蘇珊不再喜歡我了」的證據？「我穿得很土」有什麼可以反駁它的證據？

不愉快事件：今天上體育課的時候，瑞雷先生挑了二位同學作A、B兩隊的隊長，然後叫我們一字排開，由這二位隊長挑選他的隊員，我是倒數第三個被挑到的。

念頭：克里斯和賽斯都恨我，他們不要我在他們的隊上。現在全班每一個人都會認爲我是很笨的人，再也不會有人要我在他的隊上了。我眞的是個沒有體育細胞的人，難怪從來就沒有人願意跟我玩。

後果：我覺得自己很驢，差一點就要哭出來，但是我知道如果我哭的話，每一個人會更嘲笑我。所以我自己一個人站著，祈禱球不要到我這邊來。

反駁：我的確是在運動上很不行，但是說自己很爛只會使事情更糟而已。我雖然體育很不行，但是我在其他方面很行呀！每次老師說分組討論時，大家都搶著要在我這一組。上次我寫的美國獨立的作文就得了第一名。克里斯和賽斯也不見得就眞的恨我，他們只是要挑最會踢球的人罷了，並不見得就是恨我或對我不好。人各有志，有的人運動好，有的人功課好，我的數學、國語和社會都很好，就是體育差一點。

激勵：我對自己這樣說以後覺得好過多了。我還是很希望我樣樣都好，我也極不願意是最後一個被挑到的，但是至少我知道我在很多方面是第一個被挑上的，而且克里斯和賽斯不恨我。

要你的孩子用他自己的話來反駁，並用他自己的話來舉證還有什麼其他的證據可以用來反駁「克里斯和賽斯恨我」這個念頭。

不愉快事件：昨天是弟弟添普的生日，媽媽和繼父給他很多玩具，還有一個大蛋糕，他們連正眼都沒有看我一下。

念頭：添普是他們最寵愛的，他要什麼就有什麼，他們根本就無視於我的存在。我知道爲什麼他們比較喜歡他而比較不喜歡我：添普的功課比我好，老師在他的成績單上寫說他是「極優」，在我的成績單上寫說我的字「還要再進步才行」。

後果：我覺得很悲傷和孤獨，我很害怕媽媽會告訴我說她不要我了。

反駁：當然爸媽給添普各種禮物，因爲今天是他的生日，我生日時他們也有給我禮物。他們今天可能對他特別關心，但這並不表示他們不喜歡我了。他們只是要讓他覺得今天很特別，因爲今天是他的生日。我想我是眞的很希望老師也能說我是極優的學生，但是老師有說我在「自然」和「團隊合作」上表現良好。不論如何，爸媽說過他們不會拿我和添普比，他們只要我們跟自己比，只要我們盡了我們的力，他們就很高興了。

激勵：我不再害怕媽會趕我出去，我也不再爲添普得到爸媽的關心而覺得難過。我知道當我的生日來時，添普也會有同樣的感覺的。

在你的孩子熟悉了例題後，你就可以結束今天的談話。明天晚上再留四十分鐘的時間，與孩子談話，一開始時先複習反駁與激勵之間的關係，用他上次說得最好的例子來講解。

下面就輪到他了，用他自己ＡＢＣ的紀錄，要他反駁每一個不愉快事件的念頭。用證據、其他可能的解釋、這種解釋的意含，以及用處等方法來幫助他，但是不必一定要教他這四類的名稱，只要用它們去教他即可。

然後給他一些作業：以後的五天裡，每一天他都要反駁一個發生在他生活中的負面念頭。每一天的晚上，你跟他要坐下來檢討這個反駁並把它寫下來。在每天晚上結束談話之前，先提醒他明天可能會遇到的各種不愉快事件，預先演練一下反駁的各種技術。

孩子的ＡＢＣＤＥ紀錄

不愉快事件：＿＿＿＿＿＿

念頭：＿＿＿＿＿＿

後果：＿＿＿＿＿＿

反駁：

激勵：

不愉快事件：

念頭：

後果：

反駁：

激勵：

不愉快事件：

念頭：

後果：

反駁：

激勵：

不愉快事件：

念頭：

後果：

反駁：

激勵：

不愉快事件：

念頭：

後果：

反駁：

激勵：

幫孩子把他的思想外化

最後一個練習是將這些內在的反駁思想外化。這個技巧主要是在於我們對公正的第三者對我們的批評比較容易接受，可以檢討、反駁，而對惡意的中傷者的批評常不能心平氣和地去檢討反駁。在這一節裡，我們要把你孩子心中所想的那些嚴厲的、有威脅性的話放入第三者的口中，隨便是你或你的配偶來幫助他練習，或是一個布偶也可以幫助他練習。

叫你的孩子幫助你提供批評他的話，讓他反駁。跟他一起看一下他所寫的ABC紀錄，從中抽取出他最常批評自己的那些話。

告訴他這種練習可以幫助他成為最佳的反駁者，擺脫自己的負面念頭。要常常提醒他你並不認為這些批評是對的，你只是用它來幫助他反駁。因為這些批評是他對自己的看法，你只是幫助他把這些思想有聲化。不過要非常小心，不要讓他以為這是你對他的看法。因為這些話是在他心中反覆出現，深植心田的話，切記不要讓他以為你所批評他的也就是你心中對他的看法。

假如你的孩子還很小，會喜歡木偶戲的話，你可以跟他玩木偶戲，讓木偶講話。下面就是木偶要講的話：

「每一個人都知道有的時候小孩子會說一些很殘忍的話，當別的孩子說一些你的壞話，對你很不公平時，你應該馬上反駁回去，糾正他們錯誤的想法。我們知道別的孩子會這樣做，但是我們也知道你有的時候也會對自己說些不公平的話，所以你必須要學習如何去反駁你對你自己說的不公平的話。好！現在我們來用木偶練習如何反駁你對自己說的不公平的話。木偶已經看過你寫的ABC紀錄，他知道你對你自己說的話，不過這是一個很兇、很霸道的木偶，所以你的工作就是要去反駁它，讓它知道它的批評是不對的、不公平的。」

在正式開始之前，先大聲地讀一遍這些例題給你的孩子聽，讓他看到這些不對的念頭如何可以被反擊，這些反駁如何有效。透過木偶的口來說出這些批評。

情境：凱恩是國一的學生，他每天要坐校車到一個很好的學校去上課。他是個好學生，也很喜歡上學。他在學校裡交了一些好朋友，每天放學以後，他們都輪流去同學家玩一下後才各自回家。凱恩也很想邀請同學去他家玩，但是他對自己的家境及父母的職業感到很羞愧。有一天有位同學提議去凱恩家玩，凱恩感到很窘迫，告訴朋友說他們不能去，因爲他爸爸是醫生，在家裡開業。說完後，凱恩感到很羞恥，因爲他說了謊話；又感到很悲哀，因爲他覺得他不得不說謊。他於是告訴同學，他今天不舒服，自己一個人回家去了。

指責（母親，但是藉木偶的口，凡是很殘酷的批評時，請儘量用木偶）：你眞是一個會撒謊的人，你的爸爸是醫生？眞是天大的笑話，你永遠也不可能請你的伙伴來家中玩。他們遲早會發現的，紙是包不住火的。

反駁：我是眞的很希望我的家、我的父母能像瑞奇的一樣，我實在不願爲我的家或父母感到羞恥，但是我想這是沒有辦法的事，因爲對這件事我無能爲力。不過我家並非是唯一大夥兒沒去過的家，絕大多數時候我們是去亨利家，因爲他家離學校最近。

母親打斷他(有的時候母親要假藉木偶的口)：他們遲早會發現你住在貧民區，你老爸是個酒鬼，你老媽是個傭人，當他們發現眞相時就不會有人再做你的朋友了，你會變成全校的大笑柄。

繼續反駁：假如他們發現爸是個遊手好閒的無業遊民的話，我眞的會覺得很難過，不過我想他們不會因此而不與我來往。我不認爲他們跟我在一起是因爲我是有錢人家的孩子。我想假如我發現史帝芬的爸爸失業的話，我可能替他難過，但是我不會因此而不理他。我並不曉得每一個人的爸爸是做什麼行業的或住在哪裡，他們也很可能跟我一樣的情形，誰知道呢？算了，我想我暫時先不要去請任何人來家裡玩，不過我一定要改掉這個說謊的毛病。

把指責大聲地再讀一遍，要你的孩子用他自己的話來反駁；繼續用更多的指責去打斷他，要他不停地反駁這些新的指責。

情境：有一位很令小琳心儀的女同學貝絲請她去她家過夜，當小琳的媽媽送她去同學家時，小琳發現貝絲的爸媽不在家，而其他的同學在商量要去偷喝貝絲爸媽的烈酒。小琳覺得很不自在，就假裝生病叫她媽媽來接她回家。

指責（父母說用木偶的聲音）：假如妳不想喝，妳可以明講，不必假裝生病。妳用裝病這種方法來逃避，眞是一點勇氣也沒有。

反駁：誰說我沒有勇氣？眞正最簡單的方法是同流合污，跟他們一起喝，裝病才是聰明的方法，既可逃開這個情境又不會傷和氣、被人罵或被他們逼著一起喝。

父母（或木偶）**打斷**：妳眞是太幼稚了，妳第一次被請去貝絲家玩，而妳卻掃大家的興，煞風景。

繼續反駁：我並沒有掃大家的興。假如我留下來我也不會感到快樂，因爲我擔心貝絲的爸媽回來會發現我們偷喝酒。算了，我想貝絲沒有我想像中那麼完美。

現在請把指責再大聲地讀一遍，要你的孩子用他自己的話來反駁。必要時可以打斷他，看你的孩子可以再添加一些反駁的話使它更具有說服力嗎？

情境：安妮達很想要一隻小狗，幾經懇求後，她父母終於答應買一隻給她。但是幾個禮拜以後，安妮達就對小狗失去興趣了，常常忘記餵牠和帶牠出去溜。最後，安妮達的爸媽說假如安妮達還是這樣不負責任的話，他們就要把小狗拿去送人。安妮達尖叫說，你們好惡劣，你們一開始就不願意我養狗，你們只是在找一個藉口把牠送走，你們根本不要我養狗。

指責（父母）：妳的父母是全世界最惡劣、最差勁的！

反駁：我的爸媽不是全世界最差的，他們還算可以。他們總算是有幫我買小狗，而且我生日時，爸爸有帶我和戴伯去紐約玩一天，他肯這樣做眞是好極了。

父母打斷（用木偶的聲音）：牠是妳的狗，他們替妳買了，現在又要把牠送掉，他們根本就是不讓妳有好日子過！

繼續反駁：或許他們生氣的原因是我沒有做到我答應的話，天天去餵狗和溜狗。我是有說假如他們讓我養狗的話我會負全責來照顧牠，但是我不知道養一隻狗有這麼多事情要做。或許我盡了全力的時候，爸媽也會願意來幫我一點，我想我應該去和爸媽談一下。

大聲地把指責再讀一遍，要你的孩子用他自己的話來反駁。

現在，用木偶把你孩子在他ABC紀錄中批評他自己的話說一遍，讓他去反駁木偶的話。做完之後，誇獎他。如果他的注意力還能集中，精神還好的話，繼續做最後一個例題。這個例題中，三個人指責自己又反駁自己的指責，是比較複雜一點，比較適合十歲以上的孩子去做。假如你認爲你的孩子太小的話，請跳過它，繼續後面的部分。

情境：荷普十四歲，她的姊姊梅格十五歲。幾個月前，她們的父母分居了。荷普和梅格跟媽媽住，但是星期天和星期二晚上跟爸爸住。每個星期天都一模一樣，爸爸到媽媽家來接她們，荷普坐在車子的前座，梅格坐在後座；荷普把收音機扭開，爸爸把音量轉低。爸爸問：「日子過得好嗎？」荷普含混地說：「還不錯！」把音量扭大。梅格不喜歡荷普的回答方式，所以就負起談話的責任。她的父親最後忍不住了，把收音機「啪」的一聲關掉，荷普低聲說了一些諷刺的話，梅格則一聲不響。

荷普的指責：好了，又來啦！又是一個充滿歡樂、排滿節目的星期天！爸以爲他一週只要花一天，跟我們吃一次晚飯，他就可以融入我們的生活，每一件事都會很理想。他憑什麼問「日子過得好嗎？」他要我怎麼回答？日子當然過得不好，他跟媽分居了，我必須要花上一個星期天去陪一個我本來每一天都該看見的人。假如他眞的關心我的話，他應該多打幾次電話給我們，而不是只有在每週的固定日子才跟我們在一起。

荷普的反駁：星期天是最難捱的一天，或許星期天這麼難過是因爲我們都太緊張的關係。它實在不應該變得這個樣子，或許我應該放輕鬆一點，不要把收音機扭得很大聲去惹爸爸不高興，或是只用一個字答話。或許爸的「日子過得怎樣？」就等於我的朋友說「有什麼事？」那個意思，是個話引子。我當然知道現在的情況很不理想，但是至少爸住在附近，我們還可以見面。我有些朋友父母分居後，他們根本就見不到他們的爸爸。就這一點，我算是幸運的。我不喜歡每個星期天都跟爸爸在一起，我有的時候想跟我的朋友在一起。假如我們可以決定每週的哪一天跟爸在一起的話就好多了。這樣我不會覺得是一件必須要做的義務，我應該告訴爸這個建議。我眞的不知道爲什麼他都不打電話給我們，不過我不應該立刻去假設他不關心我們。畢竟假如我有話要跟他說我也可以打電話給他，不必一定要等他打電話給我。我的確為他不常打電話來而不高興，但是我想我應該先問他為何不打電話，而不該先下結論。或許今天晚一點的時候我應該問爸爸一下。

梅格的指責：又來了，我們每次上車不到五分鐘，爸和荷普就開始起衝突，我應該有辦法使情況順利一些，但是每一次他們還是發生衝突。我是怎麼了？為什麼這麼不能幹？我只要使談話繼續不中斷就會沒事，但是我就是不行。假如我連這一點小事都做不好，如何能成大器？我今天眞是搞砸了。

梅格的反駁：或許我太嚴以責己了，畢竟談話是要兩個人合作才能談下去的。我可以說到臉色發青透不過氣來，但是假如他們兩人不肯回應的話，還是一點用都沒有。我眞是非常地希望每個星期天能夠很平靜地過去，但是我不應該想去控制非我能力所能控制的事情。我可以放輕鬆，討人喜歡，有問必答，但是我沒有辦法使事情回復到以前的情況。現在情況眞的很糟，但是至少我知道那不是我的錯。

爸爸的指責：這究竟是怎麼一回事？每個星期天都是這個樣子，一上車，荷普就扭開收音機，淹沒我講話的聲音。我眞是一點都不了解她。難道她不高興看到我嗎？我知道孩子們都希望她們媽媽跟我住在一起，但是她們必須要接受這個事實，而且儘量適應這個情境。梅格就適應得很好，為什麼荷普就不行？她們兩人可能都認為分居都是我的錯。她們每天都跟媽媽在一起，而跟我在一起時卻把我當作陌生人，她們應該對我好一點。

爸爸的反駁：事情實在是很糟，我現在必須要慢下來好好想一下。第一，荷普從來沒有說她不要見我，或許她這麼有敵意是她還不清楚爲什麼我們要分居。我忘了她們不過是孩子，分居這件事可以說是完全震撼了她們的世界，對她們是個大打擊。或許我不應該拿梅格來跟荷普比，梅格比較大，也一直是比較安靜的一個。事實上，我不應該假設因爲梅格沒敵意，她就沒事，她也很可能心裡不痛快，只是她不說而已。對於荷普，至少我知道她是很不高興的，而我眞的完全不知道梅格心中在想什麼。或許我這麼快就發脾氣是因爲我對這情境很有挫折感，我希望情況能變得好一點，但是我實在很難跟孩子開口談分居的事情。我想我得在這方面下工夫了。她們還是孩子，去跟她們談淸楚是我做爸爸的責任，不管談這件事有多痛苦，我還是得去試。

現在繼續以你孩子的ABC紀錄來練習。假如你是用木偶，就用它來大聲讀出對你孩子的指責，要你的孩子以他自己的話去反駁。

反駁自己的負面思想是每一個孩子都可以學會的一個終生技術。就像任何一個習得的技術一樣，在一開始用時都會覺得有些怪怪的。還記得你初學網球時，反手拍打得多麼地不自然嗎？反駁你自己的思想就像它一樣；反手拍在經過練習以後就會變得自然，反駁你自己的思想也是一樣。越早學會這種技術，越能躲避掉不必要的煩惱和憂愁。

如果很早就學會樂觀的技術，它會像衛生習慣和良好風度一樣，變成一個基本的人格特質，它本身就帶給你很多報酬，使得這麼做成爲一個自動化的行爲而不是一個負擔。但是樂觀的習慣遠比衛生習慣來得重要，尤其是假如你的孩子在憂鬱的測驗或是CASQ上的表現很差，或是你跟你的配偶處不來時。不論哪一種情形，假如你的孩子沒有學會這些技術，他得到憂鬱症的機率會很高，他在學校的表現也會很低落。他如果學會了這些技巧，他至少可以對絕望和無助免疫。

第十四章　樂觀的組織❶

每一個公司行號都有一些在位者，對他們所處的職位來說是太悲觀了一點。這些人其實都有恰當的才能與動機來滿足這個職位所需，而且如果要把他們撤換掉，不但耗資巨大而且不人道。所幸，他們可以學習變得樂觀。

試想一下你在工作上所碰到最困難的事情，就是你感到你面前有一堵高牆，穿不過去。你對你的工作感到非常地沮喪，你在撞到這堵牆時怎麼辦？

史帝芬是一位保險推銷員，每天晚上五點半到九點半之間他必須要打電話，打給那些他不認得的人去推銷保險。他最恨這一部分的工作。他從芝加哥區最近出生的嬰兒名單中獲知他們父母的名字，然後打電話給他們。他的晚上通常是像這個樣子：

第一個人在聽他說話十五秒後就把電話掛掉了。第二個人告訴他她已經保了所有該保的險。第三個人很寂寞，他在電話中跟史帝芬聊昨晚的球賽，在談了三十分鐘後，史帝芬發現這個人在領社會救濟金，根本不想買任何保險。第四個人在掛斷電話時跟史帝芬說：「不要再來煩我，你這個討厭的人！」在這個時候，史帝芬撞到那面無形的牆了，他瞪著電話，瞪著名單，又瞪著電話，翻一下報紙，又瞪著電話；他替自己倒了一杯可樂，扭開電視。

不幸的是，史帝芬的競爭對手是娜咪。她替另一家保險公司做事，也有同樣的名單，同樣艱鉅的任務。但是當她撞到那座無形的牆時，她不會氣餒。她可以繼續地打第五個，第六個……第十個電話，到第十二個電話時，她得到一個訪談的機會。當史帝芬三天後打電話給這個人時，這個人很客氣地告訴他，他最近才保了險，暫時不會再投保什麼了。

娜咪很成功而史帝芬很失意，所以我們看到娜咪對她的工作很熱衷、很樂觀，就一點都不感到奇怪，當然我們也可以了解史帝芬爲什麼會對他的工作感到悲觀和氣餒。普通常識告訴我們成功使一個人樂觀。但是在這本書中，我不斷地指出，箭頭也可以反方向而行。樂觀的人會成功，不論在學校、在球場、在工作上，樂觀的人都能夠發揮他天賦的才能。

我們現在知道爲什麼了：樂觀的人堅持不放棄。在碰到挫折甚至失敗時，樂觀的人堅持下去。當他在工作上遇到困境時，他繼續進攻，特別是在他的對手也碰到同樣的困境而開始退縮時，他繼續前進，所以他會成功。

娜咪就是採用這個原則。她知道在這個行業，平均來說，打十個電話才可能得到一個面談的機會，而三個面談裡只有一個有可能賣成保險。所以她整個心理戰術就是使自己躍過那個打電話的高牆。她有一些樂觀的技術來使她自己保持士氣，這些是史帝芬所沒有的技術。

樂觀不只是對競爭性強的工作有利，它對任何時候你碰到的困境都有幫助。它可以是這個工作做得好，做得不好，或是根本就沒做的主要原因。我們舉一個沒有競爭性的例子來說，比如寫作，就舉寫這一章來說。

我不像娜咪，我不是天生的樂觀者。我必須要學習這些技術（有的時候還要去創造發明這些技術）來躍過這堵高牆。對我來說，寫這本書最困難的地方是去找例子，找一個能表達我抽象概念的有血有肉的例子。寫抽象的原則一向很容易，因爲我花了二十五年在研究它。但是每一次在要舉例說明時，我就會頭痛，這表示我撞到這堵牆了。我會逃避，我會做任何事，打電話、分析資料——除了寫作。假如這堵牆眞的很高，我會走出去打橋牌；我可以打幾個小時，甚至幾天。這樣不但我沒有做到任何事，在打了幾天橋牌後，我會很有罪惡感，覺得很沮喪。

這些現在都變了。我還是會撞到這些牆，但是現在我有一些技術來幫助自己了。在這一章裡，你會學到兩個你在工作上可以用到的技術：傾聽你自己的內心對話，反駁你的負面想法。

每一個人都有他自己的一面牆，他自己的氣餒點。你在撞到這面牆後的行爲可以決定你會成功還是失敗，你可以掌控還是無助。失敗並不一定來自懶惰，但是大多數的時候我們會把不能越過這座牆的錯誤歸因爲懶惰。失敗也不是來自沒有才能或沒有想像力，它僅僅是來自某種重要技術的無知，這種技術在任何學校都不曾教過。

在你的工作上，你什麼時候會碰到瓶頸？回想一下你工作上最使你氣餒的情境：它可以是打電話給你的客戶，可以是寫企劃案，可以是與顧客爭論帳單的對錯，也可以是在計算如何不吃虧，它更可以是你學生眼光中所透露出來的冷漠眼神。有的時候它也可以是費盡唇舌去鼓舞一個完全沒有士氣的部屬的工作動機，或者是當你的同事動作很慢的時候極力保持耐心。不管你的困境是什麼，這一章就是要來幫助你越過你個人的那堵高牆。

樂觀的三個優勢

習得的樂觀幫助人們越過他們心中無形的高牆，而且不僅僅是他們自己的高牆而已。我們在第九章中看到，一個球隊的解釋形態關係著這個球隊的贏與輸。而公司行號，不論大小，也都需要樂觀主義；他們需要有才能、有高動機，同時也是樂觀的人。一個有很多樂觀員工的公司，或是在關鍵時刻有樂觀員工的公司，會比別人多一點的優勢。一個公司有三種方式來利用這個樂觀的優勢。

第一是在**篩選人才**方面。以第六章〈事業的成功〉中的案例為例，你的公司可以像紐約大都會保險公司一樣挑選樂觀的人員進來工作。樂觀的人工作績效比較好，特別是在有壓力時，他們的表現比悲觀者好。光是有才能和動機是不夠的，我們前面曾看到，如果沒有一個不可動搖的念頭相信自己會成功，高的才能和無盡的動機也是不會有結果的。目前全美已有五十家公司採用樂觀問卷來篩選他們的員工，來找出不只是有才能和動機，同時也有成功的樂觀需求的人。這種篩選對一個培訓成本很高或員工流動率很高的公司都是非常重要的。選擇樂觀的人可以減低人力成本的浪費、改善生產率，以及團隊工作的滿意度。樂觀的應用還不僅止於這些。

樂觀在公司的第二個用途是**人盡其材**，把合適的人放在合適的位置上。高樂觀程度的人很顯然地比較適合高壓力、高失敗率的工作，這種工作需要自主性、堅持性以及敢去做夢的人。同樣明顯的就是悲觀對任何人都沒有好處，但是有些工作需要悲觀性。我們在第六章中看到，有許多證據顯示悲觀者對眞實世界看得比樂觀者更淸楚，而每一個成功的公司，每一個成功的生活，都需要對眞實世界有正確的評估以及有超越現實去做夢的能力。這兩種能力往往無法來自同一個人，很少人會有本章要教你的這些技術，使你能同時擁有樂觀和悲觀，依情境的需要而使用出來。在一個大公司裡，不同的人做不同的事，你如何把適當的人放到適當的位子上去？

要決定某一個工作需要什麼樣的心理的人最合適，你必須要問兩個問題：第一，這個工作需要多少的持久力、自動自發性？它會帶來多少的挫折感、拒絕，甚至失敗？對這些領域而言，樂觀的解釋形態是必要條件。

- 推銷員
- 經紀人
- 公共關係
- 演藝娛樂業

- 籌款，募款
- 創造性工作
- 高競爭性工作
- 高耗損性工作

在相對的另一端是需要高度眞實感的工作。這些通常是低失敗率的工作，流動率很低，需要特別的技術，工作壓力不大的工作。這些工作要的是能正確反映出現實的人，而不是衝鋒陷陣、屬於「百萬元銷售員俱樂部」的人。這些資深的經理以及專業性的工作，需要極敏銳的現實敏感度；對這種工作而言，輕度的悲觀者比樂觀者更爲恰當。這些工作需要的是知道什麼時候不應當去衝鋒，什麼時候應該要小心提防錯誤發生的人。

輕度悲觀的人在下面的領域會表現良好：

- 機械安全和設計方面
- 估計成本和技術方面
- 洽談合約方面
- 財務會計控制方面
- 法律方面

- 企業管理方面
- 統計
- 技術報告的撰寫
- 產品控制(品管)
- 人事和企業經營管理

所以除了極端的悲觀以外，整個樂觀的範圍對企業的健康經營都有所貢獻。因此找出應徵者的樂觀程度，把他安插到合適的位子上，使他能夠發揮所長是極為重要的。但是每一個公司行號都有一些在位者，對他們所處的職位來說是太悲觀了一點。這些人其實都有恰當的才能與動機來滿足這個職位所需，而且如果要把他們撤換掉，不但耗資巨大而且不人道。所幸，他們可以學習變得樂觀。

學習樂觀

樂觀可以給公司帶來的第三個優勢是本章的主題：**學習如何在工作上樂觀**。只有兩種人不需要學習工作環境上的樂觀，一種是天生就很樂觀的幸運人，另一種是我前面所列的低失敗性的工作者。剩下的人都可以從學習樂觀中得到好處。

以史帝芬來說，他喜歡保險業務員的獨立性，沒有人整天盯著你，你自己訂上下班時間，今天有事今天就可以不上班，明天做久一點。他也有極佳的賣保險的性向、很強的動機，但是他缺少一樣東西使他不能成功：超越他心中的那堵牆。

史帝芬去上了四天的樂觀課，即我在第十二章中所提到的兩位最有名的認知治療師霍隆博士和夫利曼博士和我爲遠見公司(Foresight Inc.)所發展出來的一個課程。這個公司在維吉尼亞州，老闆是歐仁博士(Dr. Dan Oran)。他替我們把樂觀問卷推廣到工業界去施測，並舉辦樂觀訓練營。它跟一般的推銷員訓練課程不同的地方在於它不是教你如何對你的顧客說什麼，而是教你在顧客拒絕你時如何對你自己說什麼，這兩者是有天壤之別的。史帝芬學會了一套改變他一生的技術。本章就是設計來教你如何運用這些基本技術到你的工作上。

你在工作不順利時怎麼想，你在碰壁時對你自己怎麼說，決定了你是要放棄還是重新開始。我們用的仍然是你已在第十二章中很熟悉的ABCDE模式。

確認ABC

A代表著不愉快事件(adversity)。對很多人來說，不愉快事件就是終點、結尾。他們對自己說：「有什麼用，我不能再繼續了，我已經弄糟了，幹麼繼續下去？」於是他們就放棄了。對其他的人來說，不愉快事件是挑戰的開始，是通向成功之路。不愉快事件可以是任何一個事件：需要多賺些錢的壓力，被拒絕的感覺，被你的老闆批評，學生覺得很無聊地打呵欠，一個不讓你離開他視線的配偶。

每一次碰到不愉快的事件都會引起我們內心念頭和解釋形態的激發，來解釋爲什麼事情會不如意。每一個人在碰到不如意的事情時，第一件事就是去解釋這個不如意。在本書中你一直看到我們對不如意事件的解釋，決定著我們的下一個步驟。

這些不同的念頭會帶來什麼樣的後果？當我們的解釋念頭採取的是個別性、永久性和普遍性因素時（這都是我的錯……事情總是這麼糟，……這會影響我所做的每一件事情），我們就放棄了，變成癱瘓無力。但是假如我們對事情的解釋採取一個相反的立場時，我們就變得很有活力。因此念頭的後果不僅影響我們的行動，它同時也影響我們的感覺。

我現在要你去找出一些ＡＢＣ來。有一些例子可以應用到你的生活上，是與你有關的，有些可能與你無關。在每一個例子裡，我提供不愉快事件，以及念頭或是後果，你提供空白的那一項來符合ＡＢＣ模式的需求。

1、A　有人在你開車時，搶超在你的前面。

B　你認爲＿＿＿＿＿＿＿＿＿＿＿＿＿＿＿＿＿＿＿＿。

C　你很生氣，按他喇叭。

2、A 你失去了一個已經上門的買賣。
B 你認爲「我眞是一個差勁的推銷員」。
C 你覺得(或你怎麼做)________。

3、A 你的老闆批評你。
B 你認爲________。
C 你整天都很氣餒。

4、A 你的老闆批評你。
B 你想________。
C 你對所發生的事感覺還可以。

5、A 你的配偶要求你每一天晚上都在家。
B 你認爲________。
C 你很生氣，覺得很鬱悶。

6、A 你的配偶要求你晚上要在家。
B 你認爲________。
C 你覺得很悲哀。

下面這三題，想像你自己是個推銷員：

7、A　你這一個禮拜沒有得到任何一個面談的機會。

B　你在想「我從來就沒做對過一件事。」

C　你覺得(或你怎麼做)________。

8、A　你這一個禮拜沒有得到任何一個面談的機會。

B　你在想「我上個禮拜工作得不錯。」

C　你覺得(或你怎麼做)________。

9、A　你這一個禮拜沒有得到任何一個面談的機會。

B　你在想「老闆給我的這份名單眞是差透了。」

C　你覺得(或你怎麼做)________。

這個練習的目的是讓你了解你對不如意事件的想法，會改變你的感覺及你的下一個步驟。

在第一個例子裡，你可能會塡「眞是個神經病！」「他在趕什麼呀？」或是「眞是個自私自利的傢伙！」在第五個例子裡，你可能會想「她從來不考慮我的需要」。當我們的解釋形態是外在的，當我們認爲這個不愉快事件侵犯了我們的領土主權時，我們會感到憤怒。

在第二個例子裡，你可能會覺得悲哀、氣餒，煩躁不安，這個解釋「我是一個差勁的推銷員」

是一個個別性、永久性以及普遍性的形態——正是構成憂鬱症的元素。同樣的，在第六個例子裡，當你的太太要求你每一天晚上都留在家中時，你會覺得悲哀，因爲你很可能認爲「我很不體貼」「我是一個差勁的丈夫」。

在第三個例子中，什麼樣的解釋會使你一天都無精打采？它是一些永久性、普遍性以及個別性的解釋「我不知怎樣才寫得好」或是「我總是把事情弄糟」，那麼，你怎樣才可以在老闆批評你之後覺得心情還不錯呢？第一件事就是找一個可以改變這個批評的方法，「我知道哪裡可以找到幫助我增進寫作能力」或是「我應該先校對一遍」。第二，你要使你的想法不這麼普遍性，「只是這個報告寫不好而已」。第三，你不要怪罪自己，「老闆今天心情惡劣」「我的工作期限太緊了」。假如你能夠在自我反省時很習慣地從這三點去想，那麼不如意的事件可以變成你成功的跳板。

在最後的三個例子中，你可以看到假如你的想法是跟例句七一樣「我從來就沒做對過一件事」的話，你會覺得很悲哀，什麼都不去做了。假如你的想法跟例句八一樣。「我上禮拜業績很好」，那你就不會感到悲哀，而繼續工作下去。假如你的想法跟例句九一樣。「老闆給我的名單差勁透了」——暫時性、特定性和外在化——你就會對你的老闆不滿，而把希望放在下個禮拜會更好。

反駁你自己的念頭

現在這個ABC的關係對你來說應該是很清楚了。假如你還是覺得沒被說服的話，回去做第十二章的ABC紀錄的練習。每一次你感到自己在工作上突然地洩了氣，很悲傷、很生氣，或是很焦慮、很沮喪氣餒的時候，寫下在這些感覺發生前一瞬間的思維或念頭，你會發現這些思維或念頭跟你在ABC練習中的答案非常地相似。

這表示如果你能改變B（你的念頭，你對不愉快事件的解釋），C也會跟著改變。你可以把你自己對不如意事情的被動的、悲傷的或是生氣的反應改變成愉快的、充滿活力的反應，這個扭轉的力量來自D，對你自己念頭的反駁。

讓我再用一次上面的例子。假如一個醉鬼在街頭對你大聲地叫罵著：「你永遠只會把事情搞砸，你是個大笨蛋，趁早辭職滾蛋！」你會如何反應？你根本不會去理會他，你要不就是根本不理他，繼續做你正在做的事，要不你會對自己說：「我剛剛才完成一篇報告，扭轉了虧損的局面」或是「我剛剛才被升作副總經理」或是「他是個醉漢，根本就對我完全不了解」。

但是當你對你自己叫罵同樣的話時，你就百分之百地相信它了，你並不去反駁它。你找的理由是假如你對你自己這樣說，這些話一定是百分之一百二十正確。

這是一個大錯誤。

我們在前面一章中曾看到，我們在事件發生時對自己所說的話，可以是和醉漢所說的一樣沒道理，一樣毫無根據。我們直覺反應的解釋方式通常遠離眞實性，它是過去行為所留下來的壞習慣，是早期的衝突，是父母嚴格約束，是老師無理責罰之下的後遺症。但是因爲它是來自我們的內心——還有什麼會比自己的內在聲音更可信的呢？所以我們異常地尊敬它，不敢去反駁它，我們讓它控制了我們的生活而不敢有貳心。

因此對付暫時的失意，超越無形高牆的技巧就在：如何去反駁你內心在碰到失意事情時的第一個念頭。因爲這些念頭已經根深柢固了，所以學習去反駁它還相當地費事。要學會如何去反駁你自動化的念頭，你要先學會傾聽你內在的對話，下面我們就要教你如何玩傾聽的遊戲。

□跳牆遊戲

這個遊戲的重點在你內心的高牆，那個使你要放棄所有努力的那堵高牆。在我們辦的保險從業人員研習會中，這個部分是很容易被抽離出來的，那就是打電話給不認識的人推銷保險，你必須要不斷地繼續地打電話給完全陌生的人才會成功。一個容易氣餒，被拒絕後不能反彈回來的推銷員，是很快就會被淘汰出局的，只有每天晚上堅持到打完二十個電話的推銷員才會成功。

我們用這種打電話給陌生人爲例子，來讓人們指認出他們工作上的ＡＢＣ，他們把要打的名單帶來研習會。他們第一個晚上的家庭作業就是打十個這種電話，他們必須要寫下每一個電話打完之後的不愉快、念頭以及後果。下面就是他們所聽到他們自己的內心對話：

不愉快事件：又要開始打這種電話了。

念頭：我眞不想去打這種電話，我應該不至於非打這種電話不可。

後果：我覺得憤怒、緊張，幾乎無法拿起電話筒來撥號。

不愉快事件：今晚的第一通電話就被人家掛掉了。

念頭：這個人太無禮了，他根本連一點機會都不肯給我，他實在不應該如此對待我。

後果：我覺得心裡很不平，必須要先休息一下才能繼續第二個電話。

不愉快事件：今晚的第一通電話就被人家掛掉了。

念頭：算了，又一個拒絕處理掉了，反正每十個拒絕才會有一個面談，這個拒絕使我離面談又更進了一步。

後果：我覺得很輕鬆，很有活力，可以再打電話。

不愉快事件：我跟那個女人在電話裡談了十分鐘，她才告訴我她不願意約定面談的時間。

念頭：我眞是把這件事弄砸了，我究竟是怎麼回事？假如我在這樣長的電話談話後還不能約到一個面談的時間的話，我眞是最差勁的推銷員了。

後果：我覺得很洩氣，很有挫折感，而且極不願意去打下一個電話。

你可以看到當一個永久性、普遍性以及個別性的解釋形態（我眞是最差勁的推銷員）出現時，洩氣和放棄緊接著就來了。而當另一種解釋形態(又一個拒絕處理掉了)出現時，活力和士氣則使你繼續往前進。

現在輪到你來玩這個躍過高牆的遊戲了。仔細傾聽你在遭受挫折時內心的對話，來看這些念頭如何影響你後來的感覺以及你的下一步。這個遊戲有三個版本，選最適合你的那一個。

1.假如你的工作是包含打電話給陌生人的話，拿出你的電話名單，打五個電話，在打完每一個電話後，寫下不愉快的事件，以及當時閃過你心中的念頭，還有你的感覺及後來你怎麼做。把它們記錄在後頁中。

2.假如你的工作不包含打電話給陌生人，我要你指認出你工作上的高牆，一座你每天都會面臨的高牆，這樣你才可以把每天在辦公室發生的ABC記錄下來。假如你不知道該怎麼寫，下面有二個例子可以幫助你。

在教書這個行業上有一堵高牆就是去面對那些頹廢、無動於衷的學生。你會覺得不管你怎麼努力，在教學上怎麼有創意，總是有一些學生是冷漠、無動於衷、不想學習的。我很討厭那種感覺，好像我在把知識強壓下他們的喉嚨似的，這使我越來越難在教學上有創意，因爲我心中總是在想「反正沒有用」。

在護理這個行業中，使護士耗盡體力提早退休的一個最主要的原因，是他們受到上、下夾攻的煎熬。病人常常是苛責、有敵意、脾氣暴躁的，這會使護士覺得工作過量，而且不被人感激。

最典型的抱怨是：「我每次在接班時都告訴自己不要被壓力所屈，病人本來就是很挑剔、脾氣不好的——他們是住院的患者嘛！誰可能會心情好？但是我無法用同樣的理由來解釋醫生對我的態度。醫生不但不把我當作同儕看待，他們的態度反而是令人覺得我的工作不夠重要，而我不像他那麼聰明似的。時間久了以後，不管我怎麼為自己打氣，我都提不起勁來，我開始恐懼厭惡接班，我覺得無精打采，心情不穩定，我發現自己不停地在數還有幾個小時可以交班。」

現在，指認出你每天工作中的高牆。下週的每一天你都得面對這座牆，只是這一次，你要仔細傾聽你自己對自己說些什麼。只要有一點時間就記錄下這些不愉快的事件，你的念頭，以及後來怎麼樣了。把它們登記在後頁中。

3.第三個版本是給那些不需要每天面對高牆的人，大約是一年中只會發生幾次無法落筆寫第一個字或踏出第一步。另一個比較不會每天發生碰壁的行業是管理者。

經理人常要碰的一座牆是去維持他底下員工的士氣。就如一位經理人所說的：「做經理有時眞是非常有挫折感，最難的一個部分，也是我最討厭去做的一個部分，就是維持我手下員工的士氣和生產力。我試過以用正面獎勵的方式，我也試過以身作則的方式來領導，但是有的時候我就是不了解他們腦袋中究竟在想什麼。當然，假如我開始對某人密切注意，緊盯著他工作時，我自己又覺得很不舒服，好像自己很嘮叨。我不想對他們太嚴，但是同時我也不能對他們太鬆，最後我感到自己一點效率都沒有。就像我剛才說的，做經理實在是令人有挫折感！」

假如你是屬於第三種版本所描述的行業的人，今天晚上留出二十分鐘來，坐在一個安靜的房間，儘可能生動地去想像你所面對高牆的那種情境。假如你有道具你也可以使用。假如你的高牆是寫報告，坐在一張白紙的前面開始想像這份報告是明天就要交的，讓你自己感到時間已到而報告寫不出來的絕望，讓你自己流冷汗。假如你是經理人，把你最惡劣的員工的面孔凸顯出來，想像你跟他之間的對白，把這些不愉快事件、念頭和後果都忠實地記錄下來。我要你登錄五次，但是每一次的不愉快事件都要有所不同。

不愉快事件：

念頭：

後果：

不愉快事件：

念頭：

後果：

不愉快事件：

念頭：

後果：

不愉快事件：

念頭：

後果：

不愉快事件：

念頭：

後果：

當你登錄完五個ＡＢＣ後，仔細地看一下你的念頭，你會看到在你自己內心的對話中，悲觀的解釋導致被動和洩氣，而樂觀的解釋導出更多的活力。所以你下一步應該要做的就是去改變你習慣性的悲觀解釋形態。要達到這個目的，你現在就來玩這個遊戲的第二部分：反駁。

□反駁

這個躍過高牆的遊戲的第二部分包含重複你剛剛做過的那個部分，但是現在每一次你這樣做時，還要反駁你自己的悲觀解釋。幸好精熟這個反駁技術並不困難，你可以每天在腦海中練習，每一次你不同意別人所說或所做時，都是你練習的大好機會。你已有無數的經驗反駁別人的負面批評，現在你必須要把你自己負面的念頭當作是嫉妒你的同事、誤入歧途的學生或是你惡劣的敵人。

今晚在家中，把你要打的電話名單拿出來，或是找個安靜的房間，想像你自己正面對著辦公室中最不愉快的情境。現在針對五個不愉快事件中的負面念頭去反駁它。每一次反駁完後，寫下ABC以及你的反駁(D)和反駁後所引起的感覺和活力(E)。在開始前，請先讀一下下面的例子來幫助你反駁。

㈠冷漠電訪

不愉快事件：那個人在聽我講了半天後才把電話掛掉，讓我白費力氣。

念頭：他至少應該讓我講完，因爲已經講這麼久了。我一定是做錯了什麼才會在最後關頭缺少臨門一腳，讓煮熟的鴨子飛了。

後果：我非常地生氣，對自己很失望。我很想今晚到此爲此，不再繼續了。

反駁：或許他正好在做某件事做到一半，急著要回去做完它。我如果能使一個大忙人聽我說這麼久話，我一定很有說服力。我無法控制別人要怎麼做，但是我可以把我自己的材料準備得很齊全，表達得很好，希望對方有個開濶的胸襟，並有時間來聽我說話。顯然這個人沒有，這是他的損失。

激勵：我可以繼續再打第二個電話，我對自己的表達方式感到滿意，而且對這個工作終有所成有信心。

不愉快事件：這個人顯然很有興趣，但是他就是不肯訂個時間跟我碰面，非要等我跟他太太談過後再說。

念頭：眞是浪費時間。現在我必須要犧牲本來可以用來說服別人的時間，重新再來說服這對夫婦。他爲什麼不能自己下決定？

後果：我覺得很不耐煩，而且有點生氣。

反駁：嘿，至少這不是拒絕，它還有可能變成面談，所以不是浪費時間。假如我可以說服他，我一定也可以說服他的太太，所以我已經走了一半的路了。

激勵：我有信心只要再多做一點，我就可以完成這筆交易。

不愉快事件：我打了二十個電話只打通六個，跟六個人談到話。

念頭：這眞是浪費時間。我沒有力氣再打下去了，我眞是非常沒有條理組織。

後果：我覺得很累、很洩氣、很沮喪。

反駁：一個小時內能與六個人談到話已經很不錯了。現在才七點半，我還可以再打一個半小時。我可以先花十分鐘的時間去整理出頭緒來，使我下一個小時可以打更多的電話。

激勵：我比較沒有那麼沮喪，而且因爲我已經計畫好了該怎麼做，我覺得比較有活力了。

不愉快事件：我先生在我電話打到一半時，打電話進來。

念頭：他幹麼現在打進來？浪費我的時間又弄亂了我原來的步調。

後果：我心裡很不痛快，在電話裡對他的口氣很冷淡。

反駁：不要太苛求他，他並不知道他的電話會擾亂我，使我分心。他或許認為我可以乘機輕鬆一下，休息一下。他能想到我、打電話給我，眞是很窩心，我很高興我有這麼一個體貼我、支持我的先生。

激勵：我放鬆多了，對婚姻和先生都覺得很美滿，我回電話給他，跟他解釋為什麼剛剛的電話那麼簡短。

不愉快事件：我打了四十個電話卻沒有得到任何一個面談的機會。

念頭：我沒有半點進展，沒有任何一點結果，打這種電話眞是笨死了，根本是浪費時間與精力。

後果：我覺得很挫折，很生氣自己把時間花在打這種電話上。

反駁：這只是一個晚上如此，而且只有打四十個電話而已。每一個人對打這種電話都很不喜歡，覺得很困難，像這樣的無收穫夜晚以後還是會再發生的。就把它當作一個學習的經驗好了，我練習了如何去表達自己，所以明天晚上我會表現得更好。

激勵：我還是感到有挫折，但是不像剛剛那麼嚴重了。不過我不再感到憤怒，明天晚上我應該會有所收穫。

(二)教學

不愉快事件：我到現在還是無法打破一些學生對於學習的冷漠感。

念頭：爲什麼我總是無法接觸到這些孩子的內心？假如我更聰明、更有創意，更有活力的話，說不定我可以使他們對學習感到興奮，會主動來學。假如我對最需要指導的學生都無法有任何績效的話，我根本沒有盡到做老師的責任，或許我不適合來教書。

後果：我不想再去試新的創意，覺得非常地沮喪、洩氣，提不起勁來。

反駁：以這一小群學生的反應來判定我適不適合做老師是不對的。事實上，大多數的學生對我的教學反應都很好，而且我花了很多的時間去設計教學內容，儘量讓學生參與，表達他們個人的看法，我的教材相當有創意。在學期結束比較有空閒時，我可以請教一下學校裡其他的老師，看他們是如何應付這個問題的。或許集思廣益，我們可以擬出一個方案來幫助我們打破學生的學習冷漠感。

激勵：我對自己的教書工作覺得有信心多了，我希望跟別的老師討論後可以得出一些心得，一些新的想法和作法。

㈢護理

不愉快事件：還有六個小時才能交班，我們今天人手不夠，一個醫生剛剛才說我動作太慢。

念頭：他是對的，我的確太慢了。我應該要能熟練地運作，但是我沒有做到這一點。其他的護士都能達到醫生的要求而只有我不行，我想我實在不是做護士的料。

後果：我心情低沉，對自己未能做好份內的工作覺得很有罪惡感。我很想拋下工作跑出醫院去透透氣。

反駁：假如事情都能順利地運作當然是最理想，但是理想不是現實，特別是在醫院中，理想和現實差得很遠。無論如何，這並不是我一個人的責任，我已經跟這一班其他的護士做得一樣好了。我或許有點兒慢，但是今天我們人手不足，我必須要多做很多其他的事，所以事情進展得慢。我應該為多做了事感到高興，而不應該為額外的工作使得醫生覺得太慢、不方便而感到不高興。

激勵：我現在感覺好多了，而且不再為引起醫生不便而感到罪惡感。這餘下的六個小時似乎不像剛剛那樣壓得我透不過氣來了。

㈣管理

不愉快事件：我的部門生產又落後了，老闆鐵定要來囉嗦抱怨了。

念頭：為什麼我的工人都不能盡他們的責任，做好他們應該做的事？我已經教他們，示範給他們看應該怎麼做了，他們還是做不好。爲什麼我不能使他們表現得好一點？老闆僱我就是要我去督促他們，現在老闆一定會抱怨，他會認爲都是我的錯，我是一個差勁的工頭。

後果：我對整組工人都覺得不滿，很討厭他們。我想把他們都叫進來臭罵一頓。我對自己工作的表現也不滿意，怕老闆要把我開除，我想在我們生產趕上進度以前應該要迴避老闆才好。

反駁：首先，我的部門生產落後這是事實，但是我的部門來了很多個新手，新手需要時間和練習才能跟老手做得一樣快。我以前雖然也有過新手進來，但是從來沒有像這次一樣一次進來這麼多個新工人。我雖然給了他們正確的教導和示範，但是他們需要時間來練習。有些人學得比較快，有一個學得眞是快，但是有些人是很不行的。我沒有做錯任何事情，那些老手一樣還是做得很好。所以我只是需要耐心，特別是對那些新進的生手要有耐心和信心，給他們特別的注意。我已經跟老闆解釋過了，他知道事實是如此，我想他也是受到他的老闆的壓力，說不定生產線經理有給他壓力。他們不會因此就開除人。我會再跟他談，直接問他我是否有什麼地方做不好，遺漏了什麼。同時，我要繼續在這批生手身上下工夫，鼓勵他們，鞭策他們。我去試試看能不能找些老手來幫忙。

激勵：我不再覺得要把他們叫進來訓話了。事實上，我現在可以心平氣和地跟他們討論進度了。我不再爲公司是否會開除我而緊張，因爲我知道我過去的紀錄良好，我現在不但不應迴避我的老闆，反而應該主動去跟他報告進度，回答他所有的問題。

ABCDE模式

下面輪到你了，請登錄你的反駁，至少做五次練習。

不愉快事件：

念頭：

後果：

反駁：

激勵：

不愉快事件：

念頭：

後果：

反駁：

激勵：

不愉快事件：

念頭：

後果：

反駁：

激勵：

不愉快事件：

念頭：

後果：

反駁：

激勵：

不愉快事件：

念頭：＿＿＿＿＿＿＿＿＿＿＿＿

後果：＿＿＿＿＿＿＿＿＿＿＿＿

反駁：＿＿＿＿＿＿＿＿＿＿＿＿

激勵：＿＿＿＿＿＿＿＿＿＿＿＿

你現在應該會發現當你反駁你自己負面的念頭時，你就會從洩氣、懶散、無精打采一躍而成爲充滿活力、前途光明的人。

你可能需要練習來反駁你自主性的悲觀思想。下面我們就來做些練習題，使你更快、更準地去打擊這些悲觀念頭。

聲音的外化

你一走進辦公室老闆就對你皺眉頭，你想：「我一定是那個報告寫得不好，他要開除我。」

你感到很洩氣，偷偷地溜進自己的辦公室，對著那份報告發呆。你甚至不敢重新再讀一遍這份報告，你越浸淫在這種心情裡面，你的心情越陰晦。

當這種事情發生在你身上時，你一定要立刻反駁你自動化的悲觀念頭，把你自己從陰暗的心情中拯救出來。在上面二章中，我們看到有效地反駁自己的四個主要方法：

- 證據？
- 其他可能性？
- 潛在的含意？
- 用處？

□證據

改變你的角色而去做一名偵探，問你自己：「支持和反對這個念頭的證據在哪裡？」例如：你憑什麼認爲老闆皺眉頭是因爲你的報告寫不好？你覺得你的報告有什麼不對的地方，可能會激怒老闆的嗎？你的報告是否對所有明顯的因素都加以解釋了？是否包括了所有的工作人員？你的老闆讀了你的報告了嗎？還是這份報告還放在他秘書的桌子上？

你會發現人總是下最壞的結論，有的時候沒有任何一點的證據就自以爲大禍臨頭，天要塌下來了。

□其他可能性

有沒有其他的方法來看這個不愉快事件？

例如：老闆的皺眉頭有沒有其他可能的解釋？你有時不能很快地找到答案，因爲長年來的悲觀解釋形態已經定型了。一有事故，悲觀的念頭就自然而然地出現，左右著你的後續動作，所以現在你要練習去搜尋其他的可能解釋：「他是否今天心情不好？」「他是否昨夜都沒睡在準備國稅局的查帳？」「假如是針對我的話，是我的報告寫得不好？還是我的領帶太花俏？」

一旦你找出其他的可能解釋後，你可以回到第一個步驟，逐一地搜尋它們的證據。

□含意

有的時候你的解釋的正確性並非那麼重要，重要的是現在來想這個問題有沒有任何好處。

假如你是個走鋼索的人，你去想假如你掉下來會怎麼樣，就是一個不智之舉。你應該在其他有空的時間去思索這個問題，而不是當你需要集中你所有的聰明智慧來使你停留在鋼索上不掉下來的時候。

□用處

現在去沉思老闆的皺眉頭於事有補嗎？它會不會干擾了你下午那場重要的演講？假如會，你就應該使你自己跳離你的負面思想、破壞性念頭。

有三種方法可以達到這個目的，每一種方法都很簡單又很有效：

●藉用外界的物理力量來打斷這個負面念頭。例如用橡皮筋去彈你的手腕，說：「停止，不要再這樣想了！」或是用冷水洗臉，說：「好了，不要再想了」。

●設定一個時間專門來想這個問題，但是現在不要去想它。你可以設定今晚的半個小時時間或是白天任何方便的時間來想它。當你發現你又在反覆思考這個問題時，你可以對自己說：「停住，我今晚七點半再來解決它。」這個憂心的念頭一再回來干擾你工作是有目的的，它要確定你不會忘記或忽略這個必須要處理的問題。但是假如我們設定了一個時間專門來處理這個問題時，我們就使現在的沉思失去了存在的價值，因此這個沉思就失去了它心理上的必要性。

●這種憂心的念頭一出現就立刻把它寫下來，這樣，你有時間的時候就可以重新拾起這個念頭，好整以暇地來思考它。這個跟上面的方法是一樣的，使沉思不再有反覆出現的理由。

在有了四個反駁悲觀解釋的武器後，你現在要練習把你的反駁大聲說出來。看不見的敵人是無法對付的，把內心的思緒引出來公開對戰就容易收拾得多了。下面是我們在樂觀研習營中很有效的一個方法：選一個你可以信任的同事來幫助你練習。假如你在公司找不到合適的人，那麼你的配偶或任何一個有耐心的朋友都可以。他們的工作是把你自己內心的悲觀批評丟還給你。請把你的ABCDE的紀錄給他們看，讓他們了解你平常是如何批評你自己。你的工作是坐在挨打的位子上，將那些嚴厲的批評大聲地反駁回去，用任何你可以想到的論點去封殺那些批評。下面有些例子，你可以先研究一番再開始你自己的練習。

同事（以你攻擊自己的方式攻擊你）：今天經理在你講話時連眼睛都沒有看你一眼，她一定是認為你所講的不重要。

你：大多數我講話的時候，經理眼睛並沒有看著我，這是事實，看起來她並沒有很注意地聽我講話（證據）。

不過，這並不表示我的想法不重要或她認為它們不重要（意含），或許她心中有許多的事（其他可能性）。我知道過去她很看重我的想法，而且有兩、三次還來徵詢我的意見（證據）。

同事（打斷你的話）：你一定很笨。

你（繼續反駁）：即使她不喜歡我的意見也不表示我就是笨（意含）。我的頭腦不錯，每次談話時我都能說出有意義、有見解的話來（證據）。下次我一定要先問她是否有空再開口說話（意含），這樣我就不會把她的分心誤會成不喜歡我的想法（其他可能性）。

其他的老師（以你平常對你自己的批評來責怪你）：你的學生根本不聽你的話，他們寧可發呆也不要聽你講話。

你：我的確不知道有些學生心裡在想什麼（證據），但是這並不表示我就不是一個好老師（含意）。我能夠使大部分的學生感到學習的興趣，而且我對我所發展出有創意的教材感到很驕傲（證據）。假如我所有的學生都能對學習感到興趣，那當然是最好，但是那是理想不是現實（其他可能性）。我已經在努力使這些學生參與學習，並且鼓勵他們儘量參加學校的活動（證據）。

其他的老師（打斷你）：假如你連維持學生的注意力五十分鐘都做不到，你一定不是一個好老師。

你（繼續反駁）：這一小群學生的失敗，並不足以抹煞我對大部分學生的成功（含意）。

同事：你讓她把你罵得體無完膚，你一點骨氣都沒有，眞是個懦夫。

你：跟你的上司討論問題本來就是很困難的，其他人也是如此感覺（其他的可能性）。我跟上司講話口氣不能像跟同事講話那樣肯定，但是我還是有把我的想法以清楚、不激動、非情緒化的方式表達出來了（證據）。小心並不表示我就是懦夫，她是我的上司，對我有生殺大權（其他可能性），這本來就是一個很微妙、很難恰到好處的情境。我多保留一點，多小心一點，以確定自己沒有冒犯她，使她生氣，因爲她一生氣我們就沒有辦法再談，溝通的門就被關閉了（意含）。這樣，在我繼續跟她討論之前，我可以先花些時間來練習一下我想說的話，我可以以肯定但不具挑戰意味的口氣來表達我的意見（用處）。

同事：人家掛你電話的原因是你的表達方式錯了。

你：我雖然沒有像播音員講得那麼好，但是我的口齒清晰、語氣肯定，具有權威性，表達的方式是不錯的（證據）。我今天所打的其他電話也是一樣的方式，而別人都沒有掛我電話，這是今天二十個電話以來，第一個被人家掛的（證據）。

我不認爲這跟我的表達方式有什麼關係，他很可能正在做什麼重要的事，被我打斷了，或許他們家有規定不許聽電話推銷超過十分鐘（其他的可能性）。不管怎樣，他掛我的電話是件很不幸的事，不過這個單一事件並不足以反映出我的銷售能力（含意）。

假如你對電話推銷術有所心得，願意與人分享的話，我等一下休息時很願意聽你說（用處）。

護士同事：你不管怎麼做都不夠，病人永遠要求你全部的注意力，而醫生卻是不斷地責怪你。假如你是比較高明的護士的話，你應該可以使得病人和醫生兩者都對你滿意。

你：話是沒錯，不管我怎麼努力工作，還是有很多其他的事需要我的注意（證據）。但是這本來就是護理工作的一部分，這並不表示我不是一個好的護士（意含）。

護士同事（打斷你）：護理是個高壓力的工作，你就是沒有足夠的驅動力來承擔這個工作。

你（答辯）：我並沒有這個權力或是責任使病人和醫生大家都快樂，這是一個不實際的想法。我盡我的力使病人舒適，幫助醫生看護病人，這是我份內的工作，但是我不爲他們的快樂與否負責任（其他可能性）。

這是一個高壓力的工作，沒錯，我很願意學習如何來應付壓力。或許我可以留一些時間出來跟那些比較有經驗的護士談談，看他們是怎麼處理工作的壓力的（用處）。

練習再練習

現在輪到你了。花二十分鐘的時間去反駁你朋友對你的批評責難，在你說服你自己，找到一個可能解決問題的方法後，就繼續下一個批評責難。二十分鐘以後，你跟你的朋友交換角色，變成你批評，他反駁，繼續練習。

本章的目的是教你兩個可以在工作上使用的基本技巧。第一，你學習去傾聽你自己內心的負面對話，你可以在不愉快事件發生時，寫下當時出現在你心頭的意念。你會看到當這些念頭是悲觀的時候，被動、洩氣隨之而來；假如你可以把這些習慣性的悲觀念頭改變成樂觀時，你就會發現同樣的不如意事件，但是你現在的感覺卻是充滿活力與期待。

要達到這個改變的目的，你必須練習反駁你自己的悲觀看法。你可以練習把你在工作時或想像情境中的反駁寫下來，然後用「形於聲」的方式把這些反駁大聲地說出來，讓你自己練習。

這些只是個開始，主要的關鍵還是在你。現在，每一次你遇到不愉快事件時，仔細去聽你自己對該事件的解釋。假如這個解釋是悲觀的，盡力地去反駁它，用證據、其他可能的解釋方式、潛在的意含以及用處爲工具，去反駁你自己。必要時，使用轉移注意力的方法，使自己跳出悲觀的思緒，讓這個新的、看待事情的方法變成一個習慣，來取代你原有的習慣性的悲觀解釋形態。

〈註釋〉

❶本章所用的技術是遠見公司贊助所發展出來的。Steve Hollon, Art Freeman, Dan Oran, Karen Reivich和我將這個認知治療的技術系統化，作爲尙未有憂鬱症的推銷員的一劑預防針。遠見公司根據這份資料發展出商業上可用的一天、兩天，和四天的研習會。這些資料可向遠見公司索取，地址爲3516 Duff Drive, Falls Church, Va. 22041（703-820-8170）。

第十五章　彈性的樂觀主義

「希望」是個有翅膀的東西，在你心頭翱翔，唱著無言歌，永遠不停止。

——狄更生(Emily Dickinson)

這兩個月來，以前在早晨四點鐘纏繞著我不放的恐懼已經不在了。事實上，我的整個生活都改變了。我有一個可愛的女兒，娜拉，現在我在打字時，她安詳地在旁邊吃奶，大概每隔一分鐘，她就停住，用她深藍色的眼睛望著我，對我微笑。微笑是她最近的成就，一笑起來整個臉都笑滿了。我想起去年冬天在夏威夷看到的小鯨魚，無憂無慮地在戲水，牠們歡樂因爲牠們活著，牠們的父母在旁邊保護著牠們。娜拉的笑容在早晨四點鐘的時候驚醒我。

她的前途會是怎麼樣？現在的肯定以後又會有什麼樣的變卦？《紐約時報》報導說，美國已婚女性突然決定要有孩子，這樣的人數是十年前的二倍。這個新生代是我們未來的希望，我們對未來的肯定；但是這也是身處危難的一代，除了本來已有的原子的、政治的和環境的危難外，還另外有精神上和心理上的危難。

但是這個危難或許有救，而習得的樂觀在這份解藥裡可能扮演著一個重要的角色。

再談憂鬱症

我們在本書前面第四章曾看到，自第二次世界大戰後，憂鬱症的數字急速地上升。現在的年輕人比他們的祖父母輩得嚴重憂鬱症的機率大了十倍，女人和年輕人特別受到憂鬱症的折磨。目前看不到任何紓解這個流行病的跡象，而我清晨四點鐘的噩夢告訴我，對娜拉和她這一代的人來說，這是一個眞實的危機。

要解釋爲什麼憂鬱症現在這麼頻繁和平常，爲什麼已開發國家中的孩子這麼容易受到憂鬱症的侵蝕，我要先檢驗另外兩個令人警覺的趨勢：自我的膨脹和社會意識的消失。❶

□自我的膨脹

我們現在的社會對自我的重視是前所未有的，它對個人的成功和失敗、快樂和痛苦的重視也是前所未有的。我們的社會賦予個人的權利也是前所未有的：你可以改變自我，甚至改變自我思想的方式。因爲這是一個強調個人控制(personal control)的時代。這個自我膨脹到一個地步，個人的無助已經被視爲是一個該治療的病，而不是被期待、可以接受的生活的一部分。

在本世紀初，當生產線剛剛發明時，它給人的印象是沒有個人控制的，你只能買到白色的冰箱，因爲把在生產線上每一個冰箱都噴上同樣的顏色是比較省錢的。一九五〇年以後，人們又開始有選擇了，因爲電晶體的出現以及電腦智慧開始有初步的雛型出來，使得工廠只要有市場，每一百部冰箱噴上某個特定的顏色都沒關係，還是可以有利潤可賺。機器的智慧替個人化打開了巨大的市場，這個市場可以以滿足個人的需求來生存。現在的牛仔褲已經不一定是藍色的了，它可以有十幾種顏色和式樣；每一年汽車公司推出各式各樣的新車款式，每種車之間的差別是要用各種裝配排列組合的變化來區分的；市面上也有幾千百種啤酒和飲料，單單是阿斯匹靈就有幾百種。

要創造這樣的市場，廣告業絞盡腦汁來鼓動個人控制。當個體有很多錢來消費時，個人主義就變成一個強有力、有利可圖的世界觀了。

在這個同時，美國變成一個極富強的國家，這個時期的美國人比歷史上任何一個國家的人民的購買力都強。現代的財富跟幾百年前的富有是不一樣的。比如說，一個中古世紀的王子，他很富有，但是他的財富是不可轉移變成購買力的，他沒有辦法賣他的領地去買馬，就像他沒有辦法去賣他的爵位一樣。但是今天我們的財富是建立在那些五花八門的選擇性上，因爲機械的文明帶給了我們這麼多的選擇，我們有更多的食物，更多的衣服，更多的音樂會，更多的書，更多的知識，有人甚至說我們有比前人從不曾有過的更多的可以去選擇的愛。

物質慾望的大幅提高，也帶來了工作上和愛情上的期待（或是說可接受的程度）。以往只要這個工作能維持一家溫飽我們就很滿意了，但是今天卻不行，它必須還要有點意義才行，同時還要有升遷的管道和空間，同事都很意氣相投，還要有良好的退休制度，才能帶來同樣的滿意程度。

人們對婚姻的要求也不一樣，它不再只是傳宗接代了，我們的配偶外表上必須要很性感、苗條，談吐要風趣，網球要打得好。這些期望的提升來自我們選擇性的增加。

誰來選？這些個體。現代的個人不再像古代人，一生下來便注定是個農民，他有著無數的選擇、偏好與決策可做，其結果就是一個新的自我，一個「特大號」的自我。❷

但是這個自我是有歷史的，而且是相當久遠的歷史，它的特性隨著時代和文化而有所不同。從中古世紀到文藝復興時期，這個自我是最小的，最不引人注目的。在喬托(Giotto)的畫中，除了耶穌之外，其餘的每一個人都很相像。到文藝復興的末期，自我開始膨脹了。在林布蘭(Rembrandts)和葛雷柯(El Grecos)的畫中，路上的人看起來不再像教堂唱詩班的成員那樣一個模子似的了。❸

這個自我的膨脹一直繼續到我們現在。我們現在的財富和科技在自我身上可以說發展到達了頂點，這個自我現在可以選擇，可以覺得快樂和痛苦，可以發號施令，可以樂觀或滿意，它甚至可以有自尊和自信，控制和效率。我把這個新的自我叫做「特大號」(maximal)的自我，用以區別它所取代的「最小號」(minimal)自我，也稱作洋基式或美國佬式的(Yankee；編按：指具傳統美國風味的人、事、物)自我，那個我們祖父輩所擁有的自我。這個洋基式的自我，就跟中古世紀的自我一樣，非常地守本分，從來沒去想它覺得怎麼樣，它所關心的是「責任」而不是「感覺」。❹

不管是好還是不好，我們現在是處在一個特大號自我的文化中。我們擁有無上的自由去選擇各種各樣專門爲我們訂製的商品、特殊的服務，但是我們的手還是伸過它們，要去抓更多的自由。在需求這些自由的同時，過度膨脹的自我帶來了危機。這裡面最主要的一項就是憂鬱症的氾濫，我認爲我們現在憂鬱症的流行是來自特大號自我的餘毒。

假如是在一個隔離的情境下，自我的擴張可以有正面的效果，它可以使我們的生活過得更充實，把潛能發揮出來。但是事與願違。我們這個時代自我的擴張正好與社會意識的消失同時發生，人們也失去了生存的高層目的，而生活目的的消失與社會意識的薄弱，提供了憂鬱症繁殖的最佳環境。

□社會意識的薄弱

一個人的生命如果只是爲他自己而活，那的確是一個很貧乏的生命。人類需要生活在意義和希望中。我們以往的生活充滿了意義和希望，當我們碰到失敗時，我們可以停下來，在這個有意義和希望的環境中——我們精神上的堡壘——休養一下，生聚教訓，重新去思考我是誰。我把這個叫做社會意識(commons)，它包括我們對國家、上帝、家庭的看法。

過去的二十五年裡，削弱我們對社會認同的事件不斷地發生，使得我們幾乎是赤裸裸地去面對生活的例行衝擊。總統的被刺殺、越戰、水門事件等等，破壞了我們對國家的期望。我們以前一直認爲透過國家，我們可以達到許多偉大的目標。我相信你們當中，在一九六〇年代初期長大的人一定會記得，在一九六三年十一月二十二日，我們看到我們的前途被毀掉（編按：當天甘迺迪總統［John Kennedy］被刺身亡）。我們對我們的社會可以治癒人類的疾病失去信心。我這一代的許多人將他們事業的重心從公職轉移到至少可以使他們快樂的行業中，這或許是出於恐懼，或許是出於絕望，但是年輕人不再從事公職了。

這個從公職轉移到私人企業的改變在經過黑人民權領袖馬丁・路德・金恩博士(Martin Luther King, Dr.)、麥爾坎・X(Malcolm X)和參議員羅勃・甘迺迪(Robert Kennedy)的刺殺事件後，更爲強烈了。越戰給了當時的年輕人同樣的教訓，十年殘酷的戰爭磨損了年輕人的愛國心。對當時去越南當兵還太小的年輕人來說，後來的水門事件造成的傷害一樣大。

因此，愛國、對國家忠誠不再能夠帶給我們希望，這使得人們從內心去尋找滿足，使得人們去注意他們自己的生活。政治事件削弱了人們對國家的看法，社會趨勢也減弱人們對上帝和家庭的依賴。本來宗教和家庭是可以取代國家的地位，作爲希望和目的的來源的，但不幸的是對國家信心的消失與家庭的破裂、信仰的下降，是同時發生的。

高離婚率、快速的人口流動率以及二十年人口低出生率，是家庭瓦解的三大原因。因爲離婚的頻繁，家庭不再是避風港——一個當我們失意時可以在那裡尋得安慰的地方了。高的流動率——能夠很快地把東西一收，到千里之外——嚴重地動搖了家庭的凝聚力。最後，美國大多數的家庭只有一、二個小孩，使得孩子沒有兄弟姊妹，非常地孤獨。雖然父母投注到孩子身上的注意力在短期內看起來是對孩子非常有利（父母的特別注意力的確使孩子的智商提高了〇・五），但是長遠來講，它使孩子產生錯覺以爲他的快樂與痛苦比什麼都重要。

因此，當你對上帝失去信仰。對國家保護你的力量失去信心，當家庭瓦解時，你可以去哪裡找尋認同？找尋人生的目的？找尋希望？當我們需要一個避風港、一個安全的地方來憩養時，我們發現原有的那些舒適的沙發、躺椅都不見了，剩下的是一張小小的、搖搖欲墜的小板凳——自我。而這個沒有理想、沒有目標的特大號自我，可以說是等著掉入憂鬱症的陷阱中。

個人主義的興盛和團體意識的薄弱，兩者都會增加患憂鬱症的可能性。而這兩者同時發生在美國的現代歷史上，依我的看法，這是爲什麼憂鬱症在美國氾濫的主要原因。造成這個氾濫的機制則是習得的無助。

在本書第四章和第五章，我們看到當個人面臨一個他自己無法控制的失敗時，他會有無助的感覺。這個無助越來越深時就變成無望，最後升級成爲嚴重的憂鬱症，他把所有的事情看成永久性的失敗，把責任歸因到自己的無能。

人一生中免不了有失意的時候，我們很少能達到心想事成、萬事如意。挫折、失敗、閉門羹可以說是家常便飯。在美國這種個人主義的文化中，除了個人，它不重視其他的東西，而當個人有損失時，他也不能從社會得到任何安慰。一個比較「原始」的社會，它會對它的成員的個人損失加以安慰補償，使無助不會升級成無望。一位心理人類學家敍弗林(Buck Schieffelin)曾經到新幾內亞石器時代的原始部落卡路力(Kaluli)中去尋找類似文明世界憂鬱症的情況，結果他沒有看到任何一個。當卡路力的人飼養的豬跑掉時，他會對這個損失表示很傷心，但是族人會再給他一隻豬，這個損失會由全族去分攤，所以他的無助不會升級成無望，他的損失也不會擴大成絕望。[5]

但是美國社會憂鬱症的氾濫不全然是社會不施予我們援手，很多時候其實是極端的個人主義所造成的悲觀解釋形態，使得人們把失敗歸因爲永久性、普遍性以及個別性的原因上頭。個人主義的擡頭使人自然而然地認爲失敗大概就是我的錯，因爲除我以外還有誰呢？既然沒有別人存在，當然好壞都是自己的事。團體意識的失落造成對失敗的永久性和普遍性的看法，因爲比個人大的團體(上帝、國家、家庭)都不存在了，個人的失敗看起來就像是天地的毀滅，中間的那個保護的緩衝層失去了作用，個人直接受到失敗的衝擊。在個人主義的社會裡，時間隨著個人的死亡而終止，因此個人的失敗看起來是永久性的。個人的失敗在他生存的空間裡找不到任何慰藉，因此，它就破壞了他的一生，使他的一生都受到這個失敗的影響。假如我們有一個超越自我層次且比較高、比較大的信仰意念時，個人的失敗就會顯得微不足道，看起來不會那麼有永久性，也不那麼有殺傷力。

改變平衡點

所以下面就是我的診斷：憂鬱症的氾濫來自個人主義的興起以及團體意識的消失。這表示我們有二個出路：第一就是改變個人和團體之間的平衡，尋求新的平衡點；第二就是找出特大號自我的優點，它的力量所在。

這個特大號的自我以及它的缺點，可以預測出個人主義的未來嗎？我認為個人主義若是不再限制和規範，它會像匹脫韁的野馬，不但會毀了我們，也會毀了它自己。

因為像我們一樣盛行個人主義的社會都會充滿了憂鬱症，而當別的社會明顯地看出個人主義會使憂鬱症增加十倍時，個人主義自然就會衰微。

第二個原因，也是比較重要的，就是生命的無意義感(meaninglessness)。我不會笨到要跟你去解釋或對無意義下定義，但是意義的一個必要條件就是它必須依附到一個比自我更大的東西上去。你可以依附的東西越大，你所得到的意義越多。當現代的年輕人很難去正視他和上帝之間的關係，不再在乎他對國家的責任，也不再是一個大的、緊密家庭的一份子時，他就很難在他的生命中找到任何意義。

換句話說，自我本身是沒有什麼意義的。

假如一個不認同團體的個人主義會造成大量的憂鬱症和生命的無意義感的話，那麼我們一定要放棄一些東西。一個可能性就是過度的極端個人主義會消失，特大號的自我會改變回洋基式的自我。另一個比較可怕的可能性是我們投降，繳還個人主義所帶給我們的新自由，放棄個人控制和對個人的關心。二十世紀充滿了這樣的例子，很多社會爲了擺脫憂鬱症而放棄個人主義；目前全球對於原教旨主義(fundamentalist；編按：信奉《聖經》的〈創世紀〉，反對進化論)宗教的渴望，就是來自這個反應。

發掘特大號自我的力量

另外有二個可能性，則是比較有希望的。兩個都是在發掘特大號自我的力量：第一個是利用增加對團體的認同感來平衡自我和團體；第二是用習得的樂觀來加強自我的力量。

□道德精神的調適

雖然過去沒有人爲特大號的自我說過任何好話，但這個特大號的自我也並非一無是處的：它可以使自我進步，或許在這個自我改進的過程中它可以看出這個自我第一的本位主義雖然在短期內很有利，但是長遠看來卻是有害的。

這個特大號自我所能做的選擇中，有一些是相互矛盾的。或許在了解憂鬱症和無意義感會跟隨著過度的自我中心而來後，我們可以降低對自我舒適與否的重視，但是仍然保持個人主義重要性的信仰。這樣做可以匀出一點空間讓我們可以依附到比較大的東西上去。

但是即使我們願意這樣做，在美國這種這麼個人主義化的社會裡，對團體的認同與奉獻也並不是說到就能做到的。我們還是有太多的自我存在著，因此必須要想一個新的法子。

舉一個慢跑的例子來說。我們之中有很多人現在選擇慢跑作爲健身的運動，我們每天黎明即起，在任何一種的氣候下都堅持去運動。慢跑本身實在不能帶給我們任何快樂，大多數時候其實是痛苦的；即使不痛，至少也是不舒服的。那麼爲什麼還要去跑，自找罪受呢？因爲它對我們的長遠自我利益有好處。我們相信以後我們會得到它的益處，我們會活得久一點、健康一點，身材好一點，比較吸引人一點，假如我們能夠每天不斷地鞭策自己的話。我們用每一天的自我犧牲去換取長遠的自我利益。一旦我們能夠說服自己缺少運動會讓我們賠上健康和幸福，這個慢跑的選擇就越來越有吸引力。

個人主義和自私自利也是一樣的。我認爲憂鬱症是來自對自己的過度關懷和對團體的不夠關心，這個現象對我們健康和幸福的危害，就跟缺乏運動和膽固醇過高是一模一樣的。過度關心自己的成功與失敗，對團體沒有任何的認同感與奉獻心，一樣會造成我們生命的危機——憂鬱、沮喪、身體不好、生活沒有意義。

爲了我們自身的利益，我們應該怎樣來減低自我的分量而增加團體的重量呢？答案就在道德精神的調適。

對現在的人來說，花時間、金錢到別人身上來達成團體的幸福，不是一件容易的事。對他們來說，如何讓自己出頭、拿第一，恐怕還更自然一點。在一個世代以前，星期天是用來休息和與家人聚在一起大吃一頓的，但是現在我們相信這樣做對我們身體不好，所以我們放棄了這個一家人在一起團聚吃喝的樂趣，現在的星期天我們用來運動和節食。因此，雖然是巨大的改變，看起來也是有可能做得到。

我們如何打破我們過去自私的習慣呢？運動——不是身體上的而是道德精神上的練習——可能是抵抗憂鬱症的良藥。試試看下面哪一項對你比較適合：

●把你去年退稅金額的百分之五留起來作爲慈善基金，給出去，但是不要透過基金會替你給，你要親自把這個錢發放出去。你可以選你自己有興趣的慈善領域，登個廣告說你有三千美元(隨便是多少)要發放出去，請符合你心目中條件的人前來申請。你要親自面談，把錢給出去，並且確定這筆錢有達到你心目中的目的。

●放棄一些你平常爲著你自己享樂所做的行爲，例如一週上一次館子，每個禮拜二的晚上租錄影帶來看，週末去打獵，下班回來打電玩，或是週末去逛街等等。把這個時間(相當於一週有一個晚上)用於從事一個對團體、社區有利的活動：幫助社服義工煮晚餐給遊民吃、幫助社區小學做公益宣傳、拜訪愛滋病的患者、清掃街道、爲你的母校募款等等，把你上館子、租錄影帶、逛街的錢省下來去做這些公益活動，出錢也出力。

●當遊民跟你討錢時，不要僅僅是塞錢給他了事，停下來，與他談話，假如你認爲他會好好利用你給他的錢，不會去買毒品、香菸、啤酒，你就給他錢（但一次不要超過五元美金）。常常去這些遊民聚集的地方，跟他們談話，把錢給那些眞正需要的人。一個禮拜花三個小時做這件事。

●當你在報章雜誌上讀到某一個令你感動的英雄事跡或好人好事時，寫信給那個人。寫信去鼓勵那些值得你尊敬的人，去指責、提醒那些你討厭的人或組織。寫信給你選區的議員、立法委員這些可以實際採取行動的人。一個禮拜花三個小時來寫這種信，揭惡揚善，這種信要慢慢地構思才會寫得好、寫得動人，有說服力。把它當作你的業務報告那樣謹愼小心地來寫。

●教導你的小孩如何施捨。叫他們把他們零用錢的四分之一留下來準備捐出去，要他們自己去找一個值得給的人或事情把錢捐出去。

你不必一定要感到大公無私才去做這些事，你可以因爲這樣做對你自己好而去做它。

或許有人會說跟這些團體接觸會使你更沮喪，假如你是爲了要逃避沮喪，你應該去跟那些度假聖地的有錢人混在一起，而不應該去遊民收容所看那些比你更可憐的人。也有人認爲一週一次去探望快死的愛滋病病患一定會引起憂鬱症一週發作一次。不可否認的，一定有人會因此而更沮喪，但是奇怪的是，看到別人在受苦，它會使你哀傷，但是這個哀傷卻不是憂鬱症的那種沒有指望，暗無天日，那種永恆的哀傷；這種哀傷是一種民胞物與、悲天憫人的哀傷。許多有經驗的義工都發現他們反而從這些工作中發現生命的意義，跟這些垂死的病人接觸反而激起他們自己生命的火花。他們爲這些不幸的人的受苦而難過，他們哀傷，但不沮喪。

假如你爲這個社區、團體服務夠久的話，你會找到生命的意義，你會發現你越來越不容易沮喪，也比較少傳染到傷風感冒，你越來越喜歡參加團體的活動而不喜歡關起門來獨樂樂。更重要的是你心靈中那塊空虛，那個個人主義所滋養的無意義感會被塡得滿滿的。❻

在這個有選擇的時代裡，這個選擇權絕對是在你自己手上。

□習得的樂觀

開發特大號自我力量的第二個方法就是本書的標題——學習樂觀。我們前面已經講得很清楚，憂鬱症是如何跟隨著一個對失敗或失落的悲觀想法而進駐你心田。學習如何用樂觀的態度去面對失意，是擊退憂鬱症最好的武器。學會了這個終生受用不盡，它可以幫助你達到更高的成就，有著更健康的身體。

一個把憂鬱症看成是不好的基因所造成的社會，對我們在失敗後想法的改變是無動於衷的；一個不重視自我的社會，更是不會去對自我有什麼想法感到任何的興趣。但是當一個社會是以自我爲中心在運轉，就如同我們現在的這個社會，自我的想法和這個想法所引發出的行爲後果就變成科學研究的題目了。這個改進了的自我並不是一隻獅頭、羊身、蛇尾的怪獸，我們前面已經看到它是可以用它自己的樂觀程度改變發生在它身上的事情，從而改變樂觀的程度。

假如運氣好的話，我女兒娜拉這一代的人會把憂鬱症看成是我們思想的衍生物，更重要的是他們會認為我們的思想是可以改變的。特大號自我最大的防禦工事就是自我認為它是可以改變它自己的想法的，而這種想法、信心使得改變得以發生。

我並不認為單獨一個習得的樂觀就足以抵擋整個社會的憂鬱症潮流，樂觀只有跟智慧在一起時才有用，它單獨存在時是沒有任何意義的。樂觀是幫助一個人達到他自己所設定目標的一個工具，這個有意義（或是空虛）是附著在目標的選擇上的。當習得的樂觀是與社會團體奉獻的承諾相結合時，憂鬱症的氾濫和生命的無意義感才會被遏止。

彈性的樂觀主義

樂觀對我們有益，這是毫無疑問的。它同時也使生活更有趣，因為我們頭腦中每一分鐘的念頭都是快樂的。但是僅僅是樂觀並不能夠阻止憂鬱症，樂觀並非萬靈丹，我們前面有談過它的缺點與限制：例如，它在某些文化中效果較好，在某些文化中效果較不好；它有時也會使我們看不清外界的眞實性；最後，它也會使有些人去逃避自己失敗的責任。但是這些缺點僅是缺點而已，它不會抹煞了樂觀的好處，反而使它的地位更明確。

在第一章裡我們談到有兩個方法來看待世界上的事物，一個是樂觀的，另一個是悲觀的。直到現在，假如你是個悲觀的人，你別無選擇只好住在悲觀裡面，時時忍受憂鬱症的折磨。你的工作、你的健康因此要爲它付出代價，你的心田永遠是陰暗多雨的。付出了這個代價，你所換來的是對外面眞實世界精確的認識以及強烈的責任感。

但是你現在可以有選擇了。假如你學會了樂觀，你隨時可以因需要而選擇去用它；你不必怕變成樂觀的奴隸。

假設你已經把這個技術學得很好了，當你碰到挫折、失敗時，你可以祭出反駁的法寶來打退以前盤據你心的大禍臨頭思想，阻止憂鬱症的進攻。讓我們假設你的女兒，小梅，正要上小學，她是全班年齡最小，也是個子最矮的一個小朋友。她的老師希望她再讀一年幼稚園，如若不然，她永遠是比她的同學不成熟。但是這個留級一年的想法對你來說是十分沮喪的。

假如你要的話，你可以選擇各種各樣的反駁來證明她應該進入一年級就讀，例如她的智商很高、她的音樂天份比幼稚園中任何一位小朋友都高、她很漂亮等等。但是你也可以選擇不要去反駁。你可以對自己說這是需要赤裸裸地去面對眞實世界的一個時候，你女兒的前途握在你的手上，這不是該擊退你的沮喪的時機——你犯錯誤的代價遠大於找回你的自信心。因此這一次，你可以選擇不去反駁你的悲觀念頭。

現在你所擁有的其實是更多的自由，更多項的選擇。你可以在你認爲用了樂觀會使你比較不沮喪，比較有高成就或比較健康時，選擇去用它。但是你也可以在你認爲清晰的判斷力更爲重要時，選擇不去用它。習得的樂觀並不會使你減少你的價值觀或判斷力，它使你可以自由運用它來完成你原先所設定的目標，它使你的經驗所累積下來的智慧更得以發揮。

那麼天生就樂觀的人又怎麼樣呢？直到現在，這些樂觀的人一直都是樂觀的奴隸，就好像悲觀的人一直都受到悲觀的控制一樣。不過他所享受的好處比較多：他比較不悲觀，身體比較好，成就比較高；他比較容易被選入公職，爲民服務。但是一直到現在，他都必須爲上述的好處付出代價：美好的幻境，薄弱的責任感。

樂觀者現在也可以藉了解樂觀如何運作後，從它的掌控下解脫出來。他可以對自己說目前這個情境不適宜採用他以前的有效習慣，他可以選擇要不要使用他的反駁戰術，因爲現在他了解了這個戰術的利與弊。

所以，樂觀主義的好處並非無限量的，悲觀主義對社會和對我們自己的生活也都扮演著一個重要的角色。當情境需要悲觀時，我們必須要有這個勇氣去承受它。我們所需要的不是一個盲目的樂觀，我們要的是彈性的樂觀(flexible optimism)，一個睜大眼睛的樂觀。我們必須能夠在有需要時，可以應用到悲觀對外界眞實性的敏銳感受力，但是我們不必生活在它的陰影裡。

這種樂觀的益處，我認爲是沒有止境的。

〈註釋〉

❶有關個人主義在現代憂鬱症氾濫所扮演的角色，請見 M. Seligman 所著之 Why is There so Much Depression Today? The Waxing of Individual and the Waning of the Commons, *The G. Stanley Hall Lecture Series*, 9 (Washington D. C.・American Psychological Association, 1989)。也請見 M. Seligman 之 Boomer Blue，*Psychology Today*, October 1988, 50-55。

❷ Christopher Lasch 很有洞察力的那本 *The Culture of Narcissism* (New York: Norton, 1979)書中也有談到同樣的問題，不過他的背景架構與本書不同罷了。

❸有一天晚上在打撲克牌時，Henry Gleitman(心理學大師，賓州大學教授)談到中古世紀和文藝復興時代繪畫背景人物面孔表情之事。我希望我在本書中先談到這點沒有妨礙到 Gleitman 他那本最暢銷的普通心理學教科書的使用權。

❹ Harold Zullow 在我的研究所討論課中第一次用洋基式或美國佬式的自我(Yankee self)來形容個人主義。

❺關於 Kaluli 的文獻請參閱 E. Schieffelin 之 The Cultural Analysis of Depressive Affect: An Example from New Guinea, in A. Kleinman 和 B. Good 主編之 *Culture and Depression*(University of California Press, 1985)。

❻見 B. Schwartz 所著之 *The Battle for Human Nature* (New York: Norton, 1988)。

國家圖書館預行編目資料

學習樂觀・樂觀學習：掌握正向思考的訣竅，提昇EQ的ABCDE法則／ Martin E. P. Seligman著；洪蘭譯. -- 二版. -- 臺北市：遠流, 2009.12
面； 公分. --（大眾心理館；323）
譯自：Learned optimism

ISBN 978-957-32-6571-9（平裝）

1. 樂觀主義

143.69 98023065

Learned Optimism

大眾心理館 323

學習樂觀・樂觀學習

掌握正向思考的訣竅，提昇EQ的ABCDE法則

作者：Martin E. P. Seligman, Ph.D.
譯者：洪蘭
策劃：吳靜吉博士
主編：林淑慎
責任編輯：簡旭裕
發行人：王榮文
出版發行：遠流出版事業股份有限公司
104005 台北市中山北路一段 11 號 13 樓
郵撥／0189456-1
電話／2571-0297　傳真／2571-0197
著作權顧問：蕭雄淋律師
1997 年 2 月 1 日　初版一刷
2021 年 7 月 16 日　二版十一刷
售價新台幣 360 元（缺頁或破損的書，請寄回更換）

ISBN 978-957-32-6571-9　（英文版 ISBN 0-371-74158-6）
遠流博識網
http://www.ylib.com　E-mail: ylib@ylib.com